내가 나에게 묻는다

내가 나에게 묻는다

1판 1쇄 인쇄 2010년 5월 26일
1판 1쇄 발행 2010년 6월 10일

지 은 이   월주 스님 외 15분
펴 낸 이   정정란

디자인팀   김현민
영 업 부   권태형 김용호 정성용

펴 낸 곳   마음달
출판등록   2002년 11월 15일
주   소   (121-240)서울시 마포구 연남동 567-31 3F
전   화   335-4179(편집부) 335-4121, 4131(영업부 외)
팩   스   335-4158

대표메일   hmbooks@hanmail.net

I S B N   978-89-6386-051-0 13220

* 마음달은 도서출판 황매의 자회사입니다.

내가 나에게 묻는다

월주 스님 외 15분 지음

월주 스님 자기의 근기에 맞게 수행하라

월서 스님 먼저 마음을 깨끗이 하라

밀운 스님 깨달아야 부처이다

설정 스님 견성의 가치

각성 스님 능인적묵

파 스님 일체유심조

혜인 스님 생활불교 수행법

정락 스님 불교란 무엇인가

주경 스님 행복하게 사는 법

혜자 스님 화엄경의 진리「불승수미정품」

시몽 스님 화엄경

불부사의 법품

정여 스님 깨달음의 세계

대허 스님 염불

자광 스님 포교란 무엇인가

지안 스님 불교는 내가 나를 묻는 공부

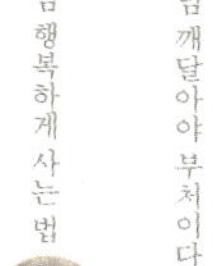

영웅 스님 나가 오로지 다함께 '나'

마음달

가없는 큰스님들의 가르침

불교TV 무상사 큰스님 초청법회는 5년 동안 약 200회에 접어들고 있습니다. 그동안 청화 스님, 성수 스님, 고산 스님, 진제 스님 등 당대 큰스님들의 주옥같은 법문들을 듣기 위해 참석하신 불자님들만 해도 연 1만 명이 넘습니다.

부처님은 성불을 하시고 난 뒤 사바세계에서 중생들을 구제하기 위해 사르나트로 가서 다섯 수행자들에게 첫 번째 설법을 하셨습니다. 2,600여 년이 흐른 지금에도 이 설법은 우리들에게 소중한 진리의 기쁨을 안겨 주고 있습니다.

불자들은 『금강경』, 『반야심경』 등에는 익숙하지만 초전법륜에 대해서는 잘 알지 못합니다.

"수행자는 두 가지의 극단이 있다. 하나는 감각적 욕망에 탐닉하는 것인데 이는 비천하고 세속적이고 무지하고 이익이 없는 것이다. 또 다른 하나는 집착이다. 이는 고통스럽고 무지하고 이익이 없다."

부처님의 『초전법륜경』에서 우리들에게 들려주는 가장 큰 가르침은 바로 이 두 가지 극단을 버린 중도(中道)사상입니다. 중도는 우리의 마음을 행복으로 이끄는 중요한 가르침입니다. 그 후부터 부처님은 45년 동안 중생들에게 팔만사천경을 설법하셨으며 열반하시면서까지도 『열반경』을 통해 우리들에게 큰 가르침을 주셨던 겁니다.

사람의 행복은 객관적인 것이 아닌 어디까지나 주관적이라 할 수 있지만 어떤 삶을 사느냐에 따라 결정됩니다. 무상사에서 들려주시는 큰스님들의 법문들은 부처님이 설법하신 삶의 중도를 통해 사람은 어떻게 살아야만 마음의 행복과 평화를 얻을 수 있는가에 있습니다.

옛날, 인간은 굶주린 상태에서는 배부른 상태를 원해 왔으며 비바람 때문에 집을 추구해 왔으며 추위 때문에 옷을 입었습니다. 하지만 오늘날 우리의 행복은 그러한 의식주를 벗어나 물질적인 것보다 정신적인 면을 더 추구하고 있는 실정입니다. 이를 위해 큰스님들의 가르침은 우리들에게 삶의 지혜를 가르쳐 주실 것입니다.

특히 무상사의 법회가 시청률이 높고 법문집이 많이 읽히는 이유는 큰스님들이 일정하게 정해진 원고를 토대로 하시는 법문이 아니라 그 순간 가슴속에서 우러나오는 생생한 법문이기 때문입니다.

이번에 발간되는 『내가 나에게 묻는다』는 불자들이 어떻게 하면 부처님의 가르침을 잘 받아들여 생활 속에서 불교 수행을 잘할 수 있을 것인가에 대해서입니다.

설정 스님은 '인생의 가치를 어디에 둘 것이며 이를 위해 어떻게 수행을 할 것인가', 월주 스님은 '누구나 수행을 하면 부처가 될 수 있는 수행방법'에 관해 제시하셨으며, 또 대허 스님은 '염불을 통해 마음을 닦는 방법', 자광 스님은 '포교란 무엇인가'를 통해 포교를 강조하시는 등 일일이 열거하기에는 지면이 부족합니다.

아쉬운 점은 성원사 조실이신 주경 스님께서 지난 4월 26일 열반에 드셨습니다. 한 달 전만 해도 건강하신 모습으로 무상사에서 법회를 하셨는데 이것이 마지막 법문이 되고 말았습니다. 하지만 큰스님의 법문은 많은 불자들에게 오래 가슴에 담겨 있을 겁니다.

아무쪼록 이 법문집이 불자들에게 널리 읽혀 마음의 평화를 구하는 데 일조를 하였으면 합니다.

　그동안 불교TV에 많은 성원을 보내주신 스님들과 불자들에게 깊은 감사를 드립니다.

2010년 5월
나무마하반야바라밀 성우 합장

월주 스님

서울 중동고등학교 47회 명예졸업을 하셨고, 전북 정읍 농업고등학교 졸업(현 정읍 제일고등학교), 원광대학교 대학원 명예철학박사 학위를 수여하셨으며

교계 경력으로 금산사, 영화사, 개운사, 조계사 주지를 역임하셨고 중앙종회의장을 역임하셨습니다. 제17대, 제28대 대한불교조계종 총무원장을 역임하셨다.

현재는 대한불교조계종 금산사, 영화사 회주스님으로 재직 중이십니다.

사회경력은 학교법인 동국학원 이사, 승가학원 이사장, 경제정의실천시민연합 공동대표, 한국불교종단협의회 회장, 한국종교(7대)지도자협의회 대표의장 겸 이사장, 우리민족 서로돕기운동 상임공동대표 겸 이사장, 실업극복 국민운동본부 공동위원장, 대통령 국토통일고문회의 고문, 건국 60주년기념사업추진위원회 고문을 역임하셨고

현재는 사회복지 법인 나눔의 집 이사장, (사)함께 일하는 재단 이사장, (사)지구촌 공생회 이사장, 국민원로회의 위원(대통령 자문)으로 활동 중이시며, 포상내역으로는 대한불교조계종 포교대상, 사회포교분야 종정상 수여, 국민훈장 모란장을 수여받으셨습니다.

자기의 근기에 맞게 수행하라

| 월주 스님 |

絕學無爲閒道人　절학무위한도인
不除妄想不求眞　부제망상불구진
無明實性卽佛性　무명실성즉불성
幻化空身卽法身　환화공신즉법신

배움이 끊어진 할 일 없는 한가한 도인은
망상도 없애지 않고 참됨도 구하지 않는다.
무명의 참 성품이 바로 불성이요
허깨비 같은 텅 빈 몸이 바로 법신이로다.

『증도가』의 첫머리에 있는 게송입니다. 오늘 무상사에 오신 여러분들이 알아듣기에는 상당히 어려운 상승법문으로 중국 당나라 때의 승려인 영가 현각(永嘉 玄覺 : 665~713) 스님이 지은 시편입니다. 영가 스님은 천태(天台)를 공부하였으며, 남종선의 시조인 육조 혜능(慧能)에게서 선요(禪要)를 듣고 하룻밤에 증오(證悟)를 얻어 그 대오의 심경에서 증도의 요지를 247구 814자의 고시체로 읊은 것입니다.

내용의 요지는 "깨달은 사람은 번뇌 망상을 없애지도 않고 참된 마음을 구하지도 않는다. 그래서 무명본성이 탐진치 삼독에 절어 있는 본성자리가 불성이며 화나 헛된 살림, 헛된 법계, 현실의 허망한 몸이 곧 법신"이라는 말씀입니다.

이것은 한마디로 상승경지를 깨달은 내용을 설명해 놓은 것이라 할 수 있습니다. 비록 우리는 어렵지만 궁극에 가서는 생사 해탈을 해야 합니다. 또한 육도윤회를 초탈해야 하기 때문에 우리는 마음을 갈고 닦아서 이러한 경지를 깨달아야 합니다. 뿐만 아니라 '一切法不生 一切法不滅 若能如是解 諸佛常現前 일체법불생 일체법불멸 약능여시해 제불상현전'이라 했습니다. '일체만법은 나지도 않고 일체만법은 없어지지도 않나니 만약 이렇게 알 것 같으면 모든 부처님이 항상 나타나도다.'는 뜻입니다.

이것은 『화엄경』에 있는 내용으로써 여기에서 일체법이란 삼라만상, 산하대지, 두두물물(頭頭物物), 일인개개 이게 다 불성을 가지고 있으며 또한 이런 현상은 없어지지도 않는다는 뜻인데, 만약 우리가 이런 도리를 알게 되면 곧 진리를 깨닫게 되어 부처가 될 수 있으며 성불도 할 수 있다는 뜻입니다.

오늘날 참선도 많이 하고 화엄경 같은 대승경전도 보고 선에 대해서 책도 많이 보시는 지식인들은 이 말의 뜻을 능히 헤아릴 수 있겠지만 사실 공부를 하지 않으면 이해하기가 힘듭니다. 사실 불교는 난신지법이라 공부하기가 매우 어렵습니다. 그렇지만 한 번 불교를 알고 나면 버리려고 해도 버릴 수가 없을 정도로 매우 훌륭합니다. 이러한 경지를 깨닫기 위해서 우리 불자들은 금생은 물론 내생에도 열심히 노력하는 마음을 가지고 있어야 합니다.

그런데 중요한 것은 이러한 불교를 쉽게 설해야 하는데 참으로 어렵다는 것이 문제입니다.

그동안 여러분들은 선사들의 책도 읽고 법사(法師)스님들에게서도 참 많은 법문을 들었을 것입니다. 옛날, 동산 스님, 금오 스님, 청담 스님 등 큰스님들과 서옹 스님 그리고 불교학자들을 통해 법문과 설법도 많이 들었을 것입니다. 하지만 그 법문들이 고차원적이고 심오한 설명들이어서 때론 거리감을 느낄 수가 있습니다. 그렇다고 또 너무 쉽게 하면 가볍고 무게가 없으며, 재미있게 만담 형태로 하면 그것도 구수하지만 무게가 없고 그 뜻을 얼른 제대로 알기도 어렵다는 것입니다.

그런데 불자들은 스님들이 법문할 내용을 미리 적어 오면 실력이 없다고 그럽니다. 말을 유창하게 하고 게송도 달달 외우고 해야 실력 있는 걸로 안다는 것입니다. 실제로 게송과 법문들은 확실한 근거에 의해 법문을 해야 하기 때문에 잘못 암송하면 틀릴 수 있기 때문에 상세하게 적어 가지고 하는 것이 더 중요하고 진실하다는 것을 알아야 합니다. 그래서 여러분들이 가진 근기(根機)를 맞추기가 굉장히 어렵다는 것을 이해하셔야 합니다. 그러므로 어떤 것이 부처님의 사상이며 어떤 진리를 내포하고 있는가가 더욱 중요합니다.

수행하는 방법으로는 여러 가지가 있습니다. 참선, 염불, 간경, 주력, 보살행과 보현행을 실천하고 육바라밀을 행하는 것도 모두 수행의 한 방법입니다. 그런데 우리나라는 대승불교로서 대승보살도 사상을 통해 중생들에게 교화하고 있으며 선사상이 중심입니다. 또한 자각각타(自覺覺他) 각행원만(覺行圓滿)한 근본교리를 봉체하며, 직지인심 견성성불 전법도생(直指人心 見性成佛 傳法度生)인데 이것이 바로 한국불교의 80% 가량 영향을 미치고 있는 조계종의 종지라고 해도 과언이 아닙니다.

다시 말해 선수행은 '일초직입여래지(一超直入如來地)', 즉 단번에 곧바로 여래의 자리인 깨달음에 들게 되는 것을 강조하고 있습니다. 하지만 번뇌 망상과 무명심(無明心)에 사로잡혀 있고 탐진치 삼독(三毒)에 사로잡혀 있게 되면 탈탈 털고 일초직입으로 여래 땅에 가기가 힘들다는 것을 알아야 합니다. 이와 같이 우리나라 불교는 참선 수행을 강조하면서도 소의경전인 『금강경』과 『전등염송』을 근거로 하고 있습니다. 그 다음 방편은 여러 가지가 있는데 모든 대승경전의 공부를 허용하고 있습니다.

이밖에 염불과 주력을 해도 괜찮다고 인정하고 있으며 주세불·근본불·본원불로서는 석가모니 부처님을 모시고 있지만 다른 부처님을 모시는 것도 모두 허용하고 있습니다. 때에 따라서는 아미타불, 약사여래불 등 여러 가지 미륵 부처님도 모시고 있는 실정입니다. 그러나 본원불과 본존불은 석가모니 부처님이기 때문에 문수, 보현 양 보살을 모시는 것이 격에 맞습니다. 그러나 요즘 우리나라는 정토발원을 많이 하기 때문에 관음보살과 지장보살을 모시는 곳도 많이 있는데 이는 사후 극락세계에 가기 위해서입니다. 이와 같이 우리 불교는 모든 부처님과 보살님들을 모시는 것을 허용하고 있습니다.

조계종 사찰에 가 보면 석가모니 부처님과 법신불, 노사나

불, 동방만월세계 약사여래대불, 서방극락세계 아미타불을 모시고 있으며 문수보살, 보현보살, 관세음보살, 대세지보살, 월광보살, 일광보살을 다 모시고 있기 때문에 불자들이 혼란이 많습니다. 이것은 비록 조계종이 선불교가 중심이지만 조계종 종법에는 전부 허용했기 때문입니다.

다시 말해 이것은 자신의 근기에 따라 수행하고 방편에 따라 중생을 교화하라는 것입니다. 이의 목적은 바로 자각각타 각행원만을 깨달아 나와 더불어 모든 중생이 함께 원만하게 깨닫도록 하기 위한 것임을 알아야 하며 이 모든 것의 가장 큰 궁극적인 목적은 바로 '일초직입 여래지' 에 있습니다. 또한 경전 공부도 자신의 근기에 따라 대승경전인 화엄경, 법화경, 금강경, 원각경 등 여러 경전을 다 공부하도록 되어 있습니다. 심지어 팔만사천 경전을 다 공부해도 좋다는 것입니다.

굳이 말하자면 『전등염송』만 보라는 것이 아니라 모든 불자나 스님들이 경전을 폭넓게 공부하라고 열어 둔 것임을 알아야 합니다. 수행 방법에도 점오점수, 점오돈수, 돈오점수, 돈오돈수 등 여러 가지가 있습니다. 점오점수는 조금씩 닦아 차차 깨닫는 방법을 말하며 점오돈수는 조금씩 닦아 단박에 깨닫는 것을 말합니다. 이밖에 몰록 깨달아 점차적으로 보림하는 수행방법인 돈오점수도 있습니다.

우리가 잘 알고 있는 성철 큰스님은 몰록 단 한 번에 깨쳐 성불이 되는 돈오돈수를 주장했습니다. 종전의 점오점수나 점오돈수나 돈오점수는 구경각(究竟覺)을 깨치지 않은 것이라 주장하셨던 것입니다. 그때문에 성철 스님은 돈오돈수 외는 수행을 해 오다 깨달음을 그저 아는 것에 지나지 않기 때문에 확철대오한 것이 아니라고 하였습니다. 이를 종정이 되시고 난 뒤 주장하셨는데 당시만 해도 불교계를 떠들썩하게 했습니다. 돌이켜보면 그 말씀이 옳다는 것을 느낍니다. 본질적으로 말해 모두는 다 성불해 있다는 여러 조사 스님들의 말씀이 있었습니다. 이와 같은 주장을 하신 것은 돈오돈수는 그 경지를 깨닫기가 참으로 어렵기 때문입니다.

말하자면 근기가 수승한 사람은 조금 전 내가 말한 대로 '一切法不生 一切法不滅 若能如是解 諸佛常現前 일체법불생 일체법불멸 약능여시해 제불상현전'이라고 하면 이 말을 듣고 그냥 그대로 깨달아 버립니다. 하지만 근기가 모자라는 사람은 아무리 공부를 한다고 해도 그러한 경지에 이를 수 없습니다. 그렇기 때문에 방편이 필요한 것입니다. 비록 점수점오, 점수돈오에 그칠지라도 공부를 하다보면 금생에 깨달을 수도 있고 내생에 깨달을 수도 있다는 것을 알아야 합니다. 특히 전생에 수행을 많이 닦은 분들은 이 언하(言下)에 큰스님의 심오하고 차원 높은 게송이나 법문을 듣고 몰록 깨달을 수 있습니다.

하지만 평생 못 깨닫게 되면 그럼 그 방편문은 무엇일까요? 바로 '신심을 가져라.' 이것이 바로 조계종의 또 다른 종지입니다.

불교의 목적은 깨달음에 있습니다. 때문에 못 깨달으면 항상 중생에 지나지 않으며 범부에 그칩니다. 이와 달리 타종교는 믿으면 구원이 있다고 강조합니다. 실제로 보면 이는 이치에 맞지 않는 이야기입니다. 믿음을 가지고 점차적으로 진리를 깨달아야 하는데 그저 덮어 놓고 믿으면 구원이 있다는 것은 말이 되지 않습니다. 이런 측면에서 보면 불교는 그런 것이 얼마든지 있습니다.

예를 들면 불교의 아미타경에 보면 돌아가시기 전에 아미타불을 10번만 외워도 그냥 왕생극락한다는 방편문이 있습니다. 그러니까 경전공부만 해서 진리를 얻는 게 아니라 그저 참선만 해도 깨달음에 이를 수 있다는 것입니다. 다시 말해 성불에 있어 빠르고 늦을 뿐 그것은 점차(漸次)에 지나지 않는 것이라 볼 수 있습니다.

다시 말해 점오점수, 점오돈수, 돈오점수, 돈오돈수도 모두 깨달음의 방법에 있어서 다를 뿐 모두 같은 수행방법이라 할 수 있습니다. 업력이 두텁지 않고 근기가 수승한 사람은 일찍 깨달기 쉽지만 그렇지 않은 사람은 자신의 근기에 맞추어 점차적으로 수행을 해도 된다는 말입니다.

천재는 중학교를 건너뛰고 대학교도 쉽게 들어가 젊어서 박사학위도 받습니다. 유교에도 '생이지지'가 있고 '학이지지'가 있고 '곤이지지'가 있듯이 말입니다. 생이지지란 전생부터 공부를 하여 지혜 안목이 있는 사람을 뜻하며 학이지지는 현생에 배우고 얻는 것을 말하며 곤이지지는 노력해서 얻는 것을 말합니다. 그러므로 불자들은 깨달음에도 점차가 있다는 것을 아셔야 합니다. 하지만 깨달음을 찾아가는 데 가장 으뜸가는 방법은 참선이 지름길입니다. 화두를 공안이라고도 하는데 1,700개나 된다고 합니다. 대표적인 화두로는 '이뭣꼬' '무자화두' '정전백수자(庭前栢樹子)' '간시궐(乾屎蹶)' '본래면목' '판치생모(板齒生毛)' 등 많이 있습니다.

아마 여러분들은 큰스님들에게서도 일찍부터 이러한 화두에 대해 많이 들어서 자세하게 설명을 하지 않아도 될 것입니다. 이 중에서 몇 가지만 소개해 드리겠습니다.

어떤 스님이 조주 스님에게 "개에게도 불성이 있습니까?" 하고 물었더니 조주 스님이 "없다(無)."라고 말씀하셨습니다. 이것이 바로 '무자화두'입니다. 그런데 무자화두나 본래면목화두를 참구하여 깨친 사람이 무수하게 많이 나왔다는 것을 알아야 합니다. 그런데 내가 알기로는 근래에는 깨친 사람이 별로 없습니다. 그렇다고 요즘 사람들이 평생 매달려서는 안 되기 때문에 조금 더 낮추어서 화두를 드는 것이 좋습니다.

그래서 요즘 스님들은 불자들에게 그저 열심히 "옴 마니 반메 훔" 해서 업장소멸을 하거나 나무아미타불, 관세음보살 등 염불삼매에 들라는 것입니다. 이외에 금강경과 법화경, 화엄경을 읽으면 그 공덕이 높아진다는 것입니다. 그런데 중요한 것은 불자들이 이 책의 뜻도 모르고 무조건 읽는다는 것입니다. 물론 그것도 공덕이 되지만 내용은 알아야 합니다.

내용을 알려면 경전을 공부해야 하고 내용을 모르면 스님들의 법문을 많이 듣게 되면 자연스럽게 알게 되기 때문에 스님들의 법문을 들으라는 것입니다. 만약 경전의 의미를 알게 되면 그 순간 눈이 열리고 귀가 열리게 됩니다. 불자들 중에도 경전 공부나 스님 법문을 많이 들으신 분들은 훤히 알고 있습니다. 한문으로 된 경전은 불자들이 보기에는 매우 어려우니 한글로 번역된 경전을 보는 것이 많은 도움이 됩니다. 또한 삼매, 보리, 해탈, 무명 등 불교적인 용어는 옆에 불교사전을 놓고 보아야 합니다. 그래야 경전을 쉽게 소화할 수 있습니다. 그래야만 지혜의 눈이 열리는 것입니다.

참선은 의심 덩어리를 가져 열심히 닦으면 어느 날 기연(機

緣)이 와서 열리게 됩니다. 하지만 이도 어렵다면 여러 가지 방편문이 있다는 것을 아시고 자신의 근기에 따라 수행을 하는 것이 좋다는 말씀입니다.

깨달음을 굳이 얻지 못한다고 해도 참선을 하게 되면 마음이 안정되고 통일이 되어 업장소멸에도 매우 좋습니다.

저 역시 무상사 법문을 할 때도 잘해야 한다는 마음의 부담이 생겨 새벽에 일어나서 두 시간 동안 참선을 합니다. 마음속에 오늘 해야 할 법문내용이 다 들어왔습니다. 그래서 지금 너무도 편안하게 법문을 하고 있는 것입니다.

타 종교인들도 일요일 날 법문을 하거나 설교를 하는데 목요일부터 걱정을 한답니다. 머릿속에 수십 년간 법문을 듣고 수십 년간 책을 봐서 대강은 알지만 아침에 일어나 보면 새까맣게 지워지는 것이 바로 대중법문입니다. 하지만 참선을 하면 온전하게 법문할 내용이 고스란히 머릿속에 떠오릅니다. 이것이 바로 참선의 장점입니다.

그러므로 참선은 정신건강에도 매우 좋습니다. 비록 참선을 하여 깨닫기 어렵다면, 경전을 열심히 본다든지 법문을 열심히 듣는다든지 혹은 염불, 주력, 간경을 하는 것이 좋습니다. 이밖에도 방편문이 있는데 바로 보살행입니다. 때론 보현행이라고도 하는데 한국불교는 대승불교입니다.

여기에서 대승은 곧 '이타(利他)행'을 뜻합니다. 남을 위한 선행을 하라는 것입니다. 이와 달리 법문할 적에 무슨 복을 많이 지으면 극락에 간다든가 공덕이 쌓여 복이 다시 들어온다든가 하는 것은 소승법에 지나지 않습니다. 물론 이것도 불교의 범주에 들어갑니다. 이와 달리 대승법은 '나보다 일체중생을 위하라.' 입니다. 곧 '자리이타', 나도 이롭고 다른 사람도 이롭게 하자 입니다. 여기에서 '자리'란 재물이나 명예를 구하는 것이 아니라 자신의 마음을 갈고 닦아 통일된 경지에 앉는 경계를 얻고 깨닫도록 노력하는 자리를 말합니다. '이타'는 다른 사람의 고통을 덜어 주고 즐거움을 주는 것을 말합니다. 이것이 대승불교가 근본적으로 지향하고 있는 근본교의인 자리이타입니다.

그러므로 '이타행'이란 나만 깨닫지 말고 다른 사람도 깨닫도록 하라는 뜻이 담겨 있습니다. 이것이 보살행이며 육바라밀의 실천이며 보현 행원인 것입니다.

『화엄경』에 보면 보현보살이 세운 10대원이 있습니다.

예경제불원(禮敬諸佛願)

모든 부처 항상 모셔 예경하기 소원이요

칭찬여래원(稱讚如來願)

거룩하신 여래덕상 찬탄하기 소원이며

광수공양원(廣修供養願)

대자대비 부처님께 공양하기 소원이요

참제업장원(懺除業障願)

다겁생에 지은 업장 참회하기 소원이며

수희공덕원(隨喜功德願)

부처님의 크신 공덕 환희하기 소원이요

청전법륜원(請轉法輪願)

법의 수레 굴리시길 청하옵기 소원이며

청불주세원(請佛住世願)

부처님이 이 세상에 늘 계시기 소원이요

상수불학원(常隨佛學願)

자나깨나 부처님법 배우기가 소원이요

항순중생원(恒順衆生願)

중생들의 뜻에 맞춰 응해 주기 소원이요

보개회향원(普皆廻向願)

내가 짓는 모든 공덕 널리 펴기 소원입니다.

참으로 가슴 울리는 보현보살의 10대원이 아니고 무엇이겠습니까?

　이 10대원 중에서도 내가 제일 마음 깊이 세운 서원은 수순중생과 광수공양 그리고 보개회향입니다.

　남편은 부인을 잘 받들고 부인은 남편을 잘 받들고 아들딸들은 어머니, 아버지에게 효도하고 부모는 자식들을 지혜롭게 키우고 어떻게 올바르게 살도록 할 것인가. 또한 내 이웃을 사랑하고, 직장동료와 국민 그리고 인류를 다 행복 속에 살도록 노력하는 게 광수공양이며, 인류의 양심을 받들며 간절한 마음으로 기도하는 삶을 사는 것이 수순중생에 속한다고 할 수 있습니다. 또한 자신이 열심히 수행하여 얻은 공덕과 불교의 지식을 다른 사람에게 회향하는 것도 보현행원이라 할 수 있습니다. 보현행원을 실천함으로써 보리를 얻을 수 있으며 그 보리를 얻어 지혜를 얻게 되면 종국에는 해탈할 수 있습니다.

　민주주의 속에서 살고 있는 우리는 수순중생이라 볼 수 있습니다. 모든 권리는 국민으로부터 나오기 때문에 국민의 여론을 섬기는 자세가 바로 수순중생의 삶이라 할 수 있습니다. 자신이 쌓은 수행공덕이나 자신의 노력으로 얻은 재산, 정당한 권리 이런 것을 일체중생을 위해 돌리는 것, 그리고 배우지 못한 사람에게 가르침을 되돌려주고 부처님의 불법을 전하는 것도 모두 보개회향이라 할 수 있으며 이것이 모두 보현행원인 것입니다. 그러므로 성불에는 참선, 염불, 간경, 주력도 있지만 보

살행을 행함으로써 종국에 가서 진리를 깨달을 수 있음을 알아
야 합니다.

하지만 이러한 보현행을 실천하려면 집착과 애착이 없어야
됩니다. 남을 도와주는 일은 자신의 마음을 비워야 하기 때문입
니다. "주려고 하다가 보니까…… 괜히 주었는데."하는 마음조
차 가져서는 안 된다는 것입니다. 그러니까 보현행을 실천하기
위해서는 반드시 자신의 마음을 비우는 것이 매우 중요합니다.
계속 비우고 비우다 보면 번뇌 망상이 끊어지고 무명심이 끊어
져 마침내 지혜를 얻게 되고 깨달음의 경지에 들어가게 되는 것
입니다. 이 또한 『화엄경』과 『금강경』에 있는 말씀입니다.

부처님께서도 전생에 배가 고파 죽어가는 호랑이를 위해 몸
을 던져 그 공덕으로 싯다르타 태자가 되고 석가모니 부처님이
된 것을 알아야 합니다. 이 또한 『본생경』에 나와 있습니다.

물론 참선공부는 그냥 앉아서 벽만 쳐다보고 깨닫는 게 으뜸
이지만, 이것이 깨달음의 길로 가는 전부가 아니라 여러 가지
방편이 있으니까 근기에 따라 하는 것이 좋다는 말씀입니다. 참
선이나 경전공부, 독송, 염불, 주력, 간경도 물론 깨달음의 길이
지만 남을 돕는 일도 깨달음의 길이라는 것입니다.

요즘에는 참으로 남을 도울 일이 많습니다. 부처님의 나라인
티베트가 지진으로 인해 사람들이 죽어 가고 있습니다. 중국 사

천성에도 지진이 나서 많은 사람들이 죽었습니다. 그리고 북한에는 현재도 굶어 죽는 사람들이 있다고 합니다. 이 모두가 우리가 도와야 할 일입니다. 우리가 6 · 25 때 유엔과 선진국으로부터 도움을 받았듯이 우리도 빈곤국가를 도와야 됩니다. 그리고 그들을 도울 때인 것 같습니다.

물론 정부에서도 그들을 도우려 하고 있다고 합니다. 그리고 대한항공, 엘지, 현대, 삼성도 중국에 많은 원조를 했습니다. 말들으니 1,600억 원을 원조할 계획이라고 합니다. 이 모든 것이 보현행원인 것입니다.

캄보디아에 학교를 짓고, 우물을 파는 일을 돕고, 라오스에는 화개초등학교를 짓고 있고, 캄보디아는 영화초등학교를 짓고 있습니다. 금년에는 우물을 600개나 팠습니다. 저는 그걸 점검하기 위해 동남아에 자주 갑니다. 금년에 우물 1,000개를 모두 파려면 정신없이 뛰어다녀야 합니다. 그런데 여기에는 불교뿐만이 아니라 천주교, 기독교 종교의 대표들도 모두 출범식에 참여합니다. 이런 것들이 모두 다 보현행에 속합니다.

또한 불국사 주지 성타 스님과 현철 스님과 함께 달마 초조 소림굴과 이조사 혜가 스님, 삼조사 승찬 스님, 사조사 도신 스님, 오조사 오조 스님의 절이 있는 황매산의 오조사, 육조사 육조 스님이 계신 절과 불법을 전한 광효사와 남화사도 갔다 왔습니다. 요즘 놀라운 것은 중국불교도 고민하고 있다는 것입니다.

어느 날 혜가 스님이 달마 대사를 찾아갔습니다. 그때 혜가는 "마음이 불안합니다."라고 했습니다. 그때 달마 대사는 "그 불안한 마음을 내놓아라."고 했습니다. 그 순간 혜가 스님은 크게 깨쳤던 것입니다. 이를 '마음법문'이라고 합니다. 당시 혜가 스님은 몸에 병이 있었습니다. 그 병을 달마 대사는 가져오라고 했던 것입니다. 즉 마음으로 인해 병이 생기는 것이니 병이 아니라는 것을 혜가 스님에게 깨치게 했던 것입니다.

오조 스님은 황매산의 오조사에서 혜능 스님을 제자로 만들었습니다. 이곳은 중국에서도 매우 유명한 곳입니다.

중국불교 역사상으로 볼 때 유명하신 스님은 달마 스님과 육조 혜능 스님, 삼장법사로 유명하신 현장 스님이라 할 수 있습니다.

달마 스님은 인도에서 중국에 불법을 전하고 나중에 이심전심법을 전해 육조 스님이 탄생하였기 때문입니다. 당나라 태종 때 현장 스님은 13세에 승적에 올라 장안, 청두와 그 밖의 중국 중북부의 여러 도시를 순례하며 불교 연구에 전력한 뒤, 인간 생사(生死)에 의문을 품고 629년 인도 순례를 떠나 불교 연구에 몰두하다가 641년 많은 경전과 불상을 가지고 힌두쿠시와 파미르의 두 험로를 넘고 호탄을 거쳐서 645년 정월에 장안으로 돌

아와 74부 1,335권의 경전을 한역하고, 인도 여행기인 『대당서
역기(大唐西域記)』(12권)를 저술한 것도 하나의 유명한 일화로
남아 있습니다. 물론 이외에도 중국에는 셀 수 없이 많은 훌륭
한 스님들이 있습니다.

작년 1월 3일 오조사 방장 스님이 110살에 입적을 하셨는데
그곳은 오조 홍인 스님이 육조 혜능 스님한테 법을 전한 곳이었
습니다. 그런데 그 산문 좌측에는 '상접달마일맥(上接達摩一
脈)' 오조 스님께서는 위로는 달마조사의 정법을 전래 받았다
고 되어 있으며, 우측에는 '하전능수양가(下傳能秀兩家)' 아래
로는 돈오돈수를 깨달은 혜능(남종선) 스님에게 법을 전하고 그
다음에는 점오점수를 깨달았던 신수(북종선) 스님에게 법을 전
하여 양가를 이루었다고 되어 있습니다.

이것이 바로 오늘날 중국불교의 고민을 단적으로 표현한 것
이라 할 수 있습니다. 당시 당나라 때 신수 스님은 북쪽에서 불
교를 전했으며 혜능은 남쪽에서 불법을 전했습니다. '남돈북
점' 즉 혜능 스님의 돈오돈수만 전한 것이 아니라 점오점수의
신수 대사의 불법도 전했다는 것입니다. 그것을 중국불교는 과
감하게 써 붙였다는 것입니다. 즉, 깨달음이란 비단 돈오돈수뿐
만 아니라 돈오점수행도 있었다고 합니다. 점차적으로 하는 방
법인 염불, 주력, 경전공부를 하는 것도 깨닫는 방법이라는 것

입니다. 이것이 오늘날 중국의 고민을 단적으로 드러낸 것이라 할 수 있습니다. 우리나라 불교도 마찬가지입니다.

다시 불자들에게 내가 당부하는 것은 만약 자신의 근기가 수승하면 상승법문을 깨달을 수 있지만 그렇지 않으면 단계를 낮추어 점차적으로 공부하라는 것입니다. 비록 금생에 하지 못한다면 내생에도 해야지 하는 그런 마음으로 해야 합니다. 못 깨쳐 캄캄한 눈이 되어서는 안 되기 때문입니다.

저는 이러한 도리를 무상사를 포함해서 불자들에게 범어사, 금산사, 내원정사에서 법문을 하였습니다.

한국불교는 선교겸수(禪敎兼修)하는 통불교정신(通佛敎精神)에 바탕을 두고 수행(修行)해야 합니다.

여러분들은 점차적으로 평생 해야 합니다. 차원 높은 것만 쫓아다니다 보면 오히려 그 평생을 그르치기가 쉽습니다. 물론 깨닫기만 하면 좋습니다. 얼마나 좋습니까? 단박에 깨쳐 구경각을 얻게 되니까 말입니다. 하지만 뱁새가 황새걸음 따라가다 다리가 찢어져 버리잖아요.

그러므로 자신의 근기에 알맞게 하는 것이 좋습니다. 염불을 하든 경전을 읽든 좋은 일을 하든 하루에 한 가지씩만 해도 마음이 편합니다. 욕심을 부리고 재물을 쌓아 놓고 남에게 인색하면 마음이 항상 불안해집니다. 병들어 있는 사람 찾아가 얼마

안 되지만 치료비도 주고 위로해 주고 위안도 해 주고, 또 돈이 없어 못 배우는 사람한테 배우도록 장학회도 만들어 도와주고 하는 이 모든 것이 깨달음으로 가는 길입니다.

요즘 불교TV나 다른 공중파TV, 방송, 활자매체를 통하여 ARS 전화후원성금을 받고 있습니다. 한 번씩 눌러 보세요. 큰돈이 필요한 것이 아닙니다. 이것이 바로 복 짓는 일이며 불자의 도리입니다. 이런 면에서 보면 한국불교는 아직도 허약합니다.

부처님은 일찍이 그 어떤 공덕보다도 포교의 공덕이 제일 크다고 하셨습니다. 부처님의 법을 전하여 중생을 구제하지 않으면 불자로서 막중한 그 은혜를 갚지 못한다고 했습니다. 무진겁을 지니더라도 포교의 공덕이 무엇보다 귀중하다는 것을 불자들은 명심해야 합니다.

다시 말해 전법공덕이 가장 큰 것입니다. 부처님 법을 텔레비전을 통해서만 전할 것이 아니라 불자님들도 부처님의 법을 남에게 전해야 합니다. 부처님을 이고 있거나 방석이 되어 삼천세계를 두루해도 부처님 법을 전하지 않으면 부처님 은혜를 갚지 못하는 것임을 알아야 합니다.

저 역시 할 일이 많습니다. 복지사업도 해야 하고 빈곤 국가를 돕는 일도 해야 하기 때문입니다. 오늘날 우리 불교의 포교 사업이 너무 약합니다.

  내가 나에게 묻는다

저는 7개월 동안 종단을 운영했으며 그후 14년 동안 종단을 다시 운영했습니다. 그렇지만 내가 종단을 보듬고 있다가 그만 두었기 때문에 지금은 내가 할 일을 찾아서 하고 있습니다.

여러분들도 포교와 부처님의 전법을 위해 노력하시기를 바랍니다. 어려운 환경에 있는 사람들이 고통과 불안에서 벗어날 수 있도록 복지사업과 인도적인 지원사업도 하고 또한 빈곤 국가를 돕는 사업에도 동참하셔서 큰 복을 짓기를 기원합니다.

월서 스님

1956년 전남 구례군 화엄사에서 금오 스님을 은사로 사미계를, 부산 범어사에서 동산 스님을 계사로 비구계를 각각 수지했다. 법주사 강원 대교과를 졸업하고, 1972년 동국대 행정대학원을 수료하였다. 경주 불국사와 분황사, 조계사 주지를 역임했으며, 제 4대, 5대, 6대, 10대, 12대 중앙종회의원, 1984년 제 8대 대한불교조계종 중앙종회의장과 1999년 호계원장을 역임하였다.

현재 대한불교조계종 원로회의의원, 금오선수행연구소 소장, 대한불교조계종 대종사 품계를 받았으며, 조계종 봉국사 주지로 있다.

저서로는 『월서선사 원경록 月棲禪師圓鏡錄』 『행복하려면 놓아라』 『성불의 길』 등이 있다.

먼저 마음을 깨끗이 하라

┃ 월서 스님 ┃

心外無別佛 佛外無別心

심외무별불 불외무별심

不取善 不取惡

불취선 불취악

靜穢兩邊 俱不依拈

정예양변 구불의념

達罪性空 念念不可得 無自性故

달죄성공 염염불가득 무자성고

故三界唯心 森羅及萬象 一法之所印

고삼계유심 삼라급만상 일법지소인

마음 밖에 부처가 따로 있지 않으며

부처를 떠나 따로 마음이 있는 것도 아니다.

선도 취하지 말고 악도 취하지 말라.

깨끗함과 더러움 어느 것도 믿어 의지하지 말라.

죄의 본질은 본래 텅 비어 있으니

그것은 생각으로 해독할 수 없다.

왜냐하면 그것은 고정적 본질이 없기 때문이다.

그러므로 삼계는 오직 마음일 뿐이며

모든 현상도 일법이라는 도장이 찍어낸 자국에 불과하다.

이 법문은 마조도일(馬祖道一) 선사께서 어느 날 대중에게 이른 소참법문입니다. 마조 선사는 제자들에게 언제나 '마음이 곧 부처'라고 가르치신 분입니다. 내가 오늘 여러분들에 가르치고자 하는 것도 마음에 관한 법문입니다. 본디, 나라고 하는 것은 몸과 마음으로 이루어져 있습니다. 몸과 마음은 상호보완관계에 있는 게 아니라 내 마음이 먼저 한 생각을 일으켜 몸을 움직이게 하기 때문에 바로 나의 주인공은 마음이라는 것입니다.

그런데 나의 주인인 이 마음을 항상 깨끗하게 유지시키지 못하고 헛된 생각을 일으켜 욕망, 성냄, 어리석음 삼독으로 이끈다면 결국 자신을 악의 구렁텅이 속에 빠지게 할 수밖에 없습니다. 그래서 우리는 항상 나의 주인인 이 마음을 잘 다스려야만 합니다. 우리 불교가 '마음'을 중시하는 것도 바로 이 때문입니다.

그런데 마조도일 스님의 법문 중에는 아주 특별한 의미가 있음을 여러분은 알아야 합니다. 그것이 어느 부분인지 알겠습니까? 바로 선도 취하지 말고 악도 취하지 말라. 그리고 깨끗함과 더러움도 취하지 말라는 것입니다. 불가에서 이는 매우 중시하는 경구(經口)라 할 수 있습니다.

대개 타종교에서는 항상 선을 행하라고 하든지 깨끗함만을 강조합니다. 그러나 불교는 그러한 것조차 취하지 말라는 것입니다. 왜일까요? 즉 사량분별심(思量分別心)으로 세상을 바라보지 말라는 뜻입니다. '옳다 그르다, 좋다 나쁘다, 아름답다 못났다'라는 생각을 일으키는 것 자체가 분별의식인데 우리가 가진 이 마음이 분별하여 의식을 일으키게 되면 결국 탐욕이 생기게 되고 그로 인해 화냄과 어리석음이 동반되기 때문입니다. 물론 선하고 깨끗함을 찾지 말라는 이야기는 절대 아닙니다.

남을 돕는 선한 마음도 무언가를 바라지 않는 마음으로 자연스럽게 행하라는 것입니다. 또한 거리의 청소도 다만 남을 위해 한다는 생각보다는 그냥 깨끗함을 위해 스스로 한다는 그러한 마음가짐이 중요하다는 뜻입니다.

그래서 불교의 『반야경』에서는 '무주상보시(無住相布施)'를 매우 강조합니다. 이는 남에게 베푼 것을 기억하지 않고 자신의 뜻대로 행동하는 것을 말하는데 이는 우리 속담으로 말하면 '오른손이 한 일을 왼손이 모르게 하라.'와 일맥상통한다고 볼 수 있습니다. 그래야만 공덕도 쌓이고 그로 인한 복도 더욱 많이 생깁니다.

이 세상에는 아직도 불우한 이웃을 돕는 사람이 많이 있습니다. 오늘날 남을 도우면서도 자신의 이름조차 밝히지 않는 무주상보시를 행하는 선행자가 많이 있습니다. 이런 분들이 많은 사회가 아름답고 밝은 사회입니다.

다시 본론으로 들어가겠습니다. 마조 선사의 문하에 대매법상(大梅法常)이라는 제자가 있었는데 회상에 찾아와 물었습니다.

"스님, 무엇이 부처입니까?(如何是佛)"

"그대의 마음이 곧 부처이니라.(心卽是佛)"

대매 스님은 그 순간 언하에 바로 깨달음을 얻어 산중으로 들어가서 부처로서 마음을 쓰고 부처로서 스스로 행동하며 살았습니다. 마조 선사는 어느 날 이 소식을 듣고 그를 시험하기 위해 어떤 스님을 보냈습니다.

"대매 화상이여, 마조 선사에게서 대체 무엇을 배웠기에 이런 깊은 산중에 들어와 사시는지요?"

"내가 마조 선사께 배운 것은 오직 마음이 부처라는 그 한마디뿐이요. 나는 그것을 믿고 부처로서 살아가고 있는 것이오."

이 말을 듣고, 찾아간 스님은 빙글빙글 웃으며 또 다른 이야기를 하였습니다.

"그런데 말입니다. 요즘 마조 선사께서는 다르게 가르치고 있습니다."

"어떻게 다른가?"

"마조 선사께서는 제자들에게 '마음도 아니고 부처도 아니다.(非心非佛)'고 가르치고 있습니다.

대매 스님은 빙그레 웃으시면서 이 말에 어떠한 관심도 드러내지 않고 이렇게 말씀하셨습니다.

"스님, 그 늙은이가 어떤 말을 해도 나는 마음이 곧 부처요."

그 스님은 돌아가 마조 선사에게 그동안 있었던 일을 소상히 밝혔습니다. 마조 선사는 그 말을 듣고 아주 유쾌하게 웃으시면서 이렇게 말씀하셨습니다.

"허허. 매실이 익었구나."

마조 선사께서 말씀하신 의미는 바로 '대매(大梅)'란 '큰 매실'을 뜻하는데 이는 바로 대매 스님의 공부가 제대로 익었다는 뜻입니다.

그럼 마조 선사께서 왜 '마음이 곧 부처'라고 했을까요?

이는 아주 명백한 사실이라 할 수 있습니다. 왜냐하면 사람은 모두 마음을 다 가지고 있기 때문입니다. 그런데 마음을 가진 사람은 다 부처라는 말은 곧 중생이 부처라는 말과 일맥상통한다고 볼 수 있습니다. 그런데 문제는 이러한 마음을 가지고 있는 사람이 곧 부처인데 부처가 이 마음을 제대로 쓰지 않고 중생의 마음을 써 그대로 행동을 하게 되면 중생에 지나지 않는다는 겁니다. 그러므로 마조 선사의 말씀은 '그대가 곧 부처임을 알아 부처의 마음을 써서 부처로 행동하라.' 입니다. 만약 우리가 이렇게 마음을 쓴다면 모두 부처가 될 수 있습니다.

이와 같이 불교 공부는 다른 것이 아니라 마음을 공부하는 것입니다. 그런데 우리의 마음이 부처가 되기 위해선 어떻게 해야 할까요? 그래서 『금강경』에서는 아상(我相), 인상(人相), 중생상(衆生相), 수자상(壽者相)을 버리지 못하면 아뇩다라삼먁삼보리, 즉 무상정등각(無上正等覺)을 이루지 못한다고 되어 있습니다.

여기에서 아상이란 나라는 생각, 즉 아집(我執)을 버리라는 것이며 중생상은 자신의 몸을 오온(五蘊)이 화합하여 이루어진 참된 실체라고 고집하는 잘못된 견해를 말하며 인상은 오온이 화합하여 생긴 나는 사람이니 축생과 다르다는 생각, 수자상은 오래 살고 싶다는 것을 말합니다. 이러한 사상(四相)을 버리지 못한다면 깨달음인 아뇩다라삼먁삼보리를 이루지 못한다는 뜻입니다.

이를 총체적으로 말하면 '마음에 든 교만을 꺾어라.'는 뜻입니다. 만약 마음속에 든 사상(四相)을 지울 수만 있다면 곧 부처가 될 수 있다는 겁니다. 그런데도 불구하고 우리 불자들은 자신의 교만심을 버리지 못하고 그저 나라는 생각에 갇혀 있습니다. 그러므로 불교 공부를 제대로 하려면 마음속의 찰간, 즉 아만심(我慢心)을 버려야 합니다.

그런데 이 사회는 거의 날마다 범죄가 끊이지 않고 있습니다. 생각해보면 우리 중생들이 한시도 쉬지 않고 싸우고, 가로채고, 속이고 심지어 살인도 하고 있습니다. 이러한 까닭도 모두 자신이 가진 불성(佛性)을 제대로 깨닫지 못하고, 또한 마음속의 부처를 제대로 보지 못하고 한갓 망념(妄念)을 종으로 삼고 있기 때문입니다. 망념이란 쓸데없는 생각, 멋대로의 생각, 올바르지 못한 생각, 공상을 말하는데 중생들은 한시도 이를 버리지 못하고 있습니다. 심지어 이러한 망념이 발전하여 급기야는 과대망상이 일어나 인간으로 해서는 안 될 범죄를 저지르고 맙니다.

예를 한 가지 들어 보겠습니다. 어떤 사람이 사랑하는 사람을 떠나보냈습니다. 사랑하는 사람이란 부모, 형제, 친구 그리고 아내나 남편일 수 있습니다. 물론 인간에게 있어 죽음이란 참을 수 없는 슬픔인 것은 분명합니다. 하지만 그러한 이별의 슬픔을 영원히 간직하고 있는 것은 옳지 않습니다. 그 어떤 이별의 슬픔도 한순간이 지나면 조금씩 잊혀지게 되어 그리움으로 남습니다. 이것이 지나치면 망상이 되어 온전하게 이 세상을 살아갈 수 없습니다.

기쁨도 마찬가지입니다. 적절한 예인지 모르지만 어떤 사람이 올림픽에서 금메달을 땄습니다. 그러나 우승의 영광도 그저 잠시뿐입니다. 만약 우승의 기쁨을 잊어버리지 못하고 다시 훈련을 게을리 한다면 그러한 영광도 오래가지 못할 것입니다.

이와 같이 우리 인생에서 기쁨과 슬픔이란 이렇게 잠시 스쳐 지나가는 순간에 불과합니다. 돌아보면 그 어떤 일들도 모두 스쳐 지나가는 한갓 바람과 같습니다. 그런데도 이것이 영원하리라고 믿는 것도 하나의 망상이라고 할 수 있습니다. 불자들이나 수행자들은 일체의 현실경계에 나타나는 현상에 대해서 일희일비(一喜一悲)해서는 안 됩니다. 이 모든 것이 모두 자신이 가진 마음에 달린 문제임을 명심해야 합니다.

다시 마조 선사의 법문으로 돌아가겠습니다. 마조 선사의 문하에 대주혜해(大珠慧海)라는 스님이 계셨습니다. 어느 날 그가 마조 선사를 찾아왔습니다. 그때 마조 선사께서 그에게 물었습니다.

"어디서 왔는가?"

"월주(越州) 대운사(大雲寺)에서 왔습니다."

"나를 무엇 하러 만나러 왔는가?"

"불법을 구하기 위해 선사를 찾아왔습니다."

마조 선사는 대주 스님을 빤히 쳐다보다가 이내 호통을 쳤습니다.

"이놈, 나는 너에게 아무것도 줄 것이 없다. 불법이 어찌 나에게 있겠는가? 그대는 왜 자기 집에 있는 보물인 자가보장(自家寶藏)을 돌보지 못하고 밖에서 찾고 있는가."

대주 스님은 그 순간 어리둥절하였습니다.

"스님, 저에게 보배가 있다니 대체 무슨 말씀이옵니까?"

마조 선사는 가만히 서 있지 못하고 낭패한 얼굴을 하고 있는 대주 스님에게 빙그레 웃었습니다.

"지금 내 앞에 서 있는 그대가 바로 보배일세. 그대 안에 모든 보배가 가득 갖추어져 있어서 평생 써도 바닥이 나지 않을 터인데 어찌하여 밖에서 그 보배를 찾기 위해 다니는가."

"예, 알겠습니다."

대주 스님은 그 순간 큰 깨달음을 안고 돌아가 열심히 수행하여 마조 선사의 문하에 들었던 것입니다.

불자 여러분은 마조 선사의 말씀에서 무엇을 느꼈습니까? 아까도 말씀드렸지만 바로 '내가 가진 마음이 보배'라는 뜻입니다. 마조 선사가 대주 스님을 큰 보배라고 한 것은 바로 모든 중생이 큰 부처를 가진 존재라는 뜻입니다. 그 후 대주 스님은 큰 깨달음을 얻고 『돈오입도요문론頓悟入道要門論』이라는 훌륭한 선수행 지침서를 써서 실제로 큰 구슬[大珠]과 같은 존재가 되었습니다.

이와 같이 우리 중생들은 모두 자기 안에 '마음'이라는 큰 보배들을 하나씩 가지고 있습니다. 그리고 우리 곁에 있는 모든 사람이 부처이며 가는 곳마다 불국정토임을 깨달아야 합니다. 그럼에도 불구하고 사람들은 늘 자기 안에 있는 부처, 자기 곁에 있는 부처를 찾지 못하고 끊임없이 떠돌고 있습니다. 자기 자신이 부처이며 남편과 아내 그리고 사랑하는 아이들이 부처임을 알아야 합니다. 여기에 대해 다시 보충설명을 드리겠습니다.

옛날 혜초(慧超) 스님은 법안 문익(法眼文益) 선사에게 물었습니다.

"어떤 것이 부처입니까?(如何是佛)"

그때 법안 스님은 이렇게 말씀하셨습니다.

"그대가 혜초이니라.(汝是慧超)"

참으로 짧은 선문답입니다. 즉 '어떤 것이 부처냐'고 물으니 '네가 바로 혜초' 라는 우문현답(愚問賢答)을 던졌던 겁니다.

사람들은 대개 너무 우매하여 자신이 얼마나 훌륭한 존재인지를 모릅니다. 또한 자신의 가치를 제대로 인식하지 못합니다. 그런데 법안 스님은 혜초 스님에게 '그대가 바로 부처이다.' 를 확인해 주었던 것입니다. 이것이 선문답의 핵심입니다.

만약 오늘 무상사에 오신 여러분들이 내게 "부처란 무엇입니까?"하고 물으신다면 나 역시 "그대가 바로 부처이다."라고 말할 것입니다.

이와 같이 부처란 먼 곳에 있는 게 아닙니다. 얼굴에 금도금을 한 존재도 아닙니다. 바로 지금 우리의 모습 그대로가 부처의 모습입니다. 이 법당을 가득 메운 여러분들이 모두 부처입니다. 거짓말이 아닙니다. 우리가 불교에 입문을 해서 수계를 받을 때 불명(佛名)을 함께 씁니다. 불명이란 무엇을 뜻합니까? 바로 부처님의 이름입니다. 그러니 여러분들은 전부 이미 부처가 되었다는 뜻이 아니겠습니까?

그런데 중요한 게 있습니다. 내가 이미 부처가 되었다고 해서 자만해서는 안 된다는 겁니다. 아까 말했듯이 그러한 아상을 가지고 있어서는 안 됩니다. 내가 부처이기 때문에 이렇게 훌륭하지 않는가 라는 그러한 생각을 가지고부터 바로 오류(誤謬)가 발생하게 됩니다.

우리가 살아가는 모습을 보면 다 이러한 아만심이 모든 옳고 그름의 시비를 불러옵니다. 사실 우리 모두는 그동안 세상을 살아오면서 남에게 잘 보이기 위해서 아니면 자기의 이름 석 자를 남에게 인식시키기 위해 얼마나 갖은 노력을 다해 왔는지 모릅니다. 이 모든 게 바로 오류이며 착각이며 아상인 겁니다.

여자들은 거울을 보고 스스로 예쁘다고 생각하면서도 외출할 때는 남에게 더 예쁘게 보이기 위해 온갖 치장을 하고 아름다운 옷을 걸칩니다. 욕망이 욕망의 옷을 한 겹 더 입게 하는 겁니다. 참으로 우리의 욕심은 이루 말할 수 없습니다. 남자도 다를 바가 없습니다. 이렇게 우리가 날마다 하는 행동 속에는 '나(我)' 라는 생각이 도처에 깔려 있습니다. 나의 소유, 나의 사랑, 나의 부모라는 생각이 강하게 인식되어 작용하고 있기 때문입니다. 심지어 자기가 부처임을 알면서도 '내가 부처' 라는 것을 확인하기 위해 안달복달하기도 합니다. 이 얼마나 어리석은 생각입니까?

다시 마조 선사의 이야기로 돌아갑시다.

하루는 마조 선사에게 경전에 조예가 깊은 분주무업(汾州無業)이라는 사람이 찾아왔습니다. 그는 체격이 장대하고 목소리가 아주 우렁찼습니다. 그런 그를 보자 마조 선사는 그의 자존심을 건드리는 말을 했습니다.

"법당은 웅장한데 그 안에 부처가 안 계시는구나."

이 말을 들은 무업은 즉시 마조 선사 앞에 무릎을 꿇고 실토를 했습니다.

"스님, 저는 모든 경전을 통달했으나 마음이 부처라는 말은 이해가 부족해서인지 잘 모르겠습니다. 부디 어리석은 저를 일깨워 주소서."

마조 선사는 즉시 화답하였습니다.

"허허, 가르치고 배울 것도 없네. 그 이해하지 못한다는 그 마음이 곧 부처일세. 부처란 따로 있는 것이 아니네."

무업은 그래도 이해가 제대로 되지 않았습니다. 그래서 다시 마조 선사께 물었습니다.

"스님, 달마대사가 전해주었다는 그 심법(心法)에 대해 말씀해 주십시오."

마조 선사는 매달리는 무업을 뿌리치며 말했습니다.

"자네는 쓸데없는 것에 일이 바쁘신 것 같은데 잠시 물러갔다가 다시 오게."

마조 선사가 귀찮은 듯이 고개를 돌리자 무업은 자리에서 일어나 돌아가려고 했습니다. 그 순간 마조 선사가 다시 그를 불렀습니다.

"무업!"

무업이 놀라 돌아서자 다시 선사가 물었습니다.

"돌아보는 그 놈이 무엇인가?(是甚麼)"

그 순간 무업 스님은 크게 깨달았습니다. 무업은 마조 선사께 큰절을 하며 이렇게 말했습니다.

"저는 경전에 통달해서 내 위에 아무도 없다고 오래 전부터 생각했습니다. 그런데 오늘 마조 선사께서 큰 깨침을 주셨습니다. 제가 만일 오늘 선사를 뵙지 못했다면 저는 평생 허송세월만 할 뻔했습니다. 정말 기쁩니다."

마조 선사와 무업의 이야기는 바로 아상(我相)에 관한 것입니다.

오늘날 우리 중생들은 항상 자기 자신이 최고라는 생각을 버리지 못하고 있습니다. 그래서 남을 업신여기고 남을 귀하게 여기지 않습니다. 언제나 나라는 생각에 집착하여 남을 제대로 인정하지 않는 습관이 몸에 배어 있습니다. 이런 사람은 결코 크게 성공하거나 발전하지 못합니다.

만약 무업이 마조 선사를 만나지 못했더라면 그는 그저 중생에 지나지 않았을 겁니다. 그 후 그는 깨달음을 얻어 선사가 되었던 겁니다.

이와 같이 우리는 한 생각을 바로 돌려야 합니다. 여러분도 더 이상 허송 세월하지 말기를 바랍니다. '마음이 곧 부처'입니다. 우리가 돌아가야 할 고향은 멀리 있는 게 아니라 바로 우리의 눈앞에 있습니다. 다른 데서 그 마음을 찾는다고 헤매다 보면 평생이 다 흘러가고 겁해(劫海)가 다 말라도 모릅니다. 그러므로 모든 것이 마음의 소작(所作)인줄 안다면 그 자리에서 바로 부처를 보게 될 것입니다.

요약하자면 여러분들이 불교 공부를 하는 이유는 '마음의 평화'를 얻기 위함입니다. 마음의 평화는 무엇을 말하는가 하면 곧 평상의 마음을 뜻합니다.

사람은 평상심이 무너지게 되면 고통과 불안을 느끼게 됩니다. 예를 들어 사람관계에서 불이익을 당하거나 하면 평상심을 유지하기란 정말로 쉽지 않습니다. 더구나 물질은 아무리 많이 갖고 싶어도 가질 수 없습니다. 그러한 소유욕을 다스린다는 것은 매우 힘든 일입니다. 사람관계도 마찬가지입니다. 사람이란 다 내 마음 같지 않아서 부모나 형제지간, 심지어 부부 사이에도 달라 의견충돌이 일어납니다. 하물며 자신과 아무런 연고가 없는 사람이 자신을 이해해 주기를 바란다는 것은 마치 나무 위에서 고기를 잡으려는 것과 별반 다르지 않습니다.

우리는 이런 힘든 인생살이를 하고 있습니다. 이런 가운데 우리가 마음의 평화를 얻고 평상심을 유지하려면 얼마나 힘들겠습니까? 사람이 어떤 문제에 있어 스스로 고민하거나 고통을 받는 것은 무엇인가에 집착하기 때문입니다.

이렇고 저렇고 가치판단을 하고 그에 따라 전후좌우에 집착하는 마음이 남아 시비와 분별, 갈등과 투쟁이 연속되는 것입니다. 더러움에 물들지 말라는 것은 곧 전후좌우에 집착하지 말라는 뜻이기도 합니다. 그러면 평상심을 유지할 수 있습니다.

재미있는 남전 스님의 법문을 이야기하겠습니다.

어느 날 중국의 조주 스님이 납자시절 남전 스님에게 이렇게 물었습니다.

"스님, 어떤 것이 바르게 사는 길입니까?"

그러자 남전 스님은 이렇게 대답했습니다.

"평상의 마음대로 살면 된다."

즉 '평상심이 도이다.(平常心是道)' 라고 했던 겁니다. 그러나 조주 스님은 그 뜻이 언뜻 이해가 되지 않아 다시 물었습니다.

"그러면 그 도는 향하는 바 어떤 목적이 있습니까, 없습니까?"

남전 스님이 대답하였습니다.

"그대로가 도이다. 향할 바가 있어서 생각을 낸다면 곧 잘못된 것이다."

조주 스님이 물었습니다.

"생각을 내지 않으면 어떻게 도를 알 수 있습니까?"

이에 남전 스님은 빙그레 웃으며 이렇게 말씀하셨습니다.

"도란 아는 것에도 속하지 않고 모르는 것에도 속하지 않는다. 안다는 것은 잘못 아는 것[妄覺]이요 모른다는 것은 멍청한 것[無記]이다. 만일 참으로 의심이 없는 도에 도달할 것 같으면 허공과 같이 활달하여 넓고 넓어서 옳다 그르다 시비가 다 사라질 것이다."

그 순간 조주 스님은 크게 깨달음을 얻었다고 합니다.

이와 같이 우리는 마음속의 시비와 분별을 버려야 '있는 그대로'의 평상심을 유지할 수 있습니다. '있는 그대로'란 참마음을 뜻합니다. 이 마음을 하루 종일 가지고 있어야 합니다. 아니 한 달 삼십 일, 일 년 열두 달, 십 년, 백년을 지니고 있어야만 합니다. 만약 우리가 이러한 평상심을 유지한다면 우리는 곧 부처임을 깨달을 수가 있습니다.

만약 이를 우리가 알고 크게 노력한다면 우리는 큰 공덕을 얻어 무한한 복을 얻게 될 것입니다.

기도하세요.

處處逢歸路　처처봉귀로

頭頭是故鄕　두두시고향

本來成現事　본래성현사

何必待思量　하필대사량

가는 곳마다 고향 가는 길이요

만나는 물건마다 고향 것이네.

본래부터 그렇게 되어 있는 것인데

무엇 때문에 이리저리 따지는가.

이 세상 가는 곳마다 마음의 고향이고, 만나는 집과 풀, 꽃, 하늘도 모두 고향입니다. 고향이 어디 있는 것이 아니라 본디 우리 마음 안에 있는 것입니다. 그러니 이리저리 이치를 따지는 것은 옳지 않습니다. 부처의 마음과 눈으로 '있는 그대로' 세상을 바라보면 됩니다. 성불하십시오.

밀운 스님

밀운 스님은 1934년 황해도 연백에서 출생했다.

1954년 경북 영주 초암사에서 대오 스님을 은사로 출가해 비로사에서 무강 스님을 계사로 사미계를 받았다, 1971년 봉선사에서 석암 스님을 계사로 보살계와 비구계를 수지했다. 1972년 봉선사에서 운허 스님을 법사로 건당했다. 1967년 비로사, 봉은사, 봉선사에서 교과 수료. 1982년 스리랑카 승가사범대학 미투라 박사학위(삼장법사), 1983년 스리랑카 국립 푸리베나 대학에서 철학박사 학위를 받았다. 동년 동국대 행정대학원 수료. 고려대경영대학원 수료. 1985년 서울대 행정대학원 발전정책과정을 수료했다. 불국사, 통도사, 해인사, 수덕사 등 제방의 선원에서 안거한 스님은 제 5, 6, 7, 8, 9대 중앙종회의원과 부의장 총무원 재무부장, 총무부장, 법규위원장, 부원장, 봉은사 · 봉선사 주지 등을 역임했다. 총무원 부원장 때는 경승단 창립을, 봉은사 주지 때 현재의 봉은사 땅을 되찾은 장본인이다. 현재 조계종 원로회의 부의장이다.

깨달아야 부처이다

| 밀운 스님 |

법문은 부처님 말씀을 전하는 것입니다. 그래서 법문을 할 때는 경전을 갖다 놓고 법문을 해야 하는데 그렇게 하다 보면 책만 보고 하게 되어 들을 맛이 없습니다. 그래서 옳은 법문은 스님의 자기 살림을 이야기해야 합니다.

저도 가끔 불교TV를 보는데 성우 스님께서 마정수기(摩頂授記)를 하고 계셨습니다. 마정수기란 부처님이 후계자를 정하여 인가(認可)를 해주시는 것을 말하는데 머리를 만져 주면서 성수를 찍어 주는 것입니다. 사실, 석가모니 부처님이 수기를 주신 분은 미륵보살뿐입니다. 요즘은 큰스님들이 불제자들에게 신심을 북돋우고 좋은 길로 인도하기 위해 하기도 합니다.

나는 이 행사를 보고 진짜로 좋은 일을 하신다고 생각했습니다. 실제로 우리나라는 하지 않지만 스리랑카 등 동남아 여러 나라에서는 계가 청정하고 수행이 아주 돈독하신 큰스님들이 마정수기를 하고 있습니다. 특히 아이가 세상에 태어나면 백일 안에 마정수기를 합니다.

부처님께 와서 공양을 먼저 올리고 스님이 직접 해 주시는데 스리랑카에서는 네모 반듯하게 부처님의 족적을 해 놓았습니다. 항상 그곳은 뚜껑을 덮어 놓았다가 수기할 적에만 뚜껑을 열어 아기를 눕혀 수기를 하고 데려갑니다. 나는 그것을 보고 참 많은 감동을 느꼈습니다.

마정수기를 하는 것은 왜 좋은 일일까요? 부처님 앞에 기도를 하고 수기를 받으면 부처님의 기운이 바로 아기에게 가기 때문에 건강해지고 나쁜 일도 생기지 않으며 머리가 좋아지기 때문입니다. 또한 부처님의 수기를 받은 아이이므로 특별히 부모는 잘 지도를 해야겠다는 마음을 가지게 됩니다.

우리나라도 아이가 태어나면 마정수기를 하면 좋겠다는 생각을 했지만 하는 데가 없었습니다. 그렇다고 함부로 할 수가 없고 또한 아무나 할 수가 없었는데 불교TV를 보니 성우 스님이 하고 계셨습니다. 벌써 10년 전부터 하고 계셨는데 알려지지 않았을 뿐이라고 했습니다.

마정수기를 하는 것을 우리 불자님들도 알아야 하겠습니다. 무상사에서 마정수기를 잘해 우리 불자들의 자손들이 부처님의 인연으로 인하여 건강하고 공부도 잘해 훌륭한 사람이 되었으면 좋겠습니다. 그런 생각에 나는 우리나라 불교계의 대표적인 율사이시며 전계화상이신 고산 성우 스님께서 계속 하셨으면 합니다. 스님은 인연 있는 사람이 있으면 한 달에 한 번씩이라도 할 예정이라고 합니다. 그렇기 때문에 무상사 법회에 다니시는 불자님들은 참 복이 많습니다.

사실, 우리 율사스님 같은 분은 옷깃만 한 번 잡아도 기운을 느낄 수 있습니다. 예전에 스님의 옷자락만 잡아도 원(願)이 이루어진다는 말이 있었는데 사실 무근한 소리가 아닙니다. 기(氣)는 있는 사람에게 가기 때문입니다. 그래서 지금이라도 손자손녀들을 데리고 와서 성우 스님 건강하실 적에 마정수기를 받게 하시는 것이 좋다는 생각을 합니다.

이틀 전 하안거 결제를 했습니다. 사실, 결제 해제가 본래 없습니다만 그래도 절에서는 뭘 정해 놓고 합니다. 부처님 당시 때는 여름에 장마가 지니까 백일 동안 출입을 금하고 한곳에 머물러 정진을 했습니다. 이것이 결제의 연유입니다.

우리나라는 겨울이 너무나 춥다 보니 동안거와 하안거, 두 번 결제를 합니다. 불교를 믿는 분들은·부처님의 교리를 배워야 합니다. 그러면 수좌들은 무엇 때문에 결제를 하고 있을까요? 교리란 곧 자비실천을 말합니다. 불쌍한 사람들을 도와주고 마음을 쓰는 것을 자비실천이라 하는데 우리 부처님은 45년 동안 줄곧 이를 행하여 왔습니다.

우리는 성불을 하기 위해 마음 찾는 공부를 합니다. 그런데 그 마음이란 놈은 정작 어디에 있을까요? 그 마음이란 틀림없이 어디에 있기는 있는데 도무지 찾을 수가 없습니다. 그런데 부처님은 그 마음을 아셨던 겁니다.

모두 아시다시피 부처님의 출가 동기는 인간의 생로병사를 알기 위해서 입니다. 즉, ‘나서 늙고 병들어 죽지 않는 도리는 없는가.’ 하고 출가를 하여 설산에서 6년간의 고행을 하신 끝에 생사는 본래 없음을 깨달았던 것입니다. 그리고 일체중생들에게 그 깨달음을 가르치기 위해 45년이라는 긴 세월동안 고행을 했던 겁니다.

그러므로 지금 우리 불자들은 부처님의 본뜻을 제대로 알고 받아서 내 마음이 본디 어디에 있는지 제대로 알아야 하겠습니다. 이를 위해선 자비실천을 제대로 알면 됩니다. 그런데 요즘 우리 불자들은 이것이 목적이 아니라 그저 부처님한테서 가피를 입기 위해 그저 ‘복을 많이 주십시오.’ 하고 구복에만 젖어 있습니다. 이러한 소원발원은 부처님께 안 해도 되고 차라리 집에서 해도 됩니다. 사실 종교생활의 목적은 이런 것에만 있는 게 아닙니다.

바로 '내가 어디서 왔느냐.' 또는 '내 몸뚱이는 부처님 말씀대로 멸함이 없다'고 했는데 '왜 멸함이 없다고 했는가.' 이걸 알기 위해 우리는 불교 공부를 하고 참선 수행을 하는 겁니다. 대개 참선 수행하는 불자들이라면 그 마음이 어디에 있는가를 알기 위해 큰스님으로부터 화두를 받아 본 적이 있을 겁니다. 그런데 화두에 힘이 없어 대개 하루도 못 되어 날아가 버립니다. 제대로 참선을 하려면 화두가 오매일여 24시간 삼백육십오일 머리에서 떠나지 않아야 합니다. 물론, 요즘 사람들에게는 참으로 어려운 일입니다.

그런데 왜 참선수행이 제대로 되지 않을까요? 내 것이 아니고 절실하지 않기 때문입니다. 그 화두가 바로 내 것이 되어야만 비로소 오매일여가 되는 겁니다. 내 것이 아닌 화두는 아무리 참선을 한다 해도 결국은 사라져 없어져 버립니다.

그럼 어떻게 해야 내 것이 될까요? 저 또한 옛날 큰스님들에게서 '무자, 시심마, 마삼근' 등 화두를 모두 받아 보았습니다만 내 것이 안 되었습니다. 만약 여러분들이 큰스님들께 제대로 화두를 받으려면 골똘하게 생각해야 합니다. 이것인 것 같고 저것인 것도 같고 끝없이 의심이 일어나 비로소 격한 의심이 일

때 그 순간 큰스님한테 여쭈어 봐야 합니다.

예를 들어 큰스님에게 한 불자가 물었습니다.

"부처가 어디에 있습니까? (如何是佛)"

"이 안경집이 부처이다."

"어째서 안경집이 부처입니까"

그것이 바로 화두입니다. 어째서 안경집이 부처인지를 자신이 골똘하게 생각하는 바로 그것이 참선이고 수행입니다. 큰스님이 '이것이 부처이다.' 라고 했다면 그것은 틀림없는 말임을 명심해야 그 순간 '안경집이 부처' 가 되어 내 화두가 되기 때문입니다. 그렇지 않고 그저 받아 두는 화두는 힘이 없고 한 시간이 지나면 사라지고 없습니다.

여러분들의 목적은 견성성불(見性成佛)하여 부처가 되고자 하는 것인데 오늘부터라도 화두를 버리고 자기가 의심나는 그것을 가지고 골똘히 생각해보시기를 바랍니다. 화두에는 낮과 밤이 없고 대상을 가릴 필요도 없습니다. 무엇이든 다 좋습니다. 단지 오매일여에 들어가기만 하면 됩니다.

오매일여의 경지란 꿈속에서도 화두를 들고 꿈조차 없는 깊은 잠 속에서도 화두가 들려져 있어 자나 깨나 화두 드는 것을 말합니다. 그런데 여러분들이 이 오매일여의 경지에 들어서기란 결코 쉽지 않습니다. 우리 중생들은 사랑하는 자식이 죽었을 때 얼마나 많은 생각에 젖어 삽니까? 그저 앉으나 서나 눈물이죠. 이것이 바로 오매일여입니다. 화두 또한 이런 간절하고 애절한 마음으로 해야 합니다. 그래야만 바로 견성할 수 있는 길이 나오는데 이렇게 하기 위해선 반드시 자기 화두를 만들어야 한다는 겁니다.

'마음이 곧 부처'라고 해서 '너도 부처 나도 부처'라고 합니다. 여기 있는 거사님과 보살님들은 물론 저 역시 아직 부처가 되지 않았습니다. 다만 부처가 될 수 있는 성품(性品)을 가지고 있다는 뜻입니다. 석가모니나 일체중생의 성품은 모두 불성을 가지고 있다는 말입니다.

쉽게 설명하자면 여기 금덩어리가 하나 있다고 합시다. 수억만 개로 쪼개어 안경, 금반지, 팔찌를 만들면 본래의 금덩어리 이름은 사라지고 사물의 이름이 붙여집니다. 그걸 두고 금이라고 하지는 않습니다. 하지만 본래의 금은 사라지지 않고 변하지 않습니다. 바로 우리들의 마음이 그와 같다는 겁니다. 그러므로 석가모니의 마음이나 일체중생의 마음이 다 똑같다는 겁니다.

사람만 그런 것이 아니라 이 지구상의 모든 생명체들, 이런 건물에도 거기에 맞는 성품이 있습니다. 이와 같이 유정지물과 무정지물에는 다 불성이 있습니다. 우리는 일반적으로 유정지물에만 생명이 있다고 느끼지만 무정지물에도 있습니다. 내가 들고 있는 이 마이크에도 거기에 따른 성품이 있다는 것을 알아야 합니다.

『반야심경』에서 '색즉시공 공즉시색', 색과 공이 둘이 아니라고 배웠습니다. 여기에서 색이란 이런 무정지물을 이야기 하는 겁니다. 여러분이나 스님 또한 무정지물과 똑 같습니다. 인간이 죽어 시체가 되면 무정지물이 됩니다. 사람만 견성할 수 있고 무정지물은 견성할 수 없다는 말은 틀린 말입니다. 그래서 부처님께서 그걸 아시고 "유정지물, 무정지물이 다 자기 성품이 있어 영원히 불변이다."라고 강조하셨던 겁니다.

사실 인간은 태어나 좀 살지만 어쩌면 산 것도 죽은 것도 아닙니다. 그저 변한 것은 없습니다. 우리가 불교를 공부하는 것도 바로 이러한 점을 알기 위해 하는 것이라 할 수 있습니다. 그러므로 부처님께서는 '유정지물이든 무정지물이든 불성은 변하지 않는다.'고 했던 겁니다.

그런데 '너도 부처 나도 부처'라고 하면 혼란이 와 버립니다. 그렇게 말하면 이 마이크가 부처여야 되는데 사실 아니잖습니까? 그저 우리는 마이크라고 이름을 붙여 놓았을 뿐입니다. 그렇지만 이 마이크에도 불성은 있습니다. 때문에 오히려 쉽게 부처라고 해서도 안 된다는 겁니다. 엄밀히 말하자면 색과 공이 둘이 아닌 하나라는 것을 아는 사람이 곧 견성한 사람이며 부처입니다.

　오늘 법당에 오신 분들은 불교를 공부하기 위해 오셨습니다. 그런데도 불구하고 자신들을 두고 부처라 하니까 그저 혼란이 올 수 있습니다. 때문에 '너도 부처 나도 부처' 라는 말씀은 옳지 않고 '너도 나도 부처가 될 수 있다.' 는 성품을 지니고 있다는 뜻임을 아셔야 합니다. 이와 같이 여러분들은 반드시 부처가 될 수 있습니다. 이것은 절대불변입니다.

　그런데 우리는 왜 석가모니에게 부처님이라고 명호를 붙이는 것일까요? 그 분만 부처님이 아니라 자기 자성을 깨닫고 자비실천을 하고 있는 모든 분이 부처이며 그런 분이 바로 보살입니다. 사실 부처니 보살이니 하는 명호와 우리가 이 세상에 살면서 붙인 선생, 의사, 개, 소, 돼지 등도 그저 우리가 다 이름 지어 놓은 것에 불과합니다. 처음부터 이름 붙여진 것이 아닙니다. 하지만 이 모든 것의 성품은 둘이 아니라 하나인 것입니다.

　그러므로 부처가 되기 위해 가장 빠른 길은 화두를 들고 공부를 하는 것인데 곧 자성에 이르는 길입니다. 다시 말해 자기 화두를 가져 자나 깨나 오직 참구를 해야만 비로소 자성을 깨칠 수 있다는 겁니다.

　『열반경』에 보면 '제행무상(諸行無常)' 이라는 경구가 나옵니다. 여기에서 제행이란 '모든 행동 그리고 보고 듣고 느끼는 일체'를 말합니다. 즉 이 우주에서 일어나는 모든 변화무쌍한 연기를 모두 제행이라 하는데 이것을 두고 즉 '함이 없는 무상'이라고 했습니다. 따라서 '제행무상'이란 연기설과 깊은 관계가 있습니다.

연기설은 이 세상의 모든 사건과 존재들은 무수한 인(因)과 연(緣)에 의해 현재의 모습을 가진다는 것이 핵심입니다. 지금의 이 모습 또한 무수한 인과 연에 의해 항상 유동적이며 잠시 현재의 모습을 띠지만 그것이 또한 고정적일 수 없고, 더더욱 영원할 수 없다는 말입니다. 그래서 이 세상의 모든 것은 항상 생겨나고, 변하고 멸함을 말하기 때문에 늘 허공계는 비어 있다고 합니다. 이를 두고 '진공묘유(眞空妙有)'라고 합니다. 즉 풍랑이 일어도 바다의 성품은 변하지 않듯이 공(空)은 비어 있는 것 같으나 그 속에는 우리들 눈에 보이지 않는 무한한 원소들이 흩어져 자유로이 떠돌다가 인연(因緣)이 되면 존재(存在)로 나타납니다. 이것이 바로 진공묘유(眞空妙有)인 것입니다.

지금 우리는 모르겠지만 한 시간 후에 이 법당을 나오면 항시(恒時)가 없다는 것을 느낍니다. 이와 같이 이 우주의 색과 경계는 시시각각 변하고 있습니다. 지금 우리는 눈에 보이지 않는 전파의 힘으로 휴대폰을 사용하고 있습니다. 우리가 사는 엄연한 현실 세계입니다. 비록 우리가 죽는다고 해도 이 허공계는 여전히 그렇게 흘러가고 있음을 알아야 합니다. 우리는 그저 눈에 안 보이니까 없는 걸로 알고 있지만, 사실 그것이 아니라 존재하는 그 무엇이 있다는 것을 알아야 합니다. 그래서 부처님은 내 몸과 허공은 둘이 아니고 하나라는 것을 강조했던 겁니다. 이것이 바로 '제행무상' 이며 '진공묘유' 입니다.

허공계의 모든 원소들은 연기법에 의해 인연에 따라 사람이 되고 짐승도 됩니다. 그러다가 또 흩어지고 새로운 연기법에 의해 다시 뭉쳐지고 태어납니다. 이것이 부처님이 강조하신 '본래 생사(生死)란 여여(如如)하고 공(空)하며 그 공한 가운데에서 연기에 의해 형성되었다.' 는 연기법입니다. 그래서 이 세상은 본래부터 있고 없는 것입니다. 사실 지금 우리가 서로 듣고 보는 것도 다만 인간이 편리하게 쓰기 위해 만든 것이지 따지고 보면 모든 사물의 원천은 본래 없는 것이라 할 수 있습니다. 컴퓨터, 자동차, 휴대폰, 마이크 이것들은 인간이 만들었지만 본래는 없었습니다.

우리가 불교 공부를 하는 것도 진공묘유 즉 '공한 것 가운데 묘한 것이 있다.' 는 것과 제행무상, '이 세상에 형상하는 모든 것은 무상하다.' 는 것을 깨닫기 위한 것입니다. 부처님은 또한 '생하는 것은 반드시 멸한다.' 는 '시생멸법(是生滅法)' 을 우리에게 가르쳐 주셨습니다.

태양은 지구보다 칠천 배나 크다고 합니다. 태양에서 지구까지 오는 시간은 130광년이라고 합니다. 그런데 그러한 태양이 지금 식어가고 변하고 있다고 합니다. 부처님은 2,600여 년 전부터 "모든 형상 있는 것들은 반드시 멸한다."라고 하셨습니다. 어쩌면 태양이 없어지는 것도 시간문제이지 사라지는 것은 틀림없습니다. 이 지구도 마찬가지입니다.

하지만 사라지지 않는 게 있습니다. 여러분, 그것은 무엇일까요? 『금강경』에 보면 "사구게를 지니고 한 구절만 외워 다른 사람에게 전해주면 그 복은 칠보보시보다 많다."고 했습니다. 내가 남에게 베푼 공덕으로 얻는 복은 영원히 사라지지 않습니다. 인연에 따라 공덕과 복은 결코 사라지지 않습니다.

오늘날 이 지구상에 있는 모든 색과 경계는 시시각각으로 변하고 있습니다. 그럼 변하지 않는 것이 무엇일까요? 바로 우리가 가진 '팔만사천 자성(自性)' 입니다. 우리네 마음만 자성이라고 생각해서는 안 됩니다. 사람의 몸뚱이는 지수화풍의(地水火風意) 오온(五蘊)으로 구성되어 있습니다. 그렇기 때문에 흙은 흙의 자성이 있고 물은 물의 자성이 있다는 것을 알아야 합니다. 사람만 자성이 있다고 생각해서는 안 됩니다. 그렇기 때문에 이 허공계는 팔만사천 자성이 있다는 겁니다. 물론 과학적으로는 125가지가 있다고 얘기를 합니다만 부처님은 수도 없이 많다고 하셨습니다. 다만 이것들이 연기에 의해 흩어졌다 뭉쳤다 조화를 부리기 때문입니다.

부처님은 이러한 자성의 존재를 알고 그 도리를 깨달아 자비 실천을 한다면 영원히 마음은 평화로울 것이라고 했습니다. 그래서 『열반경』에는 '생한 것은 반드시 멸한다.'는 '생멸멸이(生滅滅已)'를 강조했으며 또한 '생하고 멸해 마침으로써 생도 없고 멸도 없고 다 끊어진 자리'가 바로 '적멸위락(寂滅爲樂)'이라고 하셨던 겁니다.

하지만 저는 달리 해석을 하고 싶습니다. 사실 번역한 것을 보면 '생하고 멸하는 것이 다 없어지게 된다.'는 말은 '나고 죽는 것이 없고 윤회'한다는 부처님의 말씀과 어긋납니다. 다시 말해 부처님은 반드시 윤회한다고 하셨습니다. 때문에 저는 '멸해 마치는 게 아니라 반드시 죽으면 다시 살아난다.' 즉 죽으면 다시 윤회하기 때문에 '마칠 이(已)'자로 해석할 게 아니라 '몸 기(己)'로 써야 맞다는 뜻입니다. 몸 기(己)는 본성자리를 말합니다.

여기에서 적멸이란 허공과 같은 자성이며 즉 모든 걸 떠난 경지, 생도 사도 번뇌 망상을 떠난 경계를 뜻합니다. 아마 여러분들은 수도 없이 법상에서 많이 들었을 겁니다. 하지만 번뇌 망상은 버려지는 것이 아니라 자성 가운데 합류되어 있으며 본래부터 내 것이기 때문에 수만 년이 지나도 번뇌 망상 지혜는 끝나지 않습니다. 지혜도 합류되어 있어 결코 없어지지 않습니다. 금빛이 어디 사라지나요. 이와 같은 것이 적멸입니다.

본디 자성은 불멸이며 지혜(智慧)를 일으킬 수 있는 힘을 가지고 있습니다. 이에 대해 육조 스님이 말씀하셨습니다. 자성은 번뇌도 일으키고 지혜도 일으키면서 항상 부동하고 있는 겁니다. 그래서 자성이 분출할 적에 요령껏 쓰라고 하셨습니다. 다시 말해 자성을 부처같이 쓰면 부처가 되고, 거지같이 쓰면 거지가 되는 겁니다. 우리는 이를 알고 깨달아 우리의 자성을 제대로 써야 합니다.

비록 번뇌 망상은 끊어지지 않지만 우리가 쓰지 않으면 됩니다. 하지만 자성은 우리 마음 한가운데 금빛처럼 계속 나오고 있다는 것을 알아야 합니다. 그래서 적멸이 곧 자성이고 자성이 곧 적멸인 것입니다. 결국 모든 것을 다 여윈 자리가 적멸입니다. 그리고 번뇌 망상도 없고 지혜도 없고 생사가 없는 것이 바로 적멸락이라 할 수 있는데 이럴 때 우리는 진짜 '낙(樂)'을 얻을 수 있다고 합니다. 왜냐하면 텅 비어 있는 공이니까 어쩌면 거기에는 낙도 없을 지도 모릅니다. 그런데 '고(苦)가 있는데 낙이 있고 고가 없는 곳에 낙이 있을 수 없다.'고 합니다. 이는 매우 상대적이기 때문에 그러한 고를 다 버리게 되면 낙도 사라져 진짜로 나를 느낄 수 있다고 합니다. 하지만 이것도 말이 되지를 않습니다. 그래서 저는 '적멸위락' 의 락(樂)을 풍유 악(樂)으로 번역을 합니다. 구마라집은 악으로 번역을 했는데 이후 이것이 한글로 번역하면서 락으로 번역을 한 것이 아닌가라는 생각도 합니다. 순전히 저의 생각입니다만 1,600여 년에 다 돌아가셨으니까 알 길이 없습니다만 내가 경을 본 바로는 락으로 해석하여서는 안 된다는 뜻입니다.

'다 여읜 가운데는 텅 빈 아무 것도 없기 때문에 진짜 맛볼 수 있는 게 락' 이라고 하는데 이것은 말이 안 된다는 것이 저의 생각입니다. 내가 말하는 악은 모든 자성에서 일어나는 근원을 뜻합니다. 예를 들면 악기(樂器)라는 것은 자신의 소리를 냅니다. 북은 북소리를 내고 나무는 나무소리를 냅니다. 이와 같이 자기의 자성에서 자신의 소리를 내는 것을 바로 악이라고 합니다. 그래서 내 식으로 적멸악으로 번역하면 '다 여읜 가운데서 일어날 수 있는 소리와 같은 힘' 이 되는 것입니다. 즉, 힘이 있어야지 힘이 없다면 이는 마치 텅 빈 아무것도 없는 죽은 송장과 같아진다는 겁니다. 그래야만 청정한 힘이 분출될 수 있습니다. 그래서 즐길 락으로 번역하는 것은 문제가 있지 않나 하는 생각이 듭니다. 오늘 들으신 분은 왜 저 스님이 락을 악으로 번역하나 하고 의심해 보시기를 바랍니다. 이것도 하나의 화두라 할 수 있는데 이때부터 진짜 공부할 수 있는 맛이 나옵니다.

아마 오늘 내 법문은 지금 세계 각국에 다 전송됩니다. 이 법문을 듣고 불교 강사들이 어쩌면 욕을 많이 할지도 모릅니다. 그러나 나 같이 미친 사람이 있어야 그들도 다시 공부를 합니다. 내가 연구대상이 될 지도 모릅니다.

이 이야기를 신문에도 냈는데 반론을 제기하는 강사들이 없었는데 어느 날 구인사의 강사 스님이 전화를 했습니다. 그 분 말씀이 일리가 있다는 겁니다. 그런데 운허 스님은 절대 남의 번역을 고치는 법이 없고 그대로 책을 번역하시면서 너의 생각도 일리가 있다고 하시었습니다.

내가 예전에 군대생활 할 적에 지은 글이 있습니다. 그 당시 나는 참선하면 좋다고 해서 스님에게 '화두를 주세요.' 하고 요청을 한 적이 있습니다. 그런데 당시만 해도 해 보니까 잘 안 되었습니다. 그래서 화두를 바꾸면 좋은가 싶어 스님만 만나면 '새로운 화두를 주세요.' 했더니 스님께서 '화두 바꾸면 좋은 일이 있나.' 하고 바꾸어 주셨는데 마찬가지였습니다.

그러다가 하루는 제가 있는 절에 대각사에 계셨던 박동암 스님께서 오셨습니다. 저녁 때 법당에 들어가서 예배하고 하시는 말씀이 "부처님이 시원찮아."하고 말씀하셨습니다. 나는 이 말씀을 듣고 나서 깜짝 놀라 "스님, 시원찮은 부처님도 있습니까?”하고 물었습니다.

본래 부처님은 32상을 다 갖추고 있어 우리가 존경해야 될 대상으로 알고 있습니다. 그래서 손도 대지 않습니다. 그 당시만 해도 큰스님께서 하시는 말씀이 내 귀에 쏙 들어와 그날로 나는 ‘왜 부처님이 시원찮은고?’ 하고 화두를 삼게 되었습니다. 그때부터 그 말씀이 머리에서 도무지 떠나지 않고 뱅뱅 돌아 밥을 먹으나 오나가나 앉으나 서나 보름 동안 오매일여 쩔쩔맸던 기억이 납니다. 아까 말했듯이 화두를 들고 공부를 하려면 ‘사랑하는 자식 죽어 가슴에 묻듯이’ 그렇게 화두 참구를 해야 된다는 말입니다. 그저 하는 둥 마는 둥 해 보아야 말짱 도루묵입니다.

그리고 보름이 지나자 나는 드디어 무릎을 딱 쳤습니다.

“불행불(佛行佛)이다.”

무슨 이야기인가 하면 부처님이 부처같이 행동해야 부처지 부처님이 부처같이 행하지 않으면 부처가 아니라는 말입니다. 우리가 ‘너도 부처 나도 부처’ 하면 말이 안 됩니다. 부처님도 한 생각 돌려 중생 짓하면 중생이지 부처일 수가 없다는 뜻입니다. 비록 너와 나의 마음은 같지만 부처가 아닙니다. 선생님이 미친 짓을 하면 미친놈이지 선생이 아닌 것과 마찬가지입니다. 그러므로 마음 쓰는 그 행동과 모습에 따라서 부처가 되는 겁니다.

우리는 32상을 갖추고 자비실천한 분을 부처라고 합니다. 저는 부처님같이 행하는 자가 바로 부처님임을 깨달았습니다. 나는 기분이 너무 좋아 적조암 위의 녹야원에 계신 동암 스님을 찾아갔습니다.

그리고 스님에게 물었습니다.

"어떠한 것이 시원치 않은 부처입니까?"

그런데 동암 스님 하시는 말씀이 참으로 엉뚱했습니다.

"이 사람아, 내가 언제 부처가 시원찮다 그랬어. 부처님을 조성한 불상이 시원찮다고 그랬지."

내가 그때 동암 스님의 '부처님 조성이 시원치 않다.' 라는 말씀 중 조성이라는 말을 잘못 알아들었던 겁니다. 하지만 동암 큰스님은 "불행불, 부처이면 부처같이 행해야 부처지 부처 아닌 행동을 해서는 부처가 될 수 없다." 라는 나의 말을 들으시고 크게 칭찬을 해 주셨습니다.

그리고 "승행승(僧行僧), 즉 먹물 입고 머리 깎았다고 모두 스님이 아니다." 또한 "인행인(人行人), 사람이면 사람답게 살아야 사람이지 사람 탈을 썼다고 다 사람은 아니다."라고 말씀 드린 바 있습니다.

오늘 법문의 요점은 '불행불, 승행승, 인행인'인데 참으로 쉬우면서도 어렵습니다. 세상을 살아가는 일도 쉬우면서도 어렵습니다. 그저 부처님처럼 세상을 살아가면 됩니다. 스님은 스님처럼, 사람은 사람처럼 살면 그리 어려울 것은 없습니다. 하지만 저 또한 잘 되지를 않습니다. 그래서 제가 시 한 편을 썼습니다.

花召群蜂 蜂樂花香　화소군봉 봉락화향
花蜂相助 終古不變　화봉상조 종고불변

꽃은 벌 떼를 불러 모으고
벌은 꽃향기를 좋아하니
꽃과 벌은 서로 돕기에
이 세상 끝날 때까지 영원하다.

꽃과 벌은 이 우주가 다할 때까지 헤어지지 않고 정답게 살 것입니다. 아마 그들에겐 이혼이라는 것은 절대로 없을 겁니다. 바로 여러분들도 그렇게 살아야 합니다.

무슨 뜻인가 하면, 꽃이 벌에게 꿀을 제공할 때는 아무런 대가도 바라지 않고 그저 꿀을 만들어 놓고 벌이 가져가기만을 기다립니다. 벌 또한 어떤 말도 하지 않고 꿀을 가져갑니다. 그리고 꽃이 못 하는 일을 해줍니다. 즉 암수 매개를 해 주어 열매를 맺게 해 줍니다. 꽃과 벌은 말 없는 가운데 자신이 하지 못하는 일을 대신 서로 해 주면서 정답게 세상을 살아가고 있습니다. 우리는 이 대자연의 섭리를 제대로 알아야 합니다. 그러므로 벌과 꽃은 이 세상 다하도록 싸움할 일도 없고 서로 존경하고 아껴줍니다. 가정생활도 서로 존경하고 아껴 주고 양보하면 싸울 일이 없습니다. 싸움도 모두 자기 욕심 때문에 생기는 일입니다. 그래서 저는 주례사를 할 때 꽃과 벌의 관계에 대한 얘기를 하면서 이렇게 살면 정말 행복할 것이라고 말합니다.

불가에서는 공안이 1,700개나 된다고 합니다. 사실 무궁무진하지만 기록된 것만 그렇습니다.

無量公案 佛祖妄語　무량공안 불조망어
衆生妄想 佛祖本性　중생망상 불조본성

부처와 조사의 말은 모두 거짓말이요,
중생이 일으킨 망상이 바로 부처와 조사의 본성이다.

오늘 이 법문들을 잘 들으시면 나는 비록 성불을 하지 못했지만 아마 여러분은 성불을 할 수 있을 겁니다. 아까도 말씀했지만 번뇌 망상을 버리라고 했습니다. 사람은 이 우주가 다하도록 번뇌 망상을 버리지 못합니다. 하지만 번뇌 망상을 쓰고 안 쓰고는 오직 자신에게 달려 있습니다. 왜냐하면 '제행무상, 시생멸법, 생멸멸기, 적멸위악' 이기 때문에 결코 버릴 수 없습니다. 만약 버리게 되면 자기도 없는 겁니다.

그런데 망상은 누가 일으킵니까? 바로 본인이 일으킵니다. 망상을 '일으키는 놈이 바로 너' 라는 뜻입니다. 그런데 그 놈이 바로 부처의 본성이며 조사의 마음이라는 말입니다. 이것만 공부를 해도 많은 도움이 될 것입니다. 이 또한 화두입니다. 그러면 우리는 번뇌 망상을 버리지 못하고 살아야 하는데 어떻게 살아야 합니까? 바로 있는 그대로 자신에게 주어진 그대로 평상심으로 살면 됩니다.

절에서는 나무를 때는 사람을 부목이라 합니다. 예전에 내가 봉은사에 있다가 봉선사에 와서 부목을 했습니다. 그때 지은 시를 들려주겠습니다.

負木捨柴 寄避雨亭 부목사시 기피우정
不關風雷 開眼睡眠 불관풍뢰 개안수면

여기에서 '부목이 땔나무를 버렸다.'는 것은 마음 한가운데 있는 모든 망상을 버렸다는 뜻이며 '태풍과 뇌성벽력도 상관하지 않고'는 시시비비를 논하지 않는다. '눈을 뜨고 잠들리라.'는 것은 세상만사를 다 보면서 잠든 사람처럼 어떠한 것도 취하지 않는다는 뜻입니다.

그런데 벼락과 뇌성보다 더 무서운 게 있습니다. 여러분은 세상에서 가장 무서운 게 무엇이라고 생각합니까? 괜히 남을 헐뜯고 욕하는 겁니다. 이런 것은 영원히 사라지지 않는 업을 짓는 행위입니다. 왜 그런가 하면 윤회가 되어 영원히 없어지지 않기 때문에 그 고리가 끊어지지 않습니다. 그래서 태풍보다 무서운 것이 남을 헐뜯고 흉보는 겁니다.

그러므로 여러분들은 '그 어떤 사람이 자신을 헐뜯더라도 나는 관여치 않을 것이다.'라는 마음으로 평생을 사셔야 됩니다. 이것은 아주 중요한 얘기입니다. 이런 마음으로 세상을 산다면 그 누구도 시비할 사람이 없습니다.

이것으로 오늘 법문을 마치겠습니다.

설정 스님

1942년 충남 예산 출생.

1955년 수덕사 원담 스님을 은사로 득도.

1961년 범어사에서 동산 스님을 계사로 비구계를 수지,

해인사 강원 졸업 후 범어사, 봉암사 등 제방선원에서 수행.

1980~1989년 수덕사 주지 역임.

1994~1998년 조계종 중앙종회의장 역임.

2000년 수덕사 미주 분원 미국 달라스 태광사 창건.

현재 덕숭총림 수덕사 수좌.

견성의 가치

| 설정 스님 |

삼월 초하루입니다. 삼월 삼짇날은 옛부터 모든 생명체가 지상으로 올라오고 꽃이 피고 새가 노래하는 좋은 계절입니다. 이런 좋은 계절에 불교TV 무상사에 와서 여러분들과 부처님 법을 얘기하고 탁마(琢磨)하게 되어서 참으로 기쁩니다. 인생에 있어서 내가 신뢰하고 믿을 수 있는 몸과 마음을 다 바쳐서 신앙할 수 있는 그런 곳이 있는 것이 얼마나 다행스런 일입니까?

그런 사람은 성공한 인생이라 할 수 있습니다. 사람은 남녀노소, 빈부귀천을 막론하고 인생의 가치를 추구하는 존재입니다. 인생은 어떤 가치를 가지고 세상을 사느냐에 따라서 빛날 수도 있고 어두울 수도 있으며 미래의 행복을 구할 수도 있습니다. 사람은 자신의 가치관을 정립하는 것이 최우선이며 이는 가장 소중한 일입니다. 만약 어떤 사람이 밝고 바른 가치관을 가지고 있다면 그 사람은 자신의 인생을 능히 희망차게 펼칠 수 있으며 미래의 행복도 보장받고 잘 살 수 있을 것입니다.

이와 반대로 어떤 사람이 매사에 부정적이며 절망적인 가치관을 가지고 있다면 그 사람의 인생은 어두울 수밖에 없습니다. 그러므로 사람에게 있어 가치관을 먼저 선택하고 정립하는 것이 가장 중요한 문제라고 할 수 있습니다. 그 어떤 사람도 자기만의 인생의 가치를 지니고 있습니다. 사람들은 명예에 대한 가치, 돈에 대한 가치, 예술에 대한 가치, 문학에 대한 가치 등 많은 다양한 가치를 추구하고 있습니다. 그러한 가치들 중에서도 가장 대별되는 가치의 유형이 있습니다.

특히 우리나라와 같이 자본주의 국가에 사는 사람들이 가장 중점을 두는 가치는 물질에 대한 것입니다. 지금 우리가 살고 있는 사회는 돈이면 무엇이든 다 해결된다는 물질풍조가 만연합니다. 사람들은 오직 물질이나 재물에만 온 정신이 팔려 무엇이 소중한 것인지 잊고 사는 사람들이 대부분입니다. 심지어 돈과 재산 때문에 형제간은 물론 부부간에도 싸우고 부모 자식 간에도 다투고 있는 실정입니다. 친구간은 말할 것도 없습니다. 효와 사랑, 의리 따위는 점점 사라지고 있는 시대에 우리는 살고 있는 것입니다. 또한 사회적으로 기업과 직원 간에 일어나는 노사분규도 따지고 보면 전부 물질과 돈 때문입니다. 이와 같이 모두가 물질적 가치에 편중되어 인간성을 상실해 가고 있습니다. 하지만 비록 물질이 아무리 소중하다고 해도 생명에 대한 가치보다 더 중요하겠습니까? 만약 누군가에게 하늘같이 높은 명예나 억만금을 줄 테니 목숨을 내놓으라고 한다면 과연 누가 응하겠습니까? 그런 사람이 있다면 정신이 이상한 사람입니다. 이와 같이 아무리 물질의 가치가 높다고 해도 생명이 지닌 가치보다는 못합니다. 그런데도 불구하고 우리는 그 물질이라는 것 때문에 목숨을 잃는 경우가 많거나 신체를 손상당하는 경우도 있습니다.

요즘에는 도둑질을 하면서 강도로 돌변하여 사람을 죽이는 일이 있습니다. 또 채무 관계로 인해 남의 목숨을 뺏는 일까지도 일어나고 있습니다. 그 어떠한 경우에도 귀중한 생명을 해치는 일이 있어서는 안 됩니다.

생명의 가치는 그 어떤 물질적 가치보다 소중함에도 불구하고 심지어 형제간에도 의가 상하고 살육이 일어나는 것은 가치의 판단이 흐려졌기 때문입니다. 즉 가치의 귀중함이 전도된 까닭입니다. 이와 같이 생명가치가 물질가치보다 절대적으로 위에 있음에도 불구하고 물질 때문에 다툼이 일어나는 것은 있을 수 없는 일입니다. 인격이 모자라는 사람이 재물을 많이 가지고 있을 때는 매우 위험합니다. 이 세상에 생명 가치보다 더 귀중한 것은 없습니다.

부모가 자식이 자라면 유치원, 초등학교, 중등학교, 대학교를 거쳐 가정교육과 더불어 학교교육, 사회교육을 시키는 이유는 인격의 가치를 향상시키고 이를 완성시키기 위해서입니다. 그럼에도 불구하고 요즘 어떻습니까? 사회교육이나 학교교육이 인성교육을 소홀히 하고 있습니다.

교육을 하더라도 오직 성적위주의 지식 전달에만 몰두하고 있고 인격가치 또는 진리 추구 등 본래의 교육기능은 소홀히 하고 있는 것입니다. 가정에서도 아이들이 성장하여 올바른 인간으로 살아가는 데에 모자람이 없도록 인성교육을 가르쳐야 합니다. 인성이나 인격을 가르치지 아니하고 오직 물질로만 관리하고 취급하려고만 하니까 지금의 아이들이 자신의 부모조차 존경하지 않는 것입니다. 가정은 모든 교육의 기초 단위입니다. 인성과 인격을 가르치지 않는 그런 가정에서는 항상 불안과 갈등이 그치지 않습니다. 이 사회에서 무엇보다도 중요한 것은 물질이 아니라 올바른 인간으로 성장하기 위한 인격형성을 위해 사람이 사람으로서 사는 방법과 도리를 가르치는 것이 교육의 본질적 기능입니다.

그런데 근래에 와서는 이런 인성교육과 가치관교육이 소홀한 틈을 타 가치관이 전도된 사람들에 의해서 이 사회가 갈등으로 치닫게 되고 어지러워져 불안을 야기시키고 있는 것입니다.

이 사회는 물질가치, 생명가치, 인격가치가 있지만 이러한 가치보다도 우리에게 진정으로 필요하고 소중한 가치가 하나 더 있습니다. 실로 이 가치는 매우 중요하며 부처님이 우리에게 가르쳐 준 가치인데 바로 '견성가치(見性價値)'라는 것입니다. 위의 세 가지의 것들은 상대적인 가치에 불과합니다. 상대적인 것은 '생멸법(生滅法)'을 말하는 것입니다.

그렇지만 부처님은 이 세상에 나오셔서 가장 소중한 가치인 견성가치를 우리에게 일러 주셨는데 이 견성의 중요함을 중생들에게 가르치기 위해 45년 동안 부처님은 설법을 하셨던 것입니다. 이 견성가치는 그 무엇과도 견줄 수 없는 절대적이며 최고의 가치라고 할 수 있습니다. 이를 수용하고 배우고 익히는 우리는 눈먼 거북이가 다행히 물에 뜬 나무를 붙잡게 된 것처럼 불법을 만난 것이 아니고 무엇이겠습니까? 참으로 '맹구우목(盲龜遇木)'입니다. 또한 '인생난득(人生難得)이요 불법난봉(佛法難逢)'이라 할 수 있습니다. '사람 몸 받기가 어렵고 부처님의 법을 만나기가 어려우며, 설령 부처님의 법을 만났다 하더라도 정법을 만나기가 어렵다.'고 하였습니다. 그렇지만 지금 우

리는 견성가치를 알고 제대로 공부할 수 있는 기회를 우리들에
게 제대로 가르쳐 주신 부처님께 한량없는 감사와 다행스러움
을 갖고 살아야 됩니다.

위의 세 가지 가치가 생멸법이라고 한다면 견성가치는 생멸
이 없는 법입니다. 영원히 상주불멸하는 그러한 불성을 증득하
는 것이 바로 견성입니다. 또한 영원히 변치 않는 '자성(自性)
청정심(淸淨心)'을 찾는 것을 말합니다. 강조하자면 이것이 견
성입니다. 이것을 가리켜 일명 '무심무념'이라고도 하고 '무명
무상'이라고도 하고 '중도(中道)'라고도 합니다. 이와 같이 불
교에서 말하는 무념, 무심, 무상, 견성, 중도는 그 표현방법이
여러 가지로 다르지만 따지고 보면 매한가지입니다. 다만 이해
를 돕기 위해 여러 가지로 표현했을 뿐입니다.

생각이 없다는 '무념'은 선악을 다 버리는 것을 뜻합니다. 즉
마음속에 시비가 다 꺼져 없어진 상태를 말하며 마음속에 '있
다 없다'고 하는 모든 차별심이 다 없어진 상태를 무념이라고
합니다. 여러분들은 무념이라고 하니까 무슨 쇳덩어리나 돌덩
어리처럼 아무런 생각이 없는 것이라고 생각하기 쉬운데 그런
것이 절대로 아닙니다. 만약 그렇다면 그것은 단멸공이기 때문
에 불법이라 할 수 없습니다. 그저 무념이라고 하니까 생각이
아무 것도 없는 것이 아니라 마음속의 차별심이 다 떨어지게 되

고 시비선악(是非善惡)이 다 떨어지게 되면 그때서야 비로소 진념(眞念)이 나온다는 뜻입니다. 이를 '진여묘용'이라고 합니다. 만약 이렇게 된다면 '진여묘용'이 나올 수밖에 없습니다. 이것은 중생식심(衆生識心)으로 하는 그런 차별이 아니라 착(着)이 없는 무착의 경계이며 무념의 경계입니다. 중생은 많은 일을 하고 있으면서도 중생식심으로 인해 차별을 할 수밖에 없습니다. 이러한 마음을 버려야 합니다.

가만히 자신을 되돌아보세요. 지금 '내 마음이 어디로 가고 있는가.' 하고 자신을 잘 챙겨 보세요. 많은 생각들이 보이지 않게 자신도 모르게 흘러가고 있음을 느낄 수 있을 것입니다. 이와 같이 우리 마음은 잠시도 그치지 않고 어디론가 계속 흘러가고 있습니다.

식심이 흘러가고 정신이 어디론가 흘러가고 있다는 것을 알 수 있습니다. 그런데 정신이라고 하는 것은 차별심이기 때문에 결국은 생사윤회의 근본입니다. 또한 우리의 자성인 청정심을 본질적으로 가로막고 있는 장애 덩어리임에도 불구하고 사람들은 이 사바세계에 나서부터 지금까지 사고하고 분석하고 차별하는 정신을 일상적 습관으로 가지고 있습니다. 말하자면 사고하고 분석하고 무언가를 체계화하는 것은 정신이기 이전에 세속적인 이분법적인 사고에 지나지 않는다는 겁니다. 이러한 사고와 식심을 가지고 산다면 결코 생사를 벗어날 수 없다는 것을 알아야 합니다. 그러므로 계속하여 '이것이다 저것이다' 라는 분별을 마음속에서 끊임없이 따지기 때문에 결국 번뇌의 고통 속에서 헤매게 된다는 것입니다.

'무념' 이라는 것은 '일체 모든 것을 환히 비춰서 다 분별하고 천차만별을 다 헤아리고 알고 있지만 그 본성자리는 일체 동요가 없고 일체 움직임이 없는 것' 을 말합니다. 그런데 '무념' 이라고 하니까 부처님을 생각하는 것도 어찌 보면 잘못된 것이라 할 수 있습니다. 그런 뜻이 아니라 내가 말씀드리는 무념이란 바로 '불법의 무념' 임을 알아야 합니다.

즉 불법의 무념에서는 '육념(六念)이 있으면 사념(邪念)이다' 라고 말합니다. 즉 여섯 가지 생각이 들어 있으면 그것은 삿된 생각이라는 말입니다. 여섯 가지 생각이란 무엇을 말하는 것일까요?

첫째 염불입니다. 이것은 '부처님을 생각하고 있다' 는 뜻입니다. 여러분들, 잘 이해하셔야 합니다. 자칫하면 신앙생활에 혼란이 올 수도 있기 때문입니다. 부처님을 생각한다든가 부처님의 진리를 생각한다든가 또는 스님을 생각한다든가 부처님의 계율을 생각한다든가 또 보시를 생각한다든가 하늘을 생각한다는 것이 다 사념이란 말입니다. 불교에서 부처님을 '하늘 가운데 하늘이다'라고 해서 '천중천(天中天)'이라고도 합니다. 그것이 전부 사념에 지나지 않는다는 말씀입니다. 언뜻 생각하면 '부처님을 생각하는 게 어찌 사념인가' 하고 이해가 도저히 되지 않을 것입니다. 더구나 불법승을 생각하고 보시를 생각하고 계율을 생각하고 부처님의 최고의 진리를 생각하는 것조차 다 삿된 마음이라는 것입니다.

곧 청정한 자성 자리에서는 육념(六念)이 다 사념일수밖에 없습니다. 참으로 어려운 말입니다. 금강경을 읽으면 이런 구절이 있습니다. '법상응사 하황비법(法尙應捨 何況非法)'. 즉 부처님 법마저 놓아 버려야 되는데 하물며 법 아닌 것이야 말할 게 있겠는가라는 뜻입니다. 이와 같이 부처님 법은 위대한 것입니다. 그렇기 때문에 최상의 법인 것입니다.

말하자면, 우리 마음 본성 가운데 세간법과 출세간법 중 출세간법은 마음속에 담고 세간법을 버리는 것이 무념이 아니라는 뜻입니다. 또한 우리 마음속에 성인이 들어 있다든가 범부가 들어 있다든가 중생이 있다든가 부처가 들어 있다면 그것은 무념의 세계가 아닙니다. 그것마저도 모조리 쓸어버리는 것이 바로 무념의 경계임을 알아야 합니다.

불교에서 무심이라는 것이 있습니다. 무심이나 무념이나 똑같은 뜻입니다. 그럼 무심이란 무슨 뜻일까요? 무심이란 . '증애심(憎愛心)’이 없는 것을 뜻합니다. 대개 인간들은 어떤 걸 보고 ‘저건 좋다, 저건 나쁘다.’ 이 둘 중 하나를 생각합니다. 또한 색(色)을 보고 ‘아름답다, 아니다’를 생각합니다. 그런데 ‘좋다, 나쁘다, 아름답다, 못났다.’ 등 그런 차별심의 마음을 내지 않는 것을 두고 바로 무심이라 합니다. 또한 내 마음 가운데 나쁜 것을 보고도 미워하는 생각이나 싫어하는 생각을 내지 않는 것도 무심이라 할 수 있습니다.

그런데 여러분들은 전부 육근(六根)에 물들어 있습니다. 육근에 물들어서 사는 사람들은 업을 면치 못해서 자기 뜻대로 살 수가 없습니다. 중생들은 좋은 색깔을 보면 그 색깔에 팔려 자기를 잃어버립니다. 뿐만 아니라 좋은 향기든 나쁜 향기든 정신없이 그것에 팔려 ‘좋다, 그르다’라는 차별심을 일으킵니다. 그래서 자기 본성의 청정성을 다 잃어버리고 그것에 홀려 결국에는 육근이 육진(六塵)에 홀려 자기라는 것을 모두 잃어버리고 삽니다.

이렇게 되면 사물을 봐도 제대로 볼 수가 없고 가치 판단이 흐려져서 자기본성의 작용이 모두 마비가 되어 버리는 것입니다. 염착이란 육근에 물들어서 자기를 잃어버리는 것을 말하는데 이는 사물에 집착을 하여 사물에 물들어지는 것을 말합니다. 이와 같이 중생들은 사물에 물들어 끊임없이 집착하다 보니 윤회의 끈에서 결코 벗어날 수 없고 고통에서 자유로울 수가 없습니다. 누가 그렇게 살라고 시킨 것도 아닌데도 불구하고 모두 스스로 자신을 그렇게 만들어 살고 있는 것입니다.

물론 너나 나나 할 것 없이 모든 사람에게는 집착이 있습니다. 부처님의 법은 연기(緣起)인데도 그 내용을 너무 모르고 살고 있습니다. 이 세상에 나올 때도 어디에서 나오는지도 모르고 갈 때도 어디로 가는지 모릅니다. 부처님은 '모든 것이 인연으로 생겨서 인연으로 없어진다.'는 것을 깨달았지만 중생은 그것도 모르고 매일 일장춘몽(一場春夢)만 꾸고 살고 있습니다.

그저 매일같이 꿈속에서만 헤매며 살고 있습니다. 매일 악몽을 꾸면서 끝도 없이 괴로워하고 슬퍼하고 어려워하기도 하고 때로는 환희의 꿈을 꾸며 즐거워하고 기뻐하다가 어느 날 갑자기 꿈을 깨고 맙니다. 그것이 좋은 꿈이든 나쁜 꿈이든 꿈임을 알기 때문에 꿈에 속지 말아야 하는데 또 시간이 되면 그 꿈속으로 들어가 헤매고 사는 것이 중생입니다. 뿐만 아니라 자신이 처한 현실에 집착하여 거기서 매몰되어 끌려갑니다. 그와 달리 부처님이나 보살들은 일체 것에 끌려가는 것이 아니라 스스로 끌고 갑니다. 즉 자유자재하게 자신의 삶을 살아갑니다. 엿장수 마음대로 산단 말입니다.

그런데 중생은 엿장수 마음대로 하나도 안 됩니다. 소신 없이 그렇게 살다 보면 아무것도 되는 게 없다는 것을 알아야 합니다. 그런데도 불구하고 평생 잘난 척은 혼자 다 합니다. 자기가 어디서 온 줄도 모르고 갈 곳도 모르면서 온갖 것에 빠져 삽니다. 그러면서 돈 있다고 우쭐대고 지위가 있다고 우쭐대고, 명예가 있다고 우쭐대고 합니다. 그런데 그렇게 살면 뭐합니까?

옛날 중국에 성군(聖君)으로 추앙받았던 요임금이 있었는데 어떤 신하가 요임금에게 "부귀다남(富貴多男)하십시오."하고 축하를 하였습니다. 부귀다남은 세상 사람들이 가장 좋아하는 것입니다. 부자로 살면서 지위가 높아 남들로부터 존경받고 또한 자손들이 삼밭처럼 우글우글하게 많은 것이 사람의 꿈입니다. 하지만 이것이 실제로 좋은 건지는 나는 잘 모르겠습니다만, 어찌 되었든 간에 신하가 이렇게 축하를 하니 그 순간 요임금은 기분이 나빠 "왜 그런 쓸데없는 소리를 하는가."하고 꾸짖었습니다.

이 세상에 부자로 산다는 것이 결코 좋은 일이 아닙니다. 돈 관리하는 게 얼마나 힘듭니까. 누가 가져갈까봐 노심초사하며 살아야 하는 게 바로 재물입니다. 그리고 지위가 높다는 것도 좋지 않습니다. 아무리 권세가 오래간다고 해도 10년을 넘기가 힘듭니다. 권세가들 겉으로 뺑뺑거리지만 속으로는 모두 골병이 들어 있습니다.

그런 권세를 유지하다가 제대로 안 되면 속 터지고 심지어 자살까지 하는 사람들이 많이 있습니다. 국회의원 나온 사람들 중에 돈 쓰고 골병 든 사람이 많습니다. 그런데도 국회의원 하겠다고 야단법석들입니다. 자식 많은 거 좋은 일일 수도 있습니다. 하지만 이 사바세계는 좋은 인연만 만나는 게 아님을 알아야 합니다. 나쁜 인연들도 많이 있습니다. 부부간에 좋은 인연으로 만나는 경우도 있지만 좋지 않은 인연이 만나 평생 싸우고 사는 사람도 있습니다. 부모 자식 간에도 좋은 인연으로 만나면 공부도 잘하고 건강합니다. 때로는 불구자로 태어난 자식 때문에 평생 고생인 사람도 있습니다.

그뿐만이 아닙니다. 낳아 놓고 가르쳐야지 장가 들여야지 평생 거기에 매달려 정신이 하나도 없습니다. 그리고 장수한다는 거, 건강할 때 신나게 사는 건 모르지만 늙으면 외로워지고 힘도 없습니다. 여기 계신 나이 드신 보살님에게 좀 미안한 말입니다만 요즘 자식들은 부모가 오래 살면 짐으로 생각합니다. 자식들을 위해 부모들이 그렇게 입히고 먹여 주고 공부시켜 주었는데도 요즘 젊은이들은 그것조차 모릅니다. 이것저것 생각하면 오래 산다는 게 결코 좋은 것만은 아닙니다.

임금은 신하의 말을 듣고 "자네 나에게 악담하는가. 그런 소리하지 마라. 나에게는 그런 것은 다 소용이 없어."라고 했습니다. 지금 여러분들 중에 요임금이 왜 그런 이야기를 했는지 알고 있는 사람이 있을 겁니다. 사람에 따라 상대적으로 그런 것들을 오히려 힘들어 하는 사람도 있습니다. 가난하든 부자든 지식이 있든 없든 사바세계에 사는 사람들은 대개 고통의 부피가 비슷비슷합니다. 겉으로 보면 자존심과 체면이 있지만 속으로 골병든 사람들이 한둘이 아닙니다. 비록 겉으로는 당당하게 보이지만 안으로는 속이 썩어 들어갑니다. 비록 가난하고 명예가 없어도 마음이 평화로운 사람도 많습니다. 이 모든 것이 상대적이기 때문에 그렇습니다.

하지만 부처님은 상대를 초월한 절대적인 견성을 강조하셨는데 내가 가진 마음을 깨치는 것을 말합니다. 수행자가 견성을 하기 위해서는 만념(萬念)을 다 잊어버리고 또한 만 가지 인연을 다 쉬어야 한다고 했던 것입니다. 그런데 어리석은 혹자는 이렇게 말합니다. 만 가지 인연을 쉬라니까 번뇌 망상을 버리라는 뜻으로 해석을 합니다. 그것이 아니라 마음속에 든 '부처조차 잊어버려라.'는 것입니다. 또한 자신이 중생이라는 생각도 잊어버려야 합니다.

만약 내 마음이 청정하다고 생각한다면 청정한 마음이 아니라는 말입니다. 이것은 물든 마음에 지나지 않으며 사심입니다.

그런 것조차 없어야 비로소 세상이 대명천지처럼 훤하게 밝게 보이게 됩니다. 그래야만 일체 인연법이 환히 드러나고 두두물물(頭頭物物)이 항상 법계에 충만해집니다. 이렇게 되어야만 너와 나라는 상대적인 것조차 모두 깨지고 사라져 비로소 이 우주 전체가 자기 살림이 되는 것입니다.

부처님은 "삼계가 유식이고 만법이 유심이다."라고 하셨습니다. 즉 삼계가 모두 우리 마음자리요 만법이 다 우리 마음자리라는 뜻입니다. 여러분들이 생각하기에는 이 말씀이 대체 무슨 말인가? 하고 의문이 생길 것입니다. 따지고 보면 상대가 사라지고 끊어지게 되면 모든 것이 자기의 것이 됩니다. 그러나 중생들은 '너는 너고 나는 나' 라는 상대적인 개념에서 살고 있으니까 거기서 끊임없이 시비가 일어나고 갈등이 이어져 고통이 계속되는 것입니다.

부처님 법이 그 어떤 것보다도 위대하다는 것은 바로 그 상대가 끊어진 자성청정심을 보기 때문입니다. 이런 사람이 바로 가는 데마다 주인이 되는 '수처작주' 입니다. 어디를 가든지 자기마음대로 하니까 항상 주인이 되는 것입니다. 지옥에 가도 주인이고 천상에 가도 주인입니다. 극락을 간다고 해서 기뻐서 날뛸 일도 없고 지옥이라고 괴로워 힘들다고 걱정할 이유가 없습니다. 모든 것이 마음으로 짓는 '일체유심조(一切唯心造)' 이기 때문입니다.

蕩盡塵沙羞別緣　탕진진사차별연
六窓明月每相連　육창명월매상연
從此眼界無纖翳　종차안계무섬예
四壁空空劫外玄　사벽공공겁외현

모래알 같은 차별인연 모두 없애 버리니
여섯 창에 밝은 달 항상 하여라.
그로부터 눈에는 작은 가림도 없어서
네 벽은 텅 비어 겁 밖에 오묘하기만 하다.

　우리가 그 경지에 가려면 일체 분별 망상이 다 끊어지고 차별심이 다 떨어져서 우주법계가 모두 자기 몸, 자기 자신인 줄 알려면 어떻게 해야 할까요? 일체 차별을 다 떠나게 되면 육근 명월이 항상 드러나게 되어 있습니다. 또한 안이비설신의 모든 밝은 달이 우주를 비추게 되어 있습니다.

　아마 여러분들은 부처님 위신력 가운데 육신통이라는 것을 알고 있을 것입니다. 천안통, 천이통, 타심통, 숙면통, 신족통, 누진통이라고 하는데 그 육신통이 그냥 열리게 됩니다. 육창명

월이 항상 자기자성에서 나오는 우주를 밝히게 됨으로부터 그 사람 앞에는 한 점 안개조차 사리지게 되어 눈을 가리는 것이 사라지게 됩니다. 즉 '사벽공공겁외현(四壁空空劫外玄)' 동서남북 어디든지 다 공하고 공해서 겁 밖에 현묘함이 드러나게 되는 것입니다. 이것이 바로 견성가치를 성취한 사람의 도리입니다. 그럼 중생들은 과연 어떻게 공부를 지어 가야만 이러한 도리를 깨칠 수 있겠습니까?

오늘 여러분은 그와 같은 도리를 위해 공부 방법을 생각해 보아야 합니다. 이렇게 되려면 여러분은 공부를 하여 선정(禪定)을 성취하여야만 하는데 선정을 성취하지 않고서는 견성가치를 얻을 수 없으며 또한 이 길을 갈 수도 없습니다. 평소 여러분들은 선에 대해 많은 것을 들어 왔지만 어떤 것이 선일까요? 선이란 망상을 일으키지 않는 '불기망상(不起妄想)'이 곧 선입니다. 여러분들은 시도 때도 없이 계속 망상을 일으키고 삽니다.

과거 생각, 미래 생각, 현재 생각에 대한 망상을 일으키지 않는 게 바로 선(禪)입니다. 또한 '자견본성(自見本性)'이 곧 선이며 자기본성을 깨우치는 게 선입니다. 이 우주에 사는 모든 중생들은 무심의 경계조차 모두 잊어버리고 '분별망상'과 '차별심' 때문에 무심의 경계를 다 가리고 살아갑니다. 만약 여러분이 그 무심의 경지에 다가서게 되면 여덟 가지 바람인 '팔풍(八

風)’에 결코 흔들리지 않게 됩니다.

　팔풍이란 불법(佛法)을 수행하고 일생 성불을 목표로 살아갈 때에 우리의 마음을 선동하고 동요시키는 8가지 작용인 이(利)·쇠(衰)·훼(毁)·예(譽)·칭(稱)·기(譏)·고(苦)·락(樂)을 바람에 비유한 것을 말합니다. 사람들은 대개 이 세상을 살아가면서 여덟 가지 바람에 흔들리면서 시달리고 괴롭힘을 스스로 당하고 있습니다. 사람들은 돈이 생기거나 물건이 생기면 기분이 하염없이 좋아지지만 손해가 좀 온다 싶으면 속이 터져 기분이 그냥 나빠지는데 바로 ‘이(利)’ 때문입니다.

　우리가 살다 보면 가끔 어려운 일도 생기고 기쁜 일도 생깁니다. 그렇잖아요? 누구에게나 다 어려움이 있기 마련인데 조금만 힘들면 세상 고통을 자기가 다 짊어지고 있는 것처럼 절망하고 좌절하고 비관하고 있단 말입니다. 반대로 기쁨이 있으면 거기에 들떠서 촐랑거리고 잘난 척하고 그럽니다. 이것이 바로 팔고(八苦)의 원인이 되는 것입니다. 사람은 늘 이 여덟 가지 바람에 흔들리며 살고 있습니다. 또한 이 팔풍에 물들어 자기 자신이 그냥 그곳에 빠져 벗어나지 못하고 살아가고 있는 게 중생입니다.

　반야심경에 보면 불교의 진리의 대명사라고 할 수 있는 ‘색불이공(色不異空) 공불이색(空不異色)’ 이란 말씀이 있습니다. 여기에서 색(色)은 물질로 이루어진 형상을 말하고 공(空)은 텅 빈 것임을 말합니다. 이것을 제대로 이해해야 합니다. 대개 '색과 공이 없어지고 없다' 든가 '물질이 없어졌다' 고 하는데 그것은 단멸공(斷滅空)에 지나지 않습니다. 이것은 불교를 잘못 이해한 것이라 할 수 있습니다. 그냥 색신이 공했다는 것이 아니라 그냥 색이 공인 줄 알아야 합니다. 자성청정심으로 보면 이 세상에 있는 모든 유형무형의 색신이 다 공하다는 뜻입니다. 그냥 있다 없다가 아니라 꿈이라는 말입니다. 이와 같이 모든 것이 그냥 공한 건데 공인 줄 모르고 무엇인가를 찾으려고 하니까 괴로워지는 것입니다. 다시 말해 '색불이공 공불이색' 은 자성청정심의 도리를 말한 것입니다. 그런 것을 모르고 색을 어떤 물질로 보게 되든가 물질이 아주 없어진 것으로 보는 것은 잘못된 이해라는 겁니다. 그런 게 아니라 자성청정심에서 볼 때 그 본질 이외에는 아무 것도 붙일 수가 없다는 뜻입니다. 즉 자성은 상이 없기 때문에 그것을 표현할 수 없기 때문입니다. 그런데 그것을 뭐라고 할까요? '언어도단이요 심행처멸' 이라고 표현합니다. 언어로 표현할 수조차 없고 마음으로도 헤아릴 수가 없다는 뜻입니다.

그렇기 때문에 부처님께서는 45년 동안 설법을 하시고서도 "한마디도 설한 바가 없다." 라고 하셨던 것입니다. 그 본질과 진리의 향상도리는 결코 말로 표현할 수 없다는 뜻입니다. 그러나 중생 구제를 위해 할 수 없이 방편으로 45년 동안 설했지만 그 본질은 '언어도단이요 심행처멸'이었습니다.

이것이 바로 선정인데 성취하는 방법으로는 주력으로도 가능하고 염불로도 가능합니다. 물론 참선이 가장 빠르고 좋은 길이지만 근기가 약한 하근기는 결코 쉽지 않습니다. 하지만 이외에도 많은 방법이 있는데 옛날 분들은 생각이 일어나고 생각이 없어질 때 화두를 드는 간화선을 하라고 하였습니다. 화두를 열심히 드는 이유는 바로 마음을 집중하기 위해서인데 분별망상을 자르기 위한 방편이라 할 수 있습니다. 이 모든 것이 다 부처님이 수행하던 방법이었습니다.

화두를 들 때 만약 생각이 일어난다고 해서 괴로워할 필요는 없습니다. 화두를 들다 보면 일체망상이 다 쓰러져서 없어지게 되고 마침내 화두일념으로 가게 됩니다. 이때는 너무 기분이 좋아지고 때로는 자신의 몸도 다 없어지는 그런 경지에 들기도 합니다. 그러나 이 순간에 화두를 놓아 버리면 절대 안 되며 그럴수록 화두를 반드시 챙기고 있어야만 합니다. 만약 잘 때나 일할 때나 관계없이 화두를 들게 되면 얼마 안 가서 '무생법인(無生法忍)'을 증득할 수 있게 됩니다. 모든 마음과 뜻, 식(識)으로 분별하는 생각을 여의어 집착함이 없으며 허공과 같으며 일체법에 들어가 허공의 성품과 같아지게 되는 것입니다. 이때가 되면 자성청정심을 보지 않을래야 보지 않을 수 없게 됩니다. 이 공부야말로 생사를 벗어나고 일체윤회를 끊게 되는 아주 빠른 지름길입니다.

여러분들이 화두를 들어도 좋고 아미타불을 열심히 외치거나 주력을 해도 좋지만 반드시 '행주좌와 어묵동정' 해야 합니다. 즉 어디에 앉아 있거나 일을 하든지 항상 공부를 해야 합니다. 괜히 '色(색) 聲(성) 香(향) 味(미) 觸(촉) 法(법)'에 홀려 흐느적거리다가는 생사의 구렁텅이에 빠져 결코 헤쳐 나오지 못합니다. 여러분들은 그렇게 공부해야 합니다.

心隨萬境轉　轉處實能幽　심수만경전 전처실능유
隨流認得性　無喜亦無憂　수류인득성 무희역무우

마음이 온갖 경계를 따라 구르나니
구르는 그 자리가 그윽하다네.
흐름을 따르되 그 본성을 알게 되면
기쁠 것도 슬플 것도 없는 열반의 경지라네.

우리 마음은 항상 만경을 쫓아가고 소리와 색, 입맛에 쫓아

다니지만 쫓아갈 때 그 놈을 제대로 알고 있어야만 합니다. 그러면 어떤 놈이 쫓아가고 있느냐. 그 놈을 제대로 알게 되면 근심할 것도 없고 기뻐할 것도 없다는 말입니다. 그렇게 되면 그대로가 해탈이요 자유요 환희요 평등이라는 뜻입니다. 이를 알게 되면 무한한 위신력과 공덕이 그 자리에 가득해진다는 뜻입니다.

지금 이 자리에서 좋은 부처님 법을 만나서 배우고 익히지 않는다면 어느 세상에서 다시 할 수 있겠습니까? 여러분들 성불하시기 바랍니다.

각성 스님

1937년 전남 장성 출생.

해인사 백련암에서 도원 스님을 은사로 출가.

1955년 사미계 수지. 1958년 동산 스님을 계사로 비구계 수지.

1960년 해인사 강원 대교과 졸업. 1959~1961년 범어사 3안거 성만.

1960~1969년 은해사, 해인사, 범어사, 통도사, 백양사 강주 역임.

현재 부산 화엄사 회주, 화엄학회 회주.

능인적묵

┃ 각성 스님 ┃

여러분, 대단히 반갑습니다. 석가모니 부처님께서는 출가를 하지 않았다면 인도의 왕이 되셨을 것이며 또한 동주, 서주, 남주, 북주 4주 세계를 통치하는 전륜성왕이 되었을 것인데 이를 모두 다 버리시고 출가하여 도를 닦았습니다.

도를 닦는 것은 천자(天子)인 왕의 지위와 4주 세계를 통치하는 전륜성왕 자리보다 몇 십, 몇 백, 몇 천만 배 더 위대한 것입니다. 부처님은 출가를 하셔서 6년간의 긴 고행 끝에 도를 깨달으셨습니다. 그로 말미암아 우리 불교는 석가모니 부처님을 통해서 이 땅에 처음 뿌리를 내리게 된 것입니다.

모든 부처님의 법을 두 가지로 집약한다면 선(禪)과 교(敎)입니다. 우리는 참선하는 곳을 선방이라는 합니다만 참선을 선이라 하고 부처님의 법문을 수록한 경전이나 공부하는 것을 두고 교라고 합니다.

선은 삼처전심에서 시작되었습니다. 삼처전심이란 석가모니 부처님이 49년 동안 당신이 깨달으신 그 마음법을 상수제자인 가섭존자에게 세 곳에서 전하신 것을 말합니다. 이는 불교 선종(禪宗)의 근본적인 선지로서 다자탑전분반좌(多子塔前分半座), 영산회상거염화(靈山會上擧拈花), 사라쌍수곽시쌍부(沙羅雙樹槨示雙趺)라는 용어로 표현되고 있습니다.

첫 번째는 다자탑전분반좌인데 다자탑은 중인도 비사리성(毘舍離城) 북서쪽에 있습니다. 이 탑은 어떤 장자가 산에 들어가서 도를 닦아 깨달은 뒤에, 그의 아들딸들이 아버지가 공부하던 곳을 기념하기 위하여 세운 것이라고 합니다. 석가가 그곳에서 설법하고 있을 때 가섭이 누더기를 입고 뒤늦게 오자 여러 제자들이 그를 얕보았다고 합니다. 그러자 부처님은 자기가 앉아 있던 자리 절반을 가섭에게 양보하여 거기 함께 앉도록 하였습니다. 이것이 첫 번째로 마음을 전한 것으로 보고 있습니다. 두 번째는 영산회상거염화입니다. 석가가 중인도 왕사성 북동쪽 10리 지점에 있는 영취산(靈鷲山)에서 설법을 하고 있을 때 하늘에서 꽃비가 내렸습니다. 석가가 그 꽃송이 하나를 들어 보이자

제자들이 모두 무슨 뜻인지를 몰라 어리둥절해 하는데 가섭만은 빙그레 웃었습니다. 이에 부처님은 "바른 법, 열반의 묘한 마음을 가섭에게 전한다."고 선포하였습니다. 그것이 바로 열반묘법이며 정법안장입니다.

세 번째는 사라쌍수곽시쌍부입니다. 석가가 북인도 쿠시나가라성[拘尸羅城] 북서쪽의 사라수 여덟 그루가 둘씩 마주 서 있는 사이에 침대를 놓게 하고 열반하자 그 숲이 하얗게 변하였습니다. 가섭은 부처님이 열반에 드신 것을 아시고 부처님이 열반에 드신 쿠시나가라성으로 가려고 마음을 내었습니다. 그래서 일주일 후에 도착하여 부처님 금관 주위를 일곱 번 돌고 부처님께 여쭈었습니다.

"부처님께서는 생멸이 없다고 평소에 법문을 하셨는데 마음이 시시때때로 사라지는 것도 생멸이고 몸이 났다 죽는 것도 생멸입니다. 불생불멸의 진리를 말씀하셨는데 어찌하여 오늘은 열반에 드셨습니까?"

그때 열반한 부처님이 관 속에서 두 발을 밖으로 내밀어 보였다는 것입니다. 이는 바로 석가가 생멸이 본래 없다는 진리를 그대로 보이신 겁니다. 선종에서는 이를 교외별전(敎外別傳)의 유일한 근거라고 하여 매우 중요시합니다. 그리고 마하가섭이 절을 세 번 하니까 발이 금관 안으로 도로 들어갔던 것입니다.

이것이 바로 사라쌍수곽시쌍부입니다. 이것이 선의 시작이라
할 수 있습니다.

이와 달리 교는 부처님께서 49년 동안 설법하신 법문을 후대
의 제자들이 기록한 것을 말합니다. 이것이 바로 '팔만대장경'
이며 교법(敎法)입니다. 부처님은 도를 깨치고 성불을 하신 후
이 세상에 나타나 수많은 설법을 펼치신 것입니다.

석가란 인도 말로써 성(姓)이며 모니는 이름입니다. 이를 우
리말로 풀이하면 능인적묵(能仁寂默)입니다. 석가는 능인을 뜻
하는데 『법성게(法性偈)』에 보면 능인은 재능이 매우 뛰어나고
만 가지의 일을 모두 통달하신 분으로서 매우 어질다는 뜻을 갖
고 있습니다. 모니는 적묵인데 이는 '고요하다. 침묵하다' 란 뜻
입니다. 불교를 두고 '고요하다. 침묵하다' 는 말을 많이 쓰는
것도 바로 석가모니를 지칭하는 것이기때문 입니다. 그래서 지
금도 부처님이 깨달으신 열반의 진리를 두고 적멸이라고 하는
것입니다.

우리나라에도 적멸보궁이 다섯 곳이 있습니다. 그 중의 하나
가 바로 봉정암입니다.

적멸은 고요해서 온갖 번뇌와 고통 그리고 괴로움이 다 사라
진 것을 말합니다. 즉 열반의 다른 말이기도 합니다. 인도에서
는 '니르바나' 를 열반이라고 합니다. 따라서 석가모니의 뜻만

잘 알아도 불교를 반 이상 이해할 수 있습니다. 불교는 무능해서는 안 되며 유능해야 합니다. 이판사판(理判事判)의 진리도 알아야 합니다. 이판이란 공부를 하는 승려이며 사판은 그러한 스님을 위해 사무적으로 일하는 스님을 뜻합니다. 즉 성불을 위해서는 이판과 사판이 함께 존재해야 하며 성불도 사판이 있어야 이루어지는 법입니다. 능력만 가지고 되는 것이 아니라 온갖 사법(寺法)도 능수능란하게 지혜롭고 슬기롭게 헤쳐 가야 합니다.

부처님은 모든 중생들을 가족 이상으로 사랑하시는 대자대비하신 분입니다. 이러한 자비심을 가지신 분을 우리는 석가 능인이라고 말하는 것입니다. 하지만 이러한 대자비심도 사실 다른 사람이나 중생에게 필요한 것이라 할 수 있습니다.

'적묵(寂默)'이란 '원래부터 비어 있으며 고요함'을 뜻합니다. 그리하여 '적멸의 열반'이라는 그 진리를 터득하는 것을 말합니다. 우리는 말이 끊어지고 생각이 끊어진 것을 '적묵'이라 합니다. 그래서 불교를 제대로 통달하게 되면 말과 생각이 뚝 끊어지는 그러한 마음의 본체를 깨닫게 됩니다. 즉 교법이란 말이 있는 진리에서 말이 없는 진리로 들어가는 것을 말하고 선법은 말이 없는 데서 말이 없는 데로 들어가는 법입니다.

능인적묵, 즉 석가모니 그 네 글자 속에는 선과 교, 말이 있는 것, 말이 없는 것, 모든 생각을 다 초월한 적멸과 열반의 진리가 다 들어 있습니다.

교는 말이 없으면 일반대중은 이해할 수가 없습니다. 우리 인간은 만물의 영장으로서 문자언어라는 문명의 이기를 가지고 있습니다. 인간에게는 의사전달과 소통을 위해서 반드시 문자언어가 필요합니다. 남에게 진리를 소개할 때도 언어가 필요하듯이 말에도 설명이 필요합니다.

팔만대장경은 부처님의 마음인 선과 부처님의 말씀인 교를 문자언어로 설명한 것입니다. 그러므로 선을 할 때도 반드시 교를 알아야 되며 교를 할 때도 반드시 선을 알아야 합니다. 즉 선과 교는 둘이 아니라 하나로 한 마음 안에 다 들어 있습니다.

부처님께서 49년 동안 설법을 하신 이유도 바로 여기에 있으며 능인적묵으로서 열반의 진리를 밝혔던 것입니다. 그런데 그 자체가 적멸입니다. 불교를 믿는 사람이라면 이 정도의 세간법이나 출세간법은 해박하게 알고 있어야 합니다. 이와 같이 언제나 상대에게 대자대비를 가지신 능인 그대로이며 말과 생각이 끊어진, 말과 생각으로 도저히 생각할 수 없는 불가사의한 진리 그대로가 바로 도통이며 그대로가 견성성불이며 그대로가 적묵입니다. 그러므로 불교를 믿는 사람은 쓸데없는 소리를 할 필요가 없습니다. 비싼 밥 먹고 약장사처럼 괜히 떠들 필요가 없다는 말씀입니다.

남을 시기하고 질투하고 중상하고 비방하고 험담하고 시비하는 것은 있을 수 없는 일입니다. 만약 여러분이 이러한 일을 한다면 이것은 적묵과는 정반대입니다. 왜냐하면 적묵이란 마음이 고요하고 침묵한 상태, 즉 오직 공부에만 열중하는 것을 말합니다. 시도 없이 떠들고 잡담하는 것은 적묵과는 거리가 한참 먼 일입니다. 그저 침묵하다가 남이 물으면 진실하게 대답하면 됩니다. 참선을 할 때 묵언을 하는 것도 그 같은 이유 때문입니다.

여러분은 석가모니가 '능인적묵'이라는 것, 능인과 적묵, 그 두 마디만 이해하고 있어도 불교의 반 이상은 터득하고 있다고 볼 수 있으며 수행 또한 저절로 될 것입니다.

부처님께서 49년 동안 하신 설법을 모은 것이 팔만대장경입니다. 이것은 종교서적 중에서도 가장 방대하고 심오하며 깊이가 있으며 질적으로나 양적으로나 위대한 경전입니다. 경전에도 소승이 있고 대승이 있습니다.

가장 높은 차원의 경지에 있는 경전이 대승경전인데 이를테면 여러분이 독송하고 있는 반야심경, 천수경, 금강경, 원각경, 화엄경, 능엄경이 바로 여기에 속합니다. 소승경전은 잡아함경, 중아함경, 장아함경 등의 아함경과 사십이장경, 유교경 등 여러

율장들입니다.

이렇게 불교경전은 수없이 많지만 그 중 최고의 경전은 『대방광불화엄경』입니다. 부처님께서 보리수나무 밑에서 깨달으신 직후 설법하신 것이 바로 화엄경입니다. 대승경전 중에서도 최고최상의 경전임을 여러분은 알고 있어야 합니다. 그런데 이 화엄경의 종류도 많습니다. 『상본화엄경』, 『중본화엄경』, 『하본화엄경』 등인데 우리가 지금 독송하는 화엄경은 하본 중에도 생략된 『약본화엄경』입니다. 『하본화엄경』만 해도 7만 게송이며 『약본화엄경』은 4만 5천 게송에 이릅니다. 그런데 그 『약본화엄경』 80권도 많아서 공부하려면 시간이 엄청나게 걸리며 또한 매우 어렵다고 생각합니다. 그래서 옛날 청양 국사나 현수 대사는 화엄경을 해석할 때 화엄경을 네 단계로 설명했습니다.

화엄경을 네 가지로 설명한 것이 무엇인가 하면 봄, 여름, 가을, 겨울 사계절처럼 화엄경을 신해행증(信解行證) 네 가지로 설명했습니다. 불법의 교전(敎典)에서 설하는 내용은 이 네 글자를 떠나지 않습니다. ,

여기에서 신은 믿음을 뜻하는데 모든 종교나 철학에서 도를 닦는 데 가장 기본이 되는 것은 믿음입니다. 그래서 화엄경에서 믿음에 관한 법문이 십진법문입니다. 일반적으로 『화엄경(華嚴經)』에서 보살의 계위(階位)는 초신(初信)에서 십신(十信)까지 있습니다. 그러면 신(信)이란 것이 무엇입니까? 여래의 묘법은 일 언반구도 모두 직지인심견성성불(直指人心見性成佛)의 언어로서 아주 확실한 것이며 바꿀 수 없다는 것을 믿는 것입니다. 수행인은 오직 마음에서 찾아야 하며 마음 밖에서 허겁지겁 구해서는 안 됩니다. 자기 마음이 부처임을 믿고, 성인이 가르치신 말씀을 믿어 망령되게 바꾸지 않아야 됩니다.

그리고 이 믿음으로만 다 끝나는 것이 아닙니다. 과연 내가 믿고 있는 진리가 어떤 것인지 제대로 이해해야 합니다. 마음으로 생각한다는 것은 무엇입니까? 이것은 바로 이해하고 있다는 증거가 아니겠습니다. 가르치신 말씀에 의지하여 이해하고 이를 마음 쓰는 것으로 바꾸는 것이 바로 해(解)인 것입니다.

그 다음의 단계가 바로 행(行)인데 실천수행을 뜻합니다. 즉 '행한다' 는 뜻입니다. 십행이나 십회향 같은 것, 부처님의 진리와 설법을 믿고 이해하고 자기가 아는 범위 내에서 수행을 해야 합니다. 즉 언행의 일치를 통해 자신을 갈고 닦아서 수행하는 것이 바로 세 번째인 행입니다. 일반적으로 행에는 내행(內行)과 외행(外行)이 있는데, 내외(內外)가 상응해야 합니다. 내행은 아집(我執)과 법집(法執)의 두 가지 집착을 끊는 것이고 외행은 온갖 착한 행동을 뜻합니다.

네 번째는 증(證)인데 참된 실체를 실제로 증득하는 것입니다. '신'이 있고, '해'가 있어도 '행'이 없으면 '증'할 수 없습니다. 만일 증득하였다면 이를 십지나 등각, 묘각으로 표현하기도 합니다. 이와 같이 옛날 큰스님들은 화엄경을 신해행증 네 가지로 설명했던 것입니다. 무척 어렵습니다. 하지만 오늘 짧은 시간에 말한 것은 그저 화엄경의 핵심을 네 가지로 설명했다는 것만 기억해 주시면 됩니다.

나는 화엄경의 핵심을 이 네 가지로 보고 있지만 때로는 화엄경을 네 가지로 달리 해석할 때도 있습니다. 이것은 내가 화엄경을 공부하고 여러분들에게 들려준 경험을 토대로 한 것입니다. 그렇다고 화엄경과 아무런 상관이 없는 것이 아니라 신해행증에서 더 나아가 내가 깨닫고 공부한 것입니다.

그 첫째가 화엄경 안에서 부처님께서 말씀하신 '부동삼매'입니다. 부동이란 꼼짝하지 않는 것을 말합니다. 즉 부동삼매에 빠져야 열반의 진리를 알 수 있는 것입니다. 이 또한 화엄경에 나와 있습니다. 또한 법화경에서도 부처님은 이런 말씀을 하셨습니다.

"몸과 마음이 움직이지 않는 것이 마치 수미산같이 요지부동하다."

나뭇가지나 잎은 바람이 조금만 불어도 흔들리고 있지만 땅이나 산은 폭풍이나 태풍이 와도 흔들리지 않습니다. 그와 같이 우리의 마음도 ‘부동삼매’ 한다면 결코 그 어떠한 것에도 동요하지 않습니다. 부처님은 화엄경에서 이러한 ‘부동삼매’가 열반의 진리를 증득하기 위해 필요하다고 하셨습니다.

원래 우리의 마음은 ‘진공(眞空)’입니다. 진실하고 텅 빈 자리입니다. 일반적으로 사람이 생각을 일으키고 온갖 잡념이나 번뇌나 갈등을 자아낼 때는 마음이 굉장히 복잡합니다. 그러나 그런 잡념과 번뇌와 갈등을 완전히 떠날 때는 지극히 비고 고요한 자리가 우리 마음속에 그대로 있습니다. 그런 그 자리가 합치가 되면 본래 비고 고요한 공적한 자리가 됩니다. 이것이 바로 진공의 자리입니다. 성품이 비어 진공의 자리에 합치가 되면 그때 비로소 우리는 반야심경에서 말씀하신 ‘모든 법의 공한 모양은 나지도 않고 없어지지도 않는다.’는 불생불멸이 되는 것입니다. 부처님은 화엄경에서 반야의 지혜를 여러 가지로 말씀하셨는데 그중에서 깨달음의 도에 들어가는 데는 ‘부동지(不動智)’가 최고입니다. 부동지는 움직이지 않는 지혜를 말하며 바로 ‘부동삼매’를 뜻합니다.

그러므로 누가 자기를 헐뜯고 비방을 하든지 자기를 괴롭히든지 옆에서 뭐라고 하든지 마음이 흔들리지 않고 요지부동이 된다면 그 사람은 수행이 잘된 사람이라는 말입니다. 이런 사람은 말이 사람이지 도인이라 할 수 있습니다. 이것이 바로 진공

의 도리입니다. 텅 비고 진실하고 고요한 자리, 적멸의 자리가
바로 '부동삼매' 와 일치가 됩니다.

그러면 두 번째는 무엇일까요? 화엄경에 나온 문수보살의 말
씀입니다. 어떤 보살이 문수보살에게 덕을 닦는 데 육도만행,
십바라밀 등 만 가지 수행과 만 가지 덕을 쌓아야 하는데 그렇
게 많은 것을 어떻게 다 할 수 있느냐고 질문을 했던 것입니다.
그때 문수보살께서 하시는 말씀이 '선용기심(善用基心)하라.' 였
습니다. '선용기심' 이란 '마음을 선하게 잘 쓰라.' 는 뜻입니다.
『화엄경』에 다음과 같은 구절이 있습니다.

佛子 若諸菩薩 善用基心 則獲一切勝妙功德
불자 약제보살 선용기심 즉획일체승묘공덕

모든 보살이 마음을 선하게 잘 쓰면 온갖 승하고 묘한 공덕
을 얻는다.

이 말씀은 용심(用心)을 잘 하라는 말입니다. 즉 마음을 잘 쓰
라는 뜻입니다.

인욕 정진은 '부동삼매' 로 말미암아 이루어집니다. 하지만
그것만으로 되지 않는 게 있습니다. 중생을 대할 때는 시시각각

으로 변하는 마음과 생각을 어떻게 내는가가 매우 중요하기 때문입니다. 보살이 중생을 위해서 필요한 것은 지혜와 자비, 대자대비한 마음입니다. 그러므로 육도만행, 십바라밀을 총괄해서 '선용기심' 하라는 것입니다. 즉 마음을 잘 쓰라는 것입니다. 용심을 잘하면 그 순간 보살이 되고 부처가 되는 것입니다.

불교를 믿는 사람이나 종교를 믿는 사람이 용심을 잘못하면 말이 사람이지 사람이 아닐 수 있습니다. 잘못하면 삼악도에 갈 수 있고 또는 축생으로 전락할 수도 있습니다. 하지만 마음을 잘 쓰게 되면 언제든지 인간의 몸을 받을 수 있고 천국에도 갈 수 있고 삼계윤회를 벗어난 극락세계에도 왕생할 수 있습니다. 이것이 바로 견성성불이고 해탈입니다. 생각하면 방법은 매우 간단합니다. 다시 말해 사람이 깨달음을 얻는 데는 '부동삼매'와 '용심'을 잘하면 됩니다. 이 두 가지만 가지고 있으면 모든 것이 행복해질 수 있으며 모든 번뇌가 끝납니다.

화엄경에서는 부동지도 매우 중요하다고 말씀하셨지만 보광명지(普光明智)도 중요합니다. 여기에서 보(普)는 넓다, 두루 미치다는 뜻입니다. 광명지는 널리 시방세계에 통하는 보편타당한 지혜를 뜻하는데 여기에서 광명은 능인과도 같습니다. 즉 모든 중생을 내 가족 이상으로 보살피려는 그런 마음이 바로 보광명지입니다.

불쌍한 사람을 볼 때 동정심을 내서 대자대비한 마음으로 보는 것, 그런 마음이 생기면 미워하고 시기하고 질투하고 안 좋게 보는 마음은 아예 사라지고 없어집니다. 또한 성내는 마음조차 없어지게 되는 것입니다. 탐진치 삼독은 마음이 어둡고 어리석은 마음에서 나오는 것입니다.

업장(業障)이 두터운 사람은 108참회도 하고 천배, 삼천배, 만배를 합니다. 참회를 하는 것도 어두운 마음에서 모든 업을 짓고 죄를 짓고 나쁜 짓을 했기 때문에 하는 것입니다. 그런데 진짜 참회를 해서 천배, 만배를 하지 않더라도 그 마음이 밝아진다면 그것이 진짜 참회라고 할 수 있습니다. 그래서 십악참회에 百劫積集罪 一念頓蕩盡 백겁적집죄 일념돈탕진, '백겁 동안 쌓인 죄가 한 생각에 전부 없어진다.'고 했던 것입니다. 비록 내 몸속에 천 년, 만 년 어두운 것이 도사리고 있더라도 한순간 밝은 등불을 켤 때 일시에 사라진다는 이야기입니다.

이와 같이 어두운 마음의 그림자는 밝은 보광명지가 나타날 때 일시에 다 사라지는 것입니다. 그래서 『화엄경』에는 '初發心時便正覺 초발심시변정각'이라고 했던 것입니다. 곧 '처음에 올바로 마음을 일으키면 바로 깨달음을 성취하게 된다.'는 내용입니다. 이는 처음 발심할 때 바로 부처님과 같이 바른 마음을 가지게 되면 곧 성불을 할 수 있다는 것입니다. 발심은 그만큼 중요하지만 방법도 매우 중요합니다. 그럼 어떻게 해야 할까요. 바로 '부동삼매, 선용기심, 입대서원'을 해야 합니다. 즉 위대한 서원을 세워야 합니다. 불교에서는 욕심은 나쁘지만 원(願)은 좋다고 했습니다.

지장보살님은 "지옥중생이 다 성불하고 난 뒤 성불하겠다."는 대단한 원을 세웠습니다. 석가모니 부처님도 성불하시기 전에 이 사바세계에 오시려고 5백 가지 원을 세우셨다고 합니다. 『대비경비화경』에서 그런 말씀을 하셨습니다. 원이 5백 가지나 되니 얼마나 많습니까? 또 『화엄경』의 보현보살은 열 가지의 원을 세웠으며 『약사여래본원경』의 약사 부처님도 열두 가지 원을 세우셨습니다. 뿐만 아니라 극락세계 아미타 부처님께서도 마흔여덟 가지 원을 세우셨습니다.

석가모니 부처님께서 그렇게 많은 원을 세우신 것은 우리 현실세계가 그만큼 고칠 것이 많다는 증거가 아니겠습니까? 오염과 부조리가 만연한 오탁악세의 험난한 세상에 오시려고 하니까 5백 가지나 되는 원을 세우셨던 것입니다.

그런데 그 원은 숫자로 보면 대단히 많은 것 같지만 모든 보살들이 발심하여 중생을 교화한다면 쉽게 되리라 믿었던 것입니다. 다시 말해 '자리이타(自利利他)' 즉 자신도 보리를 얻고 아래로는 중생을 교화한다는 한량없는 원을 뜻합니다. 그래서 이를 두고 화엄경에서는 '대서원'이라고 합니다.

이를 집약하면 네 가지입니다. 부처님은 법회를 할 때 다음과 같은 서원을 세웠던 것입니다. 그것이 바로 우리가 법회 때 하는 사홍서원으로 '끝없는 중생을 다 제도하리다. 한량없는 번뇌를 다 끊으리다. 한량없는 법문을 다 배우리라. 부처님 도를 다 이루리라.' 입니다. 이것은 부처님이 세우신 온갖 원을 대표하여 네 가지로 집약한 것이라 할 수 있습니다. 비록 네 가지에 지나지 않지만 이 속에는 무한한 대서원이 포함되어 있음을 알아야 합니다.

이와 같이 화엄경에도 세 번째는 '위대한 서원'을 세워야 한다고 했습니다. 큰 건축물을 건설할 때는 기초공사가 튼튼해야 하기 때문에 반드시 설계도가 필요합니다. 성불을 해서 중생을 제도하는 것도 그러한 설계도와 같은 대서원이 필요합니다.

네 번째는 수대행(修大行)입니다. 즉 '대행의 바다를 닦는다.' 입니다.

화엄경에서는 문수보살, 보현보살, 관세음보살, 대세지보살이 많이 나옵니다. 문수보살이 다른 경전에서는 최고의 보살이지만 화엄경에서는 문수보살보다 보현보살을 더 위대하게 봅니다. 그래서 화엄경 80권 중에 보현보살의 설법이 제일 많고 선재동자가 53선지식을 친견해서 마지막으로 성불할 때 보현보살을 친견해서 성불을 했던 것입니다. 큰 지혜는 대지문수사리보살이고 그 다음 대행보현보살인데 여기에서 대행의 바다는 바로 보현보살을 상징하는 것입니다. 그래서 네 번째는 보현보살과 같이 큰 수행의 바다를 닦는 것을 뜻합니다.

화엄경에는 중생이 다할 때까지 세계가 다 없어질 때까지 허공계가 다 없어질 때까지 번뇌가 다 없어질 때까지 항상 게으르지 말고 부지런하게 늘 보현보살과 같은 그런 행을 닦아야 한다고 되어 있습니다.

이 네 가지를 요약하면, 첫째 부동삼매, 둘째 선용기심, 셋째 큰 서원을 세워라, 넷째는 대행의 바다를 닦으라 입니다. 이 중에서 부동삼매는 견성을 위한 공부이며 나머지는 모든 중생을 다 견성성불시키는 공부입니다. 이 중 선용기심과 큰 서원을 세우는 것, 대행의 바다를 닦으라는 것은 화엄경 중에서도 가장 중요한 공부입니다.

만약 여러분이 이를 깨닫는다면 화엄경 80권을 한 시간 내에 다 공부를 하신 것과 마찬가지가 됩니다. 즉 오늘 무상사에서 마스터를 한 것입니다. 결국 오늘 이 법회에 참석함으로써 석가모니 부처님과 같이 성불을 하게 된 겁니다. 결국 선과 교는 둘이 아니라 하나입니다. 석가는 능인 즉 교이며 모니는 적묵 즉 선입니다. 선과 교가 하나인 것이 바로 석가모니입니다. 그러므로 교를 알고 선을 잘 닦는다면 여러분은 반드시 성불을 할 수 있습니다. 부처님의 명호가 석가모니인 것도 바로 이 때문입니다. 그러므로 우리는 선과 교를 공부하고 수행할 필요가 있음을 느낄 수 있습니다.

신라 때는 구산선문(九山禪門)이 통했으며 오교가 통했지만 지금은 구산, 오교가 다 희미하게 자취를 감추고 오직 조계종 일색입니다. 그럼 조계종이 무엇입니까. 바로 선 위주의 불교를 말하는데 소의경전이 육조단경, 법보잠경, 금강경입니다. 그렇기 때문에 육조 스님이 법문하신 법보잠경도 경이고 교이며 금강경도 역시 교일 수밖에 없습니다. 그러니까 참선을 하는 것 즉 공안 화두를 들고 공부를 하지만 결국 우리가 의지하는 것은 소의경전입니다. 그 소의경전이 바로 금강경과 육조단경입니다. 육조 스님은 금강경을 들고 깨달으셨으며 오조 스님이나 큰 스님들은 금강경을 독송하도록 하셨습니다.

달마대사께서도 '능가경과 금강경이 나의 마음이다.'라고 하셨습니다. 그래서 달마 이후에 혜가, 승찬, 홍인 모두 금강경, 능가경을 주로 공부를 하셨습니다. 홍인대사 이후부터는 능가경이 좀 어렵고 분량이 많으니까 금강경을 공부하셨던 것입니다.

사실 금강경은 굉장히 간결한 것처럼 보이지만 사실은 어려운 경전입니다. 아상, 인상, 중생상, 수자상이 없어야 된다는 말씀이 무려 8번 이상 나옵니다. 아견, 인견, 중생견, 수자견을 떠나야 된다는 말씀이 또한 4번 이상 나옵니다. 금강경 마지막 부분에는 여여 부동해야 된다고 나와 있습니다. 하지만 자세히 읽어 보면 화엄경이나 거의 다를 바가 없습니다. 금강경에 보면 일체 부처님과 일체 부처님이 깨달으신 아뇩다라삼먁삼보리법이 다 금강경으로부터 나온다고 했습니다. 그러니까 대단한 경이라 할 수 있습니다. 그래서 조계종의 불자님들과 스님들이 모두 금강경을 많이 독송하는 것입니다. 금강경을 잘 알면 견성성불하고 또 화엄경의 진리도 알 수 있습니다.

금강경의 가장 위대한 점은 바로 '모든 상을 떠나라.' 에 있습니다. 또한 '상에 머무는 바 없이 그 마음을 내라.' 입니다. 육바라밀을 닦을 때 집착하는 바 없이 보시, 지계, 인욕, 정진, 선정, 지혜를 그대로 행해야 된다는 말입니다. 이 또한 화엄경에서 마음을 잘 쓰라는 것과 동일한 뜻입니다. 그러므로 금강경에는 '일체 상을 떠난 것이 전부가 아니요 일체 착한 법을 닦으라.' 고 나와 있는 것입니다. 이것이 바로 대서원이나 대행의 바다를 그대로 수행하는 것입니다.

오늘 이 시간 화엄경에 대한 네 가지 사용인 '부동삼매, 선용기심, 대서원을 세울 것, 대행의 바다를 닦을 것' 을 간단하게 말씀드렸습니다.

대단히 감사합니다. 이것으로 법문을 마치겠습니다.

월파 스님

구하 스님을 은사로 득도.

1954년 월하 스님을 계사로 사미계를 수지.

1969년 월하 스님을 계사로 구족계를 수지.

통도사 대교과를 졸업.

양산 미타암 주지, 부산 보광사 주지, 통도사 총무국장·부주지·주지 등 역임

현재 울산 문수사 주지.

일체유심조

| 월파 스님 |

我性還共如來合   아성환공여래합
合處非他非自己   합처비타비자기

나의 성품이 부처님의 성리에 합해져
합한 곳에는 부처님과 내가 둘이 아니로다.

이 도리를 설사 알았더라도 말하기 어려운 것이며 팔만대장
경이 전부 부득이해서 말과 글로 이루어진 것이지 거기에 진리
의 자리를 그려 내지 못하는 것이다.
　우리가 아무리 기도와 주력, 독경과 참회, 법문을 듣는다고

할지라도 그 참된 진리는 결코 그려 낼 수 없다는 말씀입니다. 그러면 어떻게 해야 될까요. 화두를 잡고 한 생각을 돌이켜 치열하게 공부를 해야만 진리를 그려 낼 수 있습니다.

오늘 법문은 『대방광불화엄경』에 있는 若人欲了知 三世一切佛 應觀法界性 一切唯心造 약인욕료지 삼세일체불 응관법계성 일체유심조에 관해 말씀 드릴까 합니다.

"만일 사람이 과거 미래 현재 삼세의 모든 부처님을 알고자 하면, 마땅히 법계의 성품인 모든 것이 마음에서 지어진 것임을 관(觀)할 지니라."라는 뜻입니다.

이와 같이 모든 것은 마음에서 일어납니다. 사람은 이 마음 하나를 잘 쓰면 되는데 사람들은 얼굴에 모두 바를 정(正)자를 써 붙여 놓고도 마음은 삐뚤게 쓰고 있습니다. 온전한 마음으로 삼매(三昧)를 닦는 자는 현세에 항상 많은 이익을 얻는다고 했습니다. 삼매라는 것은 정(定)이라 하기도 하고 정수(正受)라고도 하는데 정이라고 하는 것은 가만히 있어도 모든 생각이 일어나지 않는 것을 말합니다. 그래서 항상 삼매를 닦고 내 마음에 하자는 생각이 없으면 정에 들어간다고 했던 것입니다.

또한 불교를 믿는 불자들은 항상 그 마음에 하등의 때가 없는 순금과 같아야 되며 공부하는 불자들도 마음이 은산철벽과 같아야 가치가 있는 법(法)의 그릇이 될 수 있습니다. 또한 현세에 열심히 수행하며 삼매를 닦아 나간다면 다음과 같은 많은 복을 얻을 수 있다고 하였습니다. 그러므로 불자들은 다음과 같이 항상 마음 수행을 하여야만 합니다.

첫째는 마땅히 시방제불(十方諸佛) 보살의 명호를 항상 부르며 가슴 깊이 새겨 삼매에 들어 선정을 닦고 수행하여 자신의 마음을 단련하게 되면 시방의 모든 부처님과 보살의 가피를 얻을 수가 있습니다.

둘째는 모든 마구니가 침략하지 않도록 마음가짐을 항상 바르게 하고 또한 마구니에게 공포심을 가지지 말 것이며 항상 마음을 맑게 하고 바르게 하여 깨끗하게 써야 합니다. 그래야만 마구니가 붙지 않습니다.

셋째는 96종의 외도와 귀신에게 미혹당하거나 요란함을 받지 않을 것입니다.

넷째는 수행을 열심히 하면 정법을 비방해서 업장을 받을 일이 있더라도 그 업장이 점점 약해져 사라진다고 부처님이 말씀했습니다. 원래 업장은 눈에 보이지 않지만 수행을 열심히 하게 되면 자신을 해롭게 할 업장이 사라지게 됩니다.

다섯째는 일체 유혹과 모든 악의 관(觀)이 사라집니다. 일체 유혹과 모든 악의 관이 생기는 것은 착한 마음을 가지지 못한 데서 비롯되며 행동거지가 바르지 못한 데서 생기기 때문입니다.

여섯째는 모든 여래는 부처님의 경계에서 나타나기 때문에 자신이 수행을 해야지 하는 그 마음이 뚝 떨어져야만 비로소 부처님의 경계에 다가갈 수 있습니다.

그러므로 공부하는 사람은 모든 것을 간단하게 생각하지 말고 물이 흘러가듯 자연스럽게 흘러가야만 합니다. 또한 좋은 일을 하는 사람은 항상 좋은 생각만을 해야 하며 거기 무언가를 하자는 생각을 하여서는 안 됩니다.

일곱째는 근심하고 뉘우치는 것조차 다 여의어 비록 생사고해 중이라도 용맹스러워져서 겁냄이 없어야 합니다. 우리는 태어나 늙고 병들고 죽습니다. 이 생로병사 가운데에 살고 있습니다. 하지만 이를 겁내지 말고 용맹스럽게 정진해야 합니다.

부처님과 보살도 우리와 같이 범부입니다. 하지만 열심히 수행하고 공부를 해서 부처님과 보살이 되었기 때문에 나도 하면 부처님과 보살이 될 수 있다는 용맹심을 가지고 공부를 해야 합니다. 여러분이 오늘 이 무상사에 모이신 것은 바로 전생으로부터 지은 불가(佛家)의 인연 때문입니다. 이렇게 오셔서 부처님께 열심히 기도 정진을 하는 모습을 볼 때 정말 스님은 한없이 기쁩니다.

『법화경』에 보면 欲知前生事 今生受者是 欲知來生事 今生作者是 욕지전생사 금생수자시 욕지내생사 금생작자시라는 말

 내가 나에게 묻는다

이 있습니다. '너의 전생을 알고 싶거든 네가 현재 받고 있는 것을 보면 알 수 있고, 너의 내생을 알고 싶거든 네가 현재 짓고 있는 것을 보면 알 수 있느니라.' 라는 뜻입니다.

이 사바세계를 겪는 것은 바로 전생의 일을 겪고 있는 것임을 알아야 합니다. 그래서 전생에 어떤 복을 짓고 업을 지었는가를 알고 싶다면 금생에 자신이 겪고 있는 것을 보면 알 수 있습니다.

여덟째는 마음을 항상 부드럽게 하고 교만함을 버려 다른 사람이 고통스럽거나 힘들지 않게 해야 하고 또한 자신이 부자나 권력이 있어 다른 사람보다 낫다고 생각하거나 남을 업신여기는 교만심을 가지고 있다면 절대 진리를 얻을 수 없다고 하셨습니다.

사람이 재물이 있고 명예가 있을수록 항상 하심(下心)해야 합니다. 만약 아만심(我慢心)을 가지고 있다면 뜻을 이룰 수 없습니다. 그러므로 무상사에 오시는 불자들은 항상 남을 돕고 부모님을 부처님 모시듯 해야 합니다.

부처님의 팔만대장경을 전부 읽어 보아도 단 한마디도 중생이 잘못되라는 말씀을 하시지 않았습니다. 그와 같이 부모님이 하신 백천의 말씀 중에는 단 한마디도 자식 잘못되라는 것은 없음을 여러분은 알아야 합니다. 그러므로 여러분들과 함께 살고 있는 부모님이 바로 부처님이며 자식들이 바로 부처님이라는 생각을 가지고 살아야 합니다. 만약 이와 같은 생각을 가지면 모든 일이 뜻대로 이루어질 것입니다.

아무리 자신이 재산이 많고 권력이 많다고 하더라도 부부간에 금실이 없고 날마다 갈등을 일으키게 되면 재산과 권력도 잃게 되고 사업도 제대로 되지 않습니다. 또한 부모가 항상 착하게 살아야만 그 자식도 훌륭하게 됩니다. 부모가 선한 생활을 하지 않으면 자식을 아무리 공부를 시키고 노력을 해도 이 사회에 내놓을 물건이 되지 않는다는 것을 여러분들은 반드시 알아야만 합니다. 때문에 불자들은 항상 부처님과 같은 마음으로 이웃을 돕고 부모님에게는 효도를 하여야만 비로소 부처님의 참뜻을 이해할 수가 있으며 큰 복을 얻을 수가 있습니다.

아홉째는 수행을 열심히 하였으나 비록 선정을 얻지 못했다 하더라도 일체 경계에서 벗어나 모든 번뇌를 버리고 세간의 하찮은 일도 항상 즐겁게 여겨야 합니다. 아마 이삼십 년이 지나면 오늘처럼 무상사에서 법문을 들을 사람은 아무도 없을 정도로 여기 계신 분들은 모두 나이가 많은 보살님들입니다. 이와 같이 여러분들도 이제 인생의 삼분의 이를 살아왔기 때문에 모든 것을 하심하고 살아야 합니다. 세상을 살다가 좋지 않은 일이 생기거나 언짢은 일이 생기더라도 결코 마음을 상하거나 원한을 사는 일이 없도록 노력해야 합니다. 이것이 바로 부처님을 진실로 믿는 마음이며 기도를 잘하는 분이시며 불자로서 보살행을 실천하는 사람입니다.

사람은 태어나 성장하여 결혼을 하고 자녀들을 둡니다. 자녀는 자신의 분신이며 열매입니다. 이 열매가 탈 없이 잘 자라는 것이 모든 부모들의 염원입니다. '인과법'에 보면 부모자식 간은 천 번을 죽었다가 천 번을 만나야 되며 형제간은 구백 번 죽었다 구백 번을 만나야 되고 부부는 팔백 번 죽었다 팔백 번 만나야 된다고 했습니다.

오늘날의 세상을 보면 자식이 부모를 모시기는커녕 아예 연락을 끊고 살며 부부간에도 아예 결별하고 사는 사람도 많습니다. 참으로 생이별 관계가 너무도 많습니다. 하지만 우리 불자들은 그래서는 결코 안 됩니다. 항상 가풍(家風)을 지켜 자녀를 훌륭하게 키워야 합니다. 그래야만 자식에게 부모로서 존경을 받을 수 있습니다. 그렇게 하려면 어떻게 해야 할까요?

첫째는 대비심(大悲心)을 발휘해야 됩니다. 내가 일체중생을 구원하겠다는 원력을 세워 지극한 신심을 가져야만 합니다. 신심이란 부모와 같습니다. 신심이 없다면 아무것도 이룰 수가 없습니다.

둘째는 대자비심(大慈悲心)을 가져야 합니다. 일체중생을 대자비심으로 평등하게 여기고 여러 중생을 돕겠다는 원력을 세워야 합니다. 가난하거나 부자이거나 권력이 있든지 없든지 나이가 많든지 적든지 항상 평등한 마음을 가지고 모든 중생을 돕겠다는 크나큰 원력을 세워야 한다는 것입니다.

셋째는 안락심(安樂心)을 발휘해야 합니다. 언제나 마음을 편안하게 가져야 하며 불안해서는 아무 일도 안 된다는 것을 아셔야 됩니다. 생활 속에서 마음의 안락을 구하여야 합니다. 이것이 곧 불자의 도리이기도 합니다.

네 번째는 무변심(無變心)을 발휘해야 합니다. 하늘도 가이 없고 허공도 가이 없는데 항상 변함이 없는 마음을 가져야 한다는 것입니다. 원래부터 마음이라는 것은 가고 옴이 없습니다. 다만 자신의 마음이 선인(善人)이 되었다가 악인(惡人)이 되었다가 하는 것입니다. 그러므로 자신의 용심(用心)을 잘 헤아려야 합니다. 이렇듯이 마음이란 한 생각을 잘못하면 지옥이요 한 생각을 잘 하면 극락이라는 것을 여러분은 아셔야 됩니다.

다섯째는 광대심(廣大心)을 발휘해 항상 넓은 마음을 가져야 합니다. 그래야만 일체 부처님을 바로 보게 되고 마음을 비우게 되면 비로소 자성이 나타나 자성 부처님을 점안하게 됩니다.

우리는 우리 속에 여섯 부처님을 모시고 다닙니다. 첫째는 눈이 부처입니다. 그런데 우리의 눈은 한없이 욕심이 많습니다.

이 세상의 좋고 나쁜 것을 모두 자기 것으로 만들려고 하니 얼마나 욕심이 많습니까. 눈이 욕심을 버리게 되면 광명여래부처님이 됩니다.

두 번째는 귀가 부처님입니다. 나쁜 소리 들으면 기분이 안 좋고, 좋은 소리 들으면 기분이 좋습니다. 이 모든 좋고 나쁜 소리를 모두 자기 것으로 만들려고 합니다. 이 욕심을 버리면 성문여래부처님이 됩니다.

세 번째는 코가 부처님입니다. 식당에서 구수한 냄새가 나면 전부 먹으려고 하니 얼마나 욕심이 많습니까. 그 욕심을 버리면 향경여래부처님이 된다는 것을 아셔야 됩니다.

네 번째는 입이 부처님입니다. 입 한 번 열면 병이 된다고 했습니다. 나쁜 소리, 좋은 소리 온갖 소리를 다 하다 보면 그것으로 인해 망신을 당하기도 하고 원한도 쌓게 됩니다. 하지만 입이 가진 욕심을 교화(敎化)하면 법희안의부처님이 됩니다.

다섯 번째는 몸이 부처입니다. 몸은 셀 수 없이 많은 욕심을 가지고 있습니다. 여름에는 시원한 옷을 겨울에는 따뜻한 옷을 달라고 보챕니다. 때로는 허영심 때문에 유행에 따라 옷을 입으려고 합니다. 그래서 몸이 욕심을 버리게 되면 부동여래부처님이 됩니다.

여섯 번째는 마음이 부처님입니다. 인간의 마음은 한없이 욕

심이 많습니다. 시도 때도 없이 분별하지 않고 무조건 취하려고
만 합니다. 하지만 이 욕심을 버리게 되면 비로자나부처님이 됩
니다.

우리가 지니고 있는 이 여섯 가지 욕심을 버린다면 이 여섯
부처님이 항상 지켜보고 보호해 주신다는 것을 아셔야 합니다.
그래야만 생로병사에서 해탈될 수 있습니다. 사람이 죽으면 우
리나라는 매장이나 화장을 하는데 인도에서는 수장이나 풍장을
주로 합니다.

하루는 부처님이 길을 가시다가 송장에게 절을 하시면서 "그
대는 전생에 어떤 인연을 옆에 두고 있는가?" 하셨습니다. 그
때 제자들이 말하기를 "세존이시여, 어찌하여 송장을 보고 절
을 하십니까?"하고 물었습니다. 세존이 말씀하시기를 "그대들
은 그것을 모르는가. 전생에 모든 사람들은 형제이며 부인이며
도반이었다." 이와 같이 여러분들은 전생에 모두 형제이며 다
한 가족입니다. 때문에 서로가 불편하거나 마음이 상하는 일이
있더라도 서로 양보하고 이해하여 조금도 구애됨이 없이 노력
해야 합니다.

우리 불자들은 절에 오면 항상 상을 내고자 하는 경향이 있
는데 절대 그러한 상을 버려야 합니다. 만약 누군가가 당신의
친구를 욕하고 다닌다면 오히려 그 친구를 감싸야 합니다. 오히

려 친구를 나쁘게 말하는 사람이 더 나쁜 사람이라고 꾸짖는 것이 좋습니다. 이렇게 주위 사람들을 위하고 감싸게 된다면 이 세상에 원한 맺힐 일은 하나도 없습니다.

가족에게도 마찬가지입니다. 남편도 자식도 부모님도 다 부처님입니다. 심지어 이웃도 다 부처님임을 알아야 합니다. 여러분들이 진실로 가족과 이웃을 대하면 그 공덕으로 인해 이 사바세계에서 건강하게 살게 되며 내세에도 그 공덕으로 인해 불국토에서 태어날 수 있습니다.

그러므로 여기 있는 모든 사람들은 전생에 이미 다 형제였습니다. 그런데도 불구하고 오직 탐심과 번뇌 망상에 눈이 어두워 형제를 모르고 가족을 모르게 되는 것입니다. 절에 다니는 이유는 바로 이러한 번뇌 망상을 버리고 지혜를 얻기 위해서입니다. 열심히 기도를 하고 공부를 하다 보면 어느 순간 지혜의 눈이 밝아지게 됩니다. 그래서 스스로 생사를 조절하게 됩니다. 지혜가 밝은 사람은 가만히 자신을 관찰하면 세상의 마지막 순간을 조절할 수가 있는 것입니다.

만약에 어떤 노보살이 자신의 갈 때를 미리 알게 된다면 남편을 불러 "일주일 후면 갈 것이니 아이들을 잘 보살피고 건강 조심하고 잘 사세요."라고 할 것입니다. 적어도 불자라면 이 정도는 되어야 합니다. 이것이 오래 절을 다닌 보람이 아니고 무엇이겠습니까? 그런데 간다 온다 말없이 세상을 떠나는 것은 실로 가족들에게 엄청난 상처를 주는 일입니다. 무엇보다 신심(信心)이 깊은 사람은 자신의 앞을 잘 알게 됩니다.

어느 날 손주가 할머니에게 절에 왜 가느냐고 물으면 여러분들은 뭐라고 대답할 것입니까? 절에 와서 그토록 많은 법문을 듣고 기도를 해도 손주 앞에 그 대답조차 하지 못한다면 참으로 창피한 일이 아니고 무엇이겠습니까? 기껏해야 "너희들 좋으라고 다닌다."고 할 것입니다. 물론 맞습니다. 하지만 절에 다니는 이유는 가족을 위해서가 아니라 오직 자신을 위해서입니다.

그러니 여러분들은 부처님의 진리를 잘 살펴 아침에 일어나면 서쪽을 보고 세 번 절을 하세요. 그리고 하루 30분이라도 가만히 앉아서 '내가 어디서 왔다가 어디로 가는가.' 하고 화두를 삼고 정진을 해 보세요. 이것이 바로 여러분들의 삶의 길을 닦는 것이며 또 여러분들의 극락의 문을 두드리는 것입니다. 모든 생각을 다 버리고 진정 한 생각으로 부처님의 참뜻을 참구하여 진실한 불자가 되겠다는 생각을 가져야 합니다.

절에 와서 한 그릇의 밥을 법당에 올려놓고 스님이 염불과 축원을 하는 것을 불공이라 합니다. 이것은 다만 여러분들의 불공에 지나지 않습니다. 그러나 부처님이 드리는 불공은 이와 다릅니다. 부처님은 이러한 불공을 해야 한다고 하셨습니다.

첫째는 몸이 정숙해지고 아름다워져 맑은 마음이 현저하게 나타나는 불공을 하라고 했습니다. 둘째는 마음의 경계를 대하면 자비심이 생기고 남을 해롭게 하는 마음이 없어지는 불공을 하라고 하셨습니다. 세 번째는 몸과 마음이 아름다워지는 동시에 욕심과 성내는 마음과 일체 번뇌 망상이 일어나지 않는 불공을 하라고 말했습니다. 네 번째는 몸과 마음이 부딪쳐도 결코 동하지 않고 물들지 않는 불공을 하라고 했습니다. 이 네 가지 중 그 어떤 방법이라도 내가 부처님께 열심히 기도하겠다는 그런 마음을 가지도록 불공을 드려야 합니다.

옛날에 구지 선사라는 대선지식인이 계셨습니다. 그분이 나기 전 촌가에 부부와 시어머니가 살고 있었습니다. 시어머니는 며느리에게 손자를 간절하게 원했습니다. 그러던 어느 날 어떤 스님이 걸망을 짊어지고 탁발을 하러 와서 며느리는 쌀을 시주하였습니다. 그때 그 스님은 며느리를 보자 "이 집에 자식이 없구나."하고 중얼거렸습니다. 이 이야기를 들은 며느리는 '아들을 못 낳아 애쓰는데 어째서 저 분이 내 자식 없는 것을 알까.' 하고 생각하다가 스님에게 "저는 왜 자식이 없습니까." 하고 물었습니다.

스님이 하시는 말씀이 "자네는 전생에 살생을 하도 많이 해 자비종자가 끊어져서 그렇다네. 그러나 자식을 얻을 수 있는 방

법이 한 가지 있소. 그것은 부처님께 열심히 기도를 하면 될 것
이오.”

이 이야기를 들은 며느리는 삼 십리 밖에 있는 반야사에 불
공을 드리기 위해 갔다가 절에서 그만 잠이 들었습니다. 그런데
비몽사몽간에 어떤 노스님이 하시는 말씀이 “네가 무엇 때문에
여기에 와서 나를 괴롭히는가. 너희 집에 가서 산부처님을 잘
모시면 득남은 물론이고 장사도 잘되어 소원을 이룰 수 있다.”
고 했습니다.

며느리는 꿈에서 깨어났습니다. 그리고 노스님이 말씀하시
는 산부처님이 누구인가를 가만히 생각해 보았는데 그 산부처
님은 다름 아닌 시어머니였던 것입니다. 그래서 며느리는 남편
에게 꿈 이야기를 하고 시어머니를 정성스럽게 모시기 시작했
습니다. 어느 날 며느리는 몸에서 태기를 느끼고 열 달이 지나
아들을 낳았습니다. 그런데 너무 귀하게 얻은 자식이라 자랄수
록 버릇이 없었습니다. 심지어 어린아이가 매일 횡포를 부리고
성격도 감당할 수가 없어 부부는 고민 끝에 아이를 그대로 두면
어머니에게 불효자가 되겠다고 생각한 나머지 반야사에 맡겨서
스님을 만들려고 하였습니다. 그리하여 아이를 데리고 절에 갔
습니다. 그 아이가 자라서 구지(俱指) 대선사가 됩니다.

구지 선사는 중국 당대(唐代)에 무주 금화산에 머무르면서 선

풍(禪風)을 선양하였던 분입니다. 천룡(天龍) 선사의 법을 받아 깨달음을 얻은 이후 구지 선사는 가르침을 얻으려고 찾는 이가 있으면 한결같이 손가락 하나만 세울 뿐 달리 아무 말도 하지 않았습니다. 어느 날 먼 곳에서 구지 선사에게 어떤 스님이 법을 물으러 왔습니다. 마침 선사는 출타하고 안 계셔서 안타까워하고 있는데 시중드는 동자가 "우리 스님의 법문이라면 그동안 많이 보고 들은 바가 있어 저도 잘 알고 있으니 물으십시오." 하였습니다. 이에 객승이 정중히 물으니 동자는 구지 선사가 하듯 곧바로 손가락을 세워 보였습니다. 불법을 얻으려 왔던 스님은 의아한 마음으로 산을 내려가다가 구지 선사를 만나게 되어 절에 다녀온 이야기를 사실대로 말씀드렸습니다.

절에 돌아온 선사는 동자에게 그간의 이야기를 듣고는 "조금 전의 그 법문을 나에게도 한 번 해다오."하니 동자는 손가락 하나를 세워 보였습니다. 순간 구지 선사는 동자의 손가락을 거머쥐고 칼로 잘라 버렸던 것입니다. 울며 달아나는 동자를 고함을 질러 부르며 "어떤 것이 불법의 참다운 뜻이냐?" 하니 동자는 자신도 모르게 하던 버릇대로 손가락을 들려 했으나 이미 손가락은 없었습니다. 그 순간 동자의 마음은 활연히 열렸던 것입니다. 구지 선사는 입적하시면서 이르기를 "내가 천룡의 일지두 선법을 받고서 일생동안 썼으나 다하지 않았다." 하였습니다.

옛날 이 구지 화상이 암자에 살고 있을 때, 실제(實際)라고 하는 비구니가 삿갓을 쓰고 찾아와서 주장자를 들고, 대사를 세 번 돌고 난 뒤에 말하였습니다. "바로 말하면 삿갓을 벗으리다." 구지 스님이 아무 말도 하지 않자, 비구니는 그대로 떠나려고 했습니다. 이때 스님이 말했습니다.

"해가 이미 저물었으니 하룻밤 묵어가라."

"바로 말하면 자고 가겠소."

그러나 구지 스님이 대답을 안 하자 비구니는 떠나고 말았습니다. 그 순간 구지 스님은 탄식하여 말하기를 "나는 비록 대장부의 형체를 갖추었으나 대장부의 기개가 없다." 하면서 암자를 버리고 떠나려 했습니다. 그런데 그날 밤 산신이 나타나서 "이 산을 떠나지 마시오. 오래지 않아 큰 보살이 와서 화상에게 설법을 해 주실 것이오." 하였던 것입니다.

과연 다음날 불일(佛日)에 천룡(天龍) 화상이 암자에 오기에 앞의 이야기를 하니, 천룡(天龍)이 한 손가락을 세워 보이니 대사가 당장에 깨달았던 것입니다. 이것이 바로 구지 화상의 일화입니다.

우리가 가만히 구지 선사의 이야기를 음미해 보면 참으로 불교의 오묘함을 깨달을 수 있습니다. 어찌 보면 불교라는 것은 있는 데도 속하지 않고, 없는 데도 속하지 않는 겁니다. 그래서

내가 나에게 묻는다

부처님 진리는 무궁무진하다고 할 수 있습니다.

利塵心念可數知　찰진심념가수지
大海中水可飮盡　대해중수가음진
虛空可量風可繫　허공가량풍가계
無能盡說佛功德　무능진설불공덕

온 세상의 티끌 같은 마음 다 헤아려
큰 바다의 저 물을 다 마시고
저 허공을 재어 알고 저 바람 엮는다 해도
부처님 공덕은 능히 다 말할 수 없네.

　여러분들은 전생에 많은 복을 짓고 종단의 큰스님을 제접하
니 전생에 크나큰 인연 공덕이 있다는 것을 아셔야 합니다. 여
러분들이 가진 이 공덕으로 열심히 기도 정진하여 여생을 모두
다 서방정토 극락세계에 가도록 원력을 세우고 '상구보리 하화
중생' 하시기를 바랍니다. 우리는 모두 부처되기를 원하고 모든
중생을 제도하겠다는 원력을 세워야 합니다. 오늘 나의 법문을
다 받아들여서 살아가는 데 큰 힘이 되고 나아가 모르는 불자가
있으면 일일이 손을 잡고 교화해서 불국토 건설에 매진하도록

당부 드립니다.

山色人我相 流水是非聲　산색인아상 유수시비성
山色水聲離 聲啞居平生　산색수성이 성아거평생

산 빛도 인아의 모습이요
흐르는 물도 시비의 소리로다.
산 빛도 물소리도 떠난 곳에
귀머거리 벙어리로 평생을 살리라.

산은 산같이 그냥 눈에 보이고 물은 물같이 보이지만 이 뜻을 알고 보면 산을 봐도 산이 아니고 물을 봐도 물이 아님을 알게 될 것입니다. 그러므로 곧 앉아 있는 곳이 바로 법당이고 생각하는 것이 바로 부처님입니다. 그러므로 여러분들은 언제 어디서나 정진하고 기도하여 불자로서의 자세를 바르게 하시기를 바랍니다.

혜인 스님

1943년 남제주군에서 출생.

1956년 출가하여 해인사에서 일타 스님을 은사로 수계 득도.

1962년 자운대율사를 계사로 구족계를 수지. 해인사 승가대학을 졸업. 동화사 금당 선원 등에서 10안거를 승만.

1971년 해인사 장경각에서 1백만 배 기도를 회향.

스님의 여러 가지 불사 중에 1996년 9월에 낙성한 제주 약천사 중창불사는 특히 유명하다.

현재 제주 약천사 회주, 단양 광덕사 회주.

생활불교 수행법

｜ 혜인 스님 ｜

이렇게 만나 뵙게 되어서 더없이 기쁘고 반갑고 감회가 무량합니다.

오늘은 '생활불교 수행법' 이라는 주제를 가지고 법문을 하고자 합니다. 불자님들은 저에게 "스님, 어떤 기도를 하면 좋고 어떻게 사는 것이 좋은 삶인가요?" 하고 질문들을 많이 합니다. 그런데 백 분의 스님을 만나 들으면 모두 답이 다 다르고 천 분의 스님을 만나 들어도 그 답은 모두 다를 수 있습니다. 이와 같이 삶의 길은 천 갈래 만 갈래가 있지만 모든 물들이 바다에서 만나 한 식구가 되듯이 어떤 스님이 어떤 법문을 한다고 해도 다 맞는 말씀이기 때문에 열심히 듣고 그대로 실천하면 됩니다.

원래 법문이라고 하는 것은 인연에 따라 맞는 사람은 쏙쏙 귀에 잘 들어오고 잘 맞지 않는 사람은 잠만 오고 어렵습니다. 그러나 부처님 명호를 한마디만 듣거나 보살의 명호를 한마디만 불러도 한량없는 공덕이 되며 수십 년 동안 수행하신 큰스님들의 모습만 보아도 무량한 인연을 맺는 것과 같습니다. 성불하는 도반의 씨앗을 뿌리는 일은 이와 같기 때문에 오늘 법문에 임하는 마음자세에 대해 몇 가지 법을 말씀드리고자 합니다.

첫째 가정에 있으면서 불교를 수행하는 방법에 관한 일입니다.

원효 스님은 『발심수행장』에서 이렇게 말씀하셨습니다.

人誰不欲歸山修道 而爲不進　愛欲所纏
인수불욕귀산수도 이위부진 애욕소전
然而不歸山藪修心　隨自身力　不捨善行
연이불귀산수수심 수자신력 불사선행

사람은 그 누구나 산에 들어가서 수도하고 싶어 하지 않으랴만
그렇게 하지 못하는 것은 애욕에 얽혀 있기 때문이다.
그러한 연이 없어 산속에 들어가 마음을 닦지 못할지라도
자신의 능력으로 할 수 있는 선행은 버리지 말라.

　그러므로 이 힘들고 어려운 세상을 살아가는 현대인들은 부처님 말씀을 어떻게 받아들이고 살 것인가를 고민해야 합니다. 또한 우리가 지금까지 어떻게 살아왔으며 현재는 어떻게 살고 있고 여생을 어떻게 살다가 갈 것인가를 한번쯤 냉철하게 뒤돌아보아야 하며 지금까지 잘못 살았다면 이를 반성하고 뉘우치면서 살아야 하고 잘 살았다면 더욱 잘 살 수 있도록 우리 마음을 다져 가면서 더욱 보람 있고 뜻있게 후회 없는 인생을 살아야 합니다.

　그러기 위해서는 우리 마음속에 제일 중요한 것이 있습니다. 우리의 생명은 찰칵찰칵 시계소리가 시시각각 흐르는 저승 발자국 소리와 같습니다. 또한 우리가 숨 한 번 들이쉬는 것은 죽음을 향해 걸어가고 있는 것과 마찬가지입니다. 이와 같이 우리의 생명은 많이 남아 있지 않으며 또한 영원하지도 않습니다. 그러므로 이 천금같이 귀중한 시간을 소중하게 사용해야겠다는 마음을 가지고 있어야 하며 세상은 무상하다는 생각을 가지고 살아야 합니다.

　원효 스님은 "무상을 절감하지 못한 사람은 생명이 천 년 만 년 지속될 것 같지만 어리석음에 휩싸이고 탐진치에 몰두하게 되어 어느 날 죽음의 문턱에 들어서게 되면 그때서야 비로소 눈물과 한숨과 두려움밖에 남을 것이 없다."고 하셨습니다.

부처님께서 기원정사에 계실 적입니다. 외출하다 왕사성을 지나 돌아오실 때 풀을 잔뜩 먹은 오백 마리의 소를 끌고 집으로 가는 한 목자를 만났습니다. 소들은 배가 불렀든지 가는 도중에 너무 기뻐 이리 뛰고 저리 뛰며 저희들끼리 장난을 치고 있었습니다. 그 소들에게 우리가 모르는 세계가 있었던 겁니다. 그때 부처님은 그 광경을 지켜보시고는 한 편의 시를 읊으셨습니다.

소치는 사람이 막대를 들고 들에 나가 소를 먹이듯이 늙음과 죽음도 또한 사람의 목숨을 가르며 몰고 간다.
명문 가족의 남자나 여자들 아무리 재산을 많이 모아도 망하거나 죽지 않는 자 없거니 그것은 하나뿐 아니요 백이요 천이더라.

부처님이 게송을 길에서 읊고 계시니까 아난존자는 거기서 뭐라고 말씀하실 수는 없고 기원정사로 돌아와서 부처님께 말씀을 올렸습니다.

"세존이시여, 오늘 낮에 소 떼들을 보시고 한 편의 시를 읊으셨는데 그 시의 뜻은 무엇이옵니까?"

그때 부처님께서 말씀하셨습니다.

"그 소들은 본래 천 마리였다. 그런데 지금은 오백 마리뿐이었다. 그 소의 임자는 소 잡는 백정이니라. 날마다 주문에 의해 한 마리가 필요할 때 한 마리를 잡고 두 마리가 필요할 때는 두 마리를 잡는데 소가 저녁에 죽을지도 모르고 까불까불하면서 놀고 있느니라. 어디 그 소들뿐이겠느냐. 우리 인생도 마찬가지이다. 목숨이라고 하는 것은 나이 많아서 죽는 것도 아니고 환갑 진갑 다 지나서 죽는 것도 아니고 병이 들어 죽는 것만도 아니니라."

그러면서 부처님은 다시 시를 읊었습니다.

강물이 흘러 흘러 다시 돌아오지 않듯이
사람의 목숨 또한 한 번 가면 돌아오지 않네.
이 세상 영원한 것은 없나니
높은 것은 반드시 낮아지고, 모인 것은 뿔뿔이 흩어지고,
한 번 태어난 것은 기필코 죽고야 마네.
수행을 하되 늙은 시절로 미루지 말라.
옛무덤 새 무덤 주인공이 모두 기약 없이 떠나갔네.
한 번 사람의 몸을 잃어버리면
언제 다시 사람이 되어 이런 기회가 돌아오리오.
죄를 지어 일단 지옥에 떨어지면 그 고통 괴롭고 길거늘

　이렇게 부처님은 제자인 아난존자에게 애절하고도 간곡하게 부탁을 하신 겁니다. 우리들에게 항상 내일이 있는 것은 아닙니다. 푸줏간에 있는 소는 자꾸자꾸 줄어들고, 가뭄이 들면 강의 물들도 하루가 지나고 이틀이 지나면 말라붙어 고기가 떼죽음을 당하듯이 그러한 신세가 바로 우리 인생입니다. 바로 저 푸른 하늘에 걸린 세월입니다. 그래서 원효 스님께서도 '파거불행(破車不行)이요 노인불수(老人不修)라' 고 강조했던 것입니다. 즉 깨진 수레는 가지 못하고, 늙으면 수행하지 못한다는 의미입니다. 그러므로 젊은 시절에 천금 같은 시간을 허송하지 말고 열심히 수행하고 정진하는 것이 중요합니다. 그래서 우리가 수행하는 데 있어서 어떤 수행을 제일 먼저 해야 되며 그 기본이 되는 것이 무엇인지를 말하고자 합니다.

　첫째 누가 뭐라고 해도 집을 지을 때 기초를 잘 다듬어 놓고 집을 지어야 되는 것입니다. 큰 집을 짓든 작은 집을 짓든 기초가 탄탄하지 못한 집은 오래갈 수가 없는 것입니다. 오히려 위험천만입니다. 수행공부에 있어서도 기초가 튼튼해야 하는 것입니다. 그래서 절에 출가하려는 사람들도 '출가자는 출가 이전에도 청정계율하고 출가 이후에는 청교참선(聽敎參禪)하라.'고 했습니다.

계율 사상은 부처님이 가르쳐 주신 계율을 명심해서 지키라는 것입니다. 말은 이렇게 해라, 마음은 저렇게 써라, 행동은 이렇게 하라는 등 근본적인 부처님의 말씀을 잘 받드는 것을 말합니다.

그러므로 우리 불자들은 참선도 염불도 기도도 중요하지만 먼저 부처님이 말씀하신 오계사상을 철두철미하게 잘 듣고, 배우고, 알아 그 오계를 잘 받아 지키는 데에 있습니다. 이러한 바탕 위에서 가정도 꾸려야 하고, 출세도 해야 하며, 돈도 벌어야 하며 불사도 해야 합니다. 그렇다면 그 계율 중에서도 가장 근본적인 계가 무엇일까요? 우리 인류가 행복하게 후회 없는 삶을 살기 위해서 근본적으로 지켜야 할 계율은 바로 오계라 할 수 있습니다.

이 오계 가운데 첫 번째는 불살생(不殺生)으로서 모든 생명을 내 생명처럼 생각하고 소중히 생각해서 죽어 가는 것을 살려 줄지언정 폭력을 쓰거나 죽이지 않는 것입니다. 이 세상에서 생명보다 소중한 것은 없습니다. 자기 생명은 소중하게 생각하면서 남을 해치는 것은 불교인의 도리가 아닙니다. 진정한 자비행을 실천하는 불자라 할 수 없습니다.

옛날에 어떤 사람이 삼대독자 외아들을 낳았는데 이 아이가 자라면서 기절을 하다가 살아나곤 했습니다. 걱정이 되어 어디 가서 사주관상을 물어보니 열 살을 넘기지 못하고 죽는다고 하였습니다. 부모가 방법이 없겠느냐고 물으니 관상쟁이가 하는 말이 사찰에 가서 많은 공을 닦고 또 부처님께 기도를 많이 하면 명을 이을 수가 있다고 했습니다. 그래서 할 수 없이 부모는 절에 계신 큰스님을 찾아가 자신의 외아들을 절에서 맡아서 키워 달라고 간청했습니다.

십 년이 흘러 일주일이 지나면 아이는 죽게 되었습니다. 그래서 스님은 고심 끝에 이왕 죽을 바에야 부모님 곁에서 죽도록 하는 것이 좋겠다는 생각에서 아이에게 “너는 오늘 집에 가서 열흘 동안 있다가 절에 오너라.”고 하였습니다. 평소에는 집에 가는 것을 철저히 막았던 스님이었습니다. 그런데 열흘이 지나자 절에 아이가 “스님, 저 왔습니다.”하고 살아서 돌아왔던 것입니다. 스님이 아이의 관상을 딱 보니 십 년이 아니라 육십 년이나 명이 늘어나 있었던 것입니다.

참 이상한 일도 다 있다는 생각에 아이에게 “집에 가서 무슨 일을 했느냐?”하고 물었습니다. 그런데 아이가 대답하는 말이 “스님, 제가 삼배를 올리고 절문을 나서는데 억수 같은 소낙비가 내리기 시작했습니다. 마침 굴이 하나 있어 거기서 몸을 피하는데 흙탕물에 둥실둥실 떠내려오는 것이 있었는데 수만 마리의 개미가 붙어 있었습니다. 스님 말씀에 방생을 하라 하셨는데 돈이 없어 물고기를 사서 방생하지는 못할망정 이것도 방생이다 싶어 흙에 달라붙은 개미들을 잔디밭에 옮겨 주었습니다. 아마 그 개미들은 다 살았을 겁니다.”

이때 큰스님께서 아이의 머리를 쓰다듬어 주시면서 “기특하고 장하고 거룩하구나. 너는 그러한 방생 공덕으로 말미암아 수명을 60년을 이었느니라. 이제는 집에 가도 걱정이 없으니 가서 잘 살아라.”하고 보내 주었습니다. 그 후 이 아이는 팔십이 넘도록 부모님께 효도하면서 잘 살았다고 합니다.

우리 불자들은 절에 다니면서 방생, 방생하는데 방생이란 놓을 방(放)자에 날 생(生)자입니다. 즉 생명을 해방시킨다는 뜻입니다. 생명을 살려 주는 것은 마치 인과법과 같습니다. 잡초를 뿌리면 잡초가 태어나고 꽃씨를 뿌리면 꽃이 태어나고 과일 열매 씨앗을 뿌리면 과일이 달리듯이 살생을 많이 하게 되면 그 과보로써 명(命)이 짧아집니다. 남에게 매질을 많이 한 사람은 여기저기 자꾸 다칠 일이 많이 생깁니다.

그러므로 불교를 믿는 모든 사부대중들은 절대 낚시를 하지 말고 가능하면 살아 움직이는 회는 먹지 말아야 합니다. 우리 스님들도 만약 고기를 먹으려면 잘 드는 칼로 자신의 살을 한 점 두 점 베어 먹어야 되지 고기를 먹어서는 안 됩니다. 사람은 만물의 영장입니다. 그 조그만 생물들을 먹어서는 안 됩니다. 적어도 사람의 체면이 있지 않습니까?

두 번째는 '불투도(不偸盜)' 즉 도둑질을 하지 말라는 것입니다. 종이 한 장, 풀 한 포기, 볼펜 한 자루라도 남의 물건은 훔치지 말며 욕심을 내어서는 안 된다는 것입니다. 불자는 남을 복되게 하고, 이익되게 하고 고맙게 하고 감사하게 하여 남에게 보탬이 되도록 하는 사람입니다.

그런데 소승계에서는 물건이 저쪽에서 이쪽으로 넘어와야 도둑질인데 대승계에서는 '저것이 언젠가는 내 것이 되었으면 좋겠다'는 탐심만 가져도 이미 도둑질을 범한 거라고 했습니다. 남을 손해나게 하는 생각을 낸 자체가 벌써 보살의 마음을 떠났다는 얘기입니다.

세 번째는 '불사음(不邪淫)' 즉 음행을 하지 말라는 것입니다. 이 세상에서 가장 큰 약속은 백년해로를 약속한 부부의 인연이라고 했습니다. 물론 사람은 세상을 살아가다 보면 이런 거짓말, 저런 거짓말을 할 수가 있고 큰 약속과 작은 약속을 할 수 있습니다. 그런데 부부의 약속은 진실로 큰 약속입니다. 모든 일가친척, 부모, 형제, 친구들을 한자리에 모시고 결혼식장의 주례 앞에서 검은 머리가 파뿌리 되도록 서로 사랑하며 살겠다고 한 약속보다 더 큰 약속이 어디 있습니까. 만일 있다면 당장 내 앞에 내놓아 보세요.

제주도의 보덕사라고 하는 절에 49재를 하러 갔는데 정말 훌륭한 보살님을 보았습니다. 그 보살님은 남편의 재를 모시러 왔는데 중풍에 걸린 남편을 위해서 대소변을 받아 내고 수염을 깎아 드리고 밥을 먹여 드리고 옷을 갈아입혀 드리고 온갖 시중을 다 들면서 19년 동안 고행을 하며 살았다고 합니다.

81세가 된 남편이 죽고 난 뒤 나에게 닭똥 같은 눈물을 흘리면서 "스님, 제가 간호가 부족하고 정성이 부족해서 우리 남편이 일찍 가신 것 같습니다. 5년만 더 살아줘도 좋을 것을, 10년만 더 살아줘도 좋았을 것을……." 그러면서 진정한 마음의 눈물을 흘리는 걸 보고 마음이 찡했습니다. 저는 그날 법문을 하면서 "비록 보살님이 이 세상에 태어나서 돈을 크게 벌어서 절에 시주 한 푼 안 했더라도, 설령 남들에게 소를 몰아 준 일이 없고 쌀을 가져다 준 일이 없고 착한 일을 한 것이 없다고 해도 남편을 부처님처럼 잘 받들어서 모신 그 공덕만으로 남편과 당신은 반드시 극락에 갈 것입니다."라고 했습니다. 이 얼마나 아름다운 부부입니까?

네 번째는 '불망어(不妄語)'로 말을 항상 조심하라는 것입니다. 말을 할 때는 병 속의 잉크를 쓰듯 해야 합니다. 잉크와 기름은 뚜껑을 잘 닫아 놓고 필요할 때 써야 되는데 대충 뚜껑을 잠가 놓으면 쏟아질 수가 있습니다. 말도 꼭 필요할 때만 해야 되는데 자물통이 없으니 무슨 설사 난 개 물똥 싸듯 동네방네 시끄럽습니다. 냄새나고, 악영향이 미치고, 그런 말 했니 안 했니 그럽니다.

이렇듯 우리는 상대방에게 말을 전달할 때 항상 자기만의 기준을 세우고 이야기해야 합니다. 남에게 칭찬하는 말은 아무리 많이 해도 손해날 일이 전혀 없습니다. 이와 달리 남을 비방하거나 기분 나쁜 말, 억울하고 분한 말, 섭섭한 말 등은 가능하면 다시 한 번 생각하고 말해야 합니다.

옛날 어느 집에서 말 잘하고 똑똑하고 좋은 학교 나왔다고 소문이 난 며느리를 얻었는데 시집온 지 두 달이 지났을 때 시아버지가 며느리에게 말했습니다.

"오늘 저녁은 차리지 마라."

"왜요, 아버님."

"오늘 친구 손자 생일잔치에 갔다가 잘 얻어먹었다. 저녁은 안 차려도 되겠다."

며느리는 '잘 알겠습니다.' 하면 되는데 말끝마다 '왜요.' 하고 말이 튀어나오는 걸 참지 못하는 습관이 있었습니다.

"네, 아버님. 똥개도 부지런히 설치고 다니다 보면 똥도 주워 먹고 개뼈다귀도 주워 먹는다는데 아버님도 부지런하시다 보니 잘 얻어먹었네요."

시아버지가 가만히 듣고 보니 자기가 똥개에 지나지 않는다는 생각에 화가 났지만 참았습니다. 그리고 일주일이 지난 후 버릇을 고쳐야겠다는 생각이 들었습니다. 시아버지는 꾹꾹 참다가 일주일이 지난 어느 날 며느리가 밥상을 들고 들어오는 걸 보고 말을 꺼냈습니다.

"애야, 여기 앉아 봐라."

"왜요, 아버님."

시아버지는 기가 찼습니다.

"너는 어른이 얘기하면 왜 말끝마다 '왜요' 하고 토를 다느냐?"

"아버님, 어떻게 '왜요' 도 못하고 삽니까?"

시아버지는 화가 머리끝까지 나서 나무랐습니다.

"너는 우리 집 종손 며느리로 들어왔는데 가만히 보니 말이 너무나 많다. 이제부터 말을 조심해야 한다. 어른한테 하는 말, 아이한테 하는 말, 친구들한테 하는 말이 모두 다르거늘 너는 어찌하여 구분을 제대로 못 하느냐. 일주일 전에 내가 친구 손자 생일날 잘 얻어먹고 왔다니까 네가 똥개도 부지런하니까 똥

도 주워 먹고 개뼈다귀도 주워 먹는다고 했는데 그런 말은 어른
한테 하는 말이 아니다.”

며느리는 이 이야기를 듣고는 대뜸 눈을 치켜떴습니다.

“아버님, 저도 한마디 해도 되겠습니까. 한 뱃속에서 난 망아
지 새끼도 얼룩이도 나오고 누렁이도 나오는데 사람이 말을 어
떻게 기계처럼 찍은 듯이 말합니까.”

시아버지는 그 순간 말문을 닫았습니다. 그런데 며느리는 방
바닥을 손으로 탁 치더니 그때부터 따발총처럼 말을 하기 시작
했습니다.

“아버님, 일주일 전에 기분이 나빴으면 그 자리에서 한마디
하고 치울 일이지 그걸 꽁 하고 마음에 담아 두셨다가 일주일이
지나고 난 뒤 새벽부터 며느리한테 그런 말을 하시는 아버님은
장부로서 낙제입니다.”

시아버지는 그만 화병에 드러눕고 말았습니다. 가만히 듣고
보면 사실 시아버지는 실수한 말이 없습니다. 말이라고 하는 것
은 많이 하는 것이 잘하는 것이 아닙니다. 돈도 동전이 있고 수
표가 있듯이 말은 적게 하면서도 무게 있는 말, 상대방에게 기
쁨을 줄 수 있는 말, 희망을 줄 수 있는 말, 보탬이 되는 말, 기
가 살아나는 말, 웃음꽃이 필 수 있는 말, 반목을 화목으로 돌이
킬 수 있는 말을 골라서 쓰는 습관이 필요합니다.

　내가 나에게 묻는다

다섯 번째는 '불음주(不飮酒)'입니다. 사람은 술에 취해서 살지 말고 맑고 깨끗한 정신으로 살아야 합니다. 교도소에 있는 사람들 중 75%가 참 착하고 좋은 사람들인데 대부분 술 때문에 들어간 사람들입니다. 술로 인해서 해서는 안 될 말을 하는 바람에 비밀이 누설이 되고, 술 때문에 함부로 남과 주먹질을 하게 되고, 알코올중독 때문에 가정을 돌볼 생각조차 사라지게 됩니다. 술주정으로 인해 좋은 친구들은 멀어지고 나쁜 친구들은 거꾸로 모여들고, 몸에 없던 병이 생기게 됩니다. 술 때문에 홧김에 죄를 짓기도 합니다. 말하자면 술은 인간의 마음과 정신을 미치게 하는 약입니다.

이 다섯 가지를 지키고 난 연후에는 신심과 하심을 가지고 항상 참회를 하면서 살아야 합니다. 하심이란 나를 낮추는 마음입니다. 이러한 신심을 가지고 절을 하면서 관세음보살이나 아미타불을 부르게 되면 한 번의 공덕이 쌓이게 되고 두 번 하면 두 번의 공덕, 그리고 삼천배를 하면 삼천 번의 공덕이 쌓이게 됩니다.

이와 같이 공덕은 자신이 한 만큼 쌓인다는 것을 우리 불자들은 명심해야 합니다.

절에 기와를 시주하는 것도 반드시 선근(善根)이 이루어집니다. 뿐만 아니라 법당의 촛대를 닦고 공양간에 가서 설거지를 하거나 빗자루를 들고 절 마당을 청소하는 것도 선근입니다. 원인 없는 결과는 없듯이 자신이 쌓은 공덕과 선근은 반드시 돌아옵니다.

그렇습니다. 절을 하는 이유가 무엇입니까? 가장 낮은 땅바닥에 가장 중요한 머리를 엎드려 두 손으로 받드는 것은 바로 부처님을 받들고 나를 낮추는 작업입니다. 이것이 바로 참회이며 기도입니다.

부처님이 20년 동안 설하신 『금강경』 사상을 요약하면 '참회와 하심 그리고 중도' 입니다. 그런데 만일 계율을 잘 지키던 사람이 못 지키는 사람을 보고 '계율도 못 지키는 놈' 이라고 한다면 그 사람도 별 볼일 없는 사람입니다. 즉 행함에서 나라는 생각을 버리지 못하는 사람은 부처님 사상을 제대로 모르는 사람입니다.

나는 잘하는데 너는 못한다든지 나는 유식한데 너는 무식하다든지, 나는 재산이 많고 너는 가난하다든지 나는 잘생겼는데 너는 못생겼다든지 하는 생각이 있다면 그것은 절을 하는 기본자세인 하심이 아닙니다. 부처님의 마음은 자신을 더 낮은 곳으로 향하는 데에 있습니다. 조금이라도 남보다 잘났다는 생각을 가지고 있는 사람은 오계를 행하고 열심히 절을 했다고 해도 아직 멀었다는 말입니다.

미국의 대통령인 링컨 대통령은 그러한 하심을 스스로 행한 사람입니다. 어느 날 링컨이 미 상원의원의 대통령 후보 경선에서 연설을 할 때의 일입니다. 그때 백인 상원의원이 모욕을 주었습니다.

"링컨, 너는 내 말을 잘 들어라. 노예해방을 위해 대통령이 되려면 먼저 백인 얼굴을 흑인으로 바꾸어 나와라. 너는 예전만 해도 한갓 소작인의 아들에 지나지 않았다. 그런데 미국이 어떤 나라인데 대통령을 꿈꾸고 있는가. 더구나 너의 아버지는 목수며 농장 일꾼에 지나지 않았다. 그런데 그런 자식이 대통령을 꿈꾸다니……."

그 말을 듣고 링컨은 눈물을 흘리면서 모자를 벗고 그 사람에게 정중하게 말을 건넸습니다.

"훌륭한 동료 상원의원이여, 지금 나에게 하신 말씀에 너무나 고마움을 느낍니다. 저의 아버지는 소작 일을 하거나 목수일을 하면서 열심히 번 돈으로 나를 학교에 보내 주시기 위해 거의 빵을 굶었습니다. 그리고 나에게 어릴 적부터 항상 바르게 살며 훗날 위대한 미국을 만들어야 한다고 하셨습니다. 지금 나는 내 일에 바빠 그동안 아버지를 기억하지 못했는데 당신이 아버지에 대한 그리움을 다시 떠올려 주셨기 때문에 너무나 고맙습니다."

이 이야기를 들은 상원의원은 그 순간 링컨의 인격과 성품에 그만 반하고 말았습니다.

"정말 미안합니다. 당신이야말로 이 위대한 미국의 훌륭한 대통령감입니다. 나는 신명을 다해 당신을 돕겠습니다."

만일 링컨이 그에게 화를 내고 같이 꾸짖었다면 링컨은 남들로부터 지지를 못 얻었을 것입니다.

불교에서는 탐진치 삼독을 제거하여 육족(六足)을 변화시켜 육신통으로 삼습니다. 그래서 원수가 따로 없다고 합니다. 개똥도 잘 쓰면 약이 되듯이 나쁜 사람, 좋은 사람 너무 고르지 말고, 나쁜 사람도 잘 용심(用心)하게 해서 착한 사람으로 만드는 것도 사섭법 중에 하나입니다. 어쨌든 여러분들은 만나는 사람마다 하심하고 하심해서 상대를 존중하고 항상 받드는 마음으로 사는 것이 중요하다는 것을 명심해야 합니다. 그러므로 아침에 일어나 매일 오전 열두 시까지 항상 '관세음보살'을 부르고 마음으로 생각하는 것이 바로 생활불교이며 이것이 마음의 만병통치약입니다.

저는 열다섯 살에 불교를 알게 되어 열여섯 살에 출가를 하여 스님이 되었습니다. 그동안 큰스님으로부터 많은 법문을 들어 왔었는데 외롭고 그리움이 몰아쳐 올 때마다 '관세음보살'을 마음속으로 외쳤습니다. 그러면 모든 고통들이 사라졌습니다. 이와 같이 '관세음보살'을 외치는 것은 가장 짧으면서도 만병통치약 같았습니다. 이 다섯 글자를 항상 잊지 않고 시도 때도 없이 마음속으로 외친다면 모든 공덕과 복덕이 저절로 찾아온다는 것을 명심해야 합니다.

제가 스무 살 때 돈 200원을 가지고 15일 동안 탁발을 하면서 부산에서 강원도 옥계까지 걸어간 일이 있습니다. 당시 누가 나에게 돈 한 푼 주는 사람도 없었으며 더구나 옷 한 벌 사 주는 이도 없어 누더기 승복만을 입고 살았습니다. 그때는 정말 이 세상에 내가 제일 복 없는 사람이라고 생각했습니다. 나는 시도 때도 없이 잠만 그렇게 무수히 쏟아졌습니다. 그럴 때마다 큰스님은 제게 '관세음보살'을 부르면 잠이 달아날 거라고 말씀하셨습니다.

나는 30대 초반에 장경각에서 하루 5천 배씩 이백 일 동안 100만 배를 마쳤습니다. 그 후 수행을 하는 과정에서 15일 동안 걸어서 강원도 보현사에 도착하여 하루 3천 배씩 100일을 기도하여 30만 배를 마쳤습니다.

그런 과정을 거치고 나니 모든 하는 일들이 마음만 먹게 되면 저절로 전부 해결이 되었습니다.

단양에 육십만 평의 땅을 확보해 광덕사를 창건하고 또 제주도 약천사를 창건하였습니다. 현재 광덕사에 방이 백 개가 들어

가고 엘리베이터가 네 개나 설치된 세계에서 제일 큰 대웅전을 짓고 있습니다. 올해 9월 14일 봉불식을 하는데 무상사 성우 큰 스님을 모실 작정입니다. 이것이 모두 '관세음보살'을 외치며 100만 배의 절을 한 공덕입니다.

관세음보살님은 때와 장소에 따라 남자로 나투시기도 하고 여자로 나투시기도 하고 나찰의 몸으로 나투시기도 하고 동남동녀의 몸으로 나투시기도 합니다. 이와 같이 여러 가지의 모습으로 시방세계에 나투시어 모든 중생의 소원을 들어줍니다. 그러므로 관세음보살, 그 이름을 항상 부르되 마음으로 생각하여 결코 잊지 않는다면 모든 중생의 고통이 저절로 소멸되어 한량없는 즐거움을 얻을 수 있습니다.

마지막으로 간단하게 생활불교에 대해 짤막한 법문을 하고 이 자리를 떠나겠습니다. 관세음보살 부처님을 마음속으로 오전 11시에서 12시까지 하시고 난 후부터는 나무아미타불로 전환하여 부르시기를 바랍니다. 어느 절에 가든지 관세음보살님 화관에 가 보면 아미타 부처님을 모시고 있습니다.

그러면 아미타 부처님은 어떤 부처님일까요, 예를 들어 사람들은 이것을 컵이라 하고 저것을 마이크라 하고 이것은 책이라 합니다. 그런데 누가 이 법을 듣고 설합니까. 바로 우리의 주인공인 마음입니다. 그런데 이 마음을 두고 혹자는 영원이라고 하

기도 하고 불성이라고도 합니다만 무명무상절일체(無明無相絕
一切)라는 겁니다. 즉 이름도 없고 모양도 없고 일체가 없는 우
리 본래면목을 아미타불이라고 한다 이 말입니다. 물론 천불(千
佛) 만불(萬佛) 등 부처님의 명호는 한없이 많지만 자성불(自性
佛)을 생각하고 찾는 공덕보다 더 큰 공덕은 없다고 했습니다.

아미타불 한 곡조에 팔십억겁 무량중죄가 춘설같이 녹아지
고 아미타불 한마디에 금수강산이 다 부서지고 모든 마귀들이
전부 겁을 내기 때문에 아미타불은 모든 부처님 명호 중에서도
가장 수승하고 복이 많은 부처님입니다. 그럼 아미타불은 어디
에 계실까요? 참선을 할 때 마음속으로 나무아미타불, 나무아
미타불 염불을 하게 되면 한 발자국 한 발자국 극락세계에 다가
가게 됩니다. 이 '나무아미타불' 여섯 글자에 모든 것이 달려
있다는 것을 명심해야 합니다. 나무아미타불은 몸과 입과 마음
으로 지은 죄를 빠른 시간 안에 소멸하는 데에 최고의 명호입니
다. 말하자면 한량없는 복덕과 공덕을 불러들이는 데에 나무아
미타불이 최고입니다. 이것을 위해 낮 열두 시 이후부터는 항상
주무실 때까지 아미타불을 부르시기를 바랍니다.

대만의 청음 스님은 이 나무아미타불 수행법을 실천하셨다
고 합니다. 그 분은 열반하시기 한 달 전 대중들을 모아 놓고 법
문을 하시기를 "나는 한 달 후면 극락세계로 간다. 만일 내가

죽더라도 결코 대중들은 무서워하지 말고 마음을 가라앉혀라. 그리고 다비식 후 뼈를 항아리에 담아 두거라. 만약 6년 동안 그 뼈가 썩지 않거든 금을 칠해 탁자 위에 올려놓고 서원하면 그것을 성취해 줄 것이다.” 하셨습니다.

그런데 그 법문을 하신 후 스님은 정확하게 한 달 후 열반을 하셨습니다. 그런데 놀라운 것은 나이가 젊고 체구가 큰 분이라 죽을지 대중들은 전혀 몰랐습니다. 하지만 스님은 한 달 동안 서서 염불을 하시다가 서서 돌아가셨던 겁니다. 대중들은 스님 말씀대로 다비식을 한 후 뼈를 담기 위해 항아리를 찾았지만 항아리를 찾을 수가 없었습니다.

그리하여 도자기집에 가서 주문을 했는데 마침 스님이 말씀하시던 그 항아리가 거기에 있었습니다. 그런데 주인 말씀이 “어떤 스님이 한 달 전에 주문해 놓은 항아리이기 때문에 다른 사람에게 팔 수가 없다.”고 잘라 말했습니다. 그래서 사정하여 간신히 그 항아리를 받아 스님의 뼈를 담았습니다. 그런데 놀랍게도 그 항아리를 주문한 주인공은 스님이셨던 것입니다. 이와 같이 스님은 생사를 마음대로 하셨던 겁니다.

그리고 그 후 스님의 유언대로 뼈가 담긴 항아리를 육 년만에 열었습니다. 그 순간 미묘한 향냄새가 진동하기 시작하여 하루 10만 명의 신도들이 몰려왔다고 합니다. 스님은 죽을 때까지 나무아미타불을 불렀는데 그러한 인연을 만들었던 겁니다.

또 태국의 한 스님은 "내가 죽거든 화장하지도 말고 어디 파묻지도 말고 가만 놓아두어라. 그래도 썩지 않거든 나를 탁자 위에 올려놓아라."고 유언하셨습니다. 그 후 약품처리도 하지 않고 금칠도 하지 않고 육신을 그대로 가만히 두었는데 수십 년이 되어도 육신이 썩지 않고 있다고 합니다. 이 분이 단대사라는 스님입니다.

여러분들도 때가 되면 반드시 죽게 됩니다. 그런데 죽음의 준비를 하지 않고 있다가 나이가 들면 몸이 아파 이 병원 저 병원 돌아다니며 큰 고통을 받습니다. 며느리 아들자식 눈치보고 가족들 괴롭히고 결국에는 온갖 수모와 고통을 받다가 죽습니다. 그러기 전에 이젠 마음으로 죽음의 준비를 해야 합니다. 열심히 '나무아미타불'을 외치거나 '관세음보살'을 외쳐 어느 귀신이 잡아가는 줄 모르게 무서운 저승길을 가지 말고 모든 죄업을 소멸하여 공덕을 성취하여 극락세계에 갈 수 있도록 하여야 합니다. 그리고 진실로 성불하시기를 바랍니다.

저는 항상 법상을 내려가면서 마지막으로 축원을 합니다.

나옹 스님은 聞我名者免三途 見我形者得解脫 문아명자면삼도 견아형자득해탈, '내 수행이 깊어지고 내 공부가 깊어지고 내 덕이 깊어지고 높아져서 내 이름만 듣는 사람이라 하더라도 지옥 아귀 축생 삼도의 고통을 면해 주고 나의 형상만 봐도 해탈을 얻을 지이다.' 라고 했습니다.

　이와 같이 여러분들이 '혜인 스님' 이라는 법명이라도 한 번 들으신 분은 비록 어떤 죄를 지었다고 하더라도 내가 염라대왕과 담판을 지어서라도 지옥 아귀 축생에 절대 떨어지지 않도록 할 것이며 내 얼굴을 단 한 번도 보지 못하고 뒤통수만 보았다 할지라도 반드시 극락세계에 갈 수 있도록 해 달라는 겁니다. 재미있는 축원이지요. 우리 모두 다 같이 성불 도반이 되도록 노력합시다.

정락 스님

전강 스님을 은사로 득도.

조계종 중앙종회 의원 역임.

조계종 총무원 기획실장, 규정부장 역임. 조계종 포교원 연수부장.

1994년 선출직 초대 조계종 포교원장.

1996년 용주사 주지 역임.

현재 경기도 화성시 동탄 무봉산 만의사에 주석.

불교란 무엇인가

| 정락 스님 |

오늘은 근본적인 자리로 되돌아가서 불교가 어떤 종교인가를 먼저 한 번 생각해 보겠습니다. 절에 다니다 보면 때로는 이웃이나 친구들에게서 불교는 어떤 종교인가? 하고 질문을 받을 때가 있을 것입니다. 불교는 일문백답(一問百答)을 할 수 있을 정도로 여러 가지 각도에서 그 해답을 드릴 수 있습니다.

모든 종교의 시작은 누구를 믿고 무엇을 믿느냐에 있습니다. 그 다음으로는 그 종교가 가진 가치추구와 목적이 무엇인가. 그리고 종교인은 어떻게 생활하며 살아야 되는가 입니다. 이 세 가지 문제를 우리는 정리해 볼 필요가 있습니다.

그런 측면에서 볼 때 우리가 믿고 있는 불교에서는 무엇을 믿어야 하고 그 가치추구와 목적은 무엇이며 불교인은 어떻게 생활해야 하는가를 점검해 보겠습니다.

가장 일반적인 한국불교의 내용을 보면 불법승(佛法僧) 삼보(三寶)를 믿는다고 합니다. 그런데 그것도 옳지만 정확한 표현을 하자면 '삼보에 귀의한다.'고 해야 합니다. 그러므로 불교는 불법승 삼보에 귀의하는 종교라고 말할 수 있습니다.

그리고 그 가치추구와 목적을 달리 말하면 원력(願力)이라 하는데 일반적으로 사홍서원(四弘誓願)이 목적이라 할 수 있습니다. 사홍서원은 보살(菩薩)의 공통된 네 가지 큰 서원으로써,

衆生無邊誓願度　중생무변서원도
많고 많은 모든 중생 제도하길 원합니다.
煩惱無盡誓願斷　번뇌무진서원단
다함없는 번뇌라도 다 끊길 원합니다.
法門無量誓願學　법문무량서원학
한량없는 가르침을 다 배우길 원합니다.
佛道無上誓願成　불도무상서원성
높고 깊은 부처의 도 이루기를 원합니다.

모든 보살의 공통적인 서원이라는 의미에서 총원(總願)이라

고도 하는데, 한국 불교의 모든 의식 및 법회에서는 끝에 이 사
홍서원을 외우고 마칩니다.

　불교인의 생활은 육바라밀을 수행 실천합니다. 이로 볼 때
불교는 불법승 삼보에 귀의하여 사홍서원의 원력을 세우고 육
바라밀을 수행하고 실천하는 종교라고 압축할 수 있습니다.

　오늘의 법문 요지는 부처님의 제자인 불자로서 비록 부처님
의 안목까지 이르지 못하더라도 우리가 일상생활 속에서 나 자
신을 한 번 되돌아보며 자신의 삶을 반성하고 또한 어떻게 세상
을 살아가야 하는가를 살펴보자는 데에 있습니다.

　우선 탄생에 대한 이야기를 하겠습니다. 우리는 자신이 태어
난 날을 두고 생일이라고 합니다. 그런데 이 생일이 오면 자신
을 낳아 주신 부모님보다 먼저 어떻게 누구와 함께 이 뜻 깊은
날을 보낼 것인가를 생각합니다. 그런데 이렇게 생각하는 것은
그리 좋은 것이 아닙니다.

　생일이란 내가 탄생한 날이 아니라 부모님이 이 세상에 나를
낳아 주신 날이라고 뒤바꾸어 생각해 보라는 겁니다. 만일 부모
님이 없었다면 나의 존재는 이 세상에 없습니다. 때문에 생일날
부모로부터 선물을 받는 것보다는 부모님에게 선물을 사 드리
는 것이 어떨까 생각해 보았습니다. 그리고 또 부모님에게 선물
을 사 드리기 위해 매일 저금통에 일정한 금액의 돈을 적으나마

저축하는 것도 매우 좋다는 생각이 듭니다. 만약 이것을 실천한다면 매일 자신을 낳아 주신 부모님에 대한 공경심이 우러나고 그 은혜에 대해 깊이 생각할 것입니다. 일전에 이러한 생각을 말했더니 정말 좋은 생각이라는 분들이 많이 있었습니다.

또 매일 아침 눈을 뜨면, 내가 오늘 여기에 있는 것은 바로 부모님이 나를 낳아 주셨기 때문이라고 생각하라는 것입니다. 그렇게 한다면 함부로 자신의 몸을 탐진치 삼독에 빠지게 하지 않을 것입니다. 이렇게 하면 하루가 늘 새로울 것입니다.

하루에 100원씩 아침에 일어나 돼지 저금통에 넣으면서 마음 속으로 '나를 낳아 주셔서 감사합니다.' 라고 말한다면 이보다 더 큰 효도는 없을 것입니다. 그 돈을 모으면 일 년에 36,500원이 됩니다. 자기 생일날 선물을 사 드릴 수도 있고 어버이날 선물을 할 수도 있습니다.

물론 돈은 여유에 따라 천 원도 할 수 있고 만 원도 할 수 있습니다. 오늘부터 여러분들도 한 번 마음을 내어 실천해 보십시오. 사실 부모님께 선물을 사 드려야 하겠다는 마음을 지속적으로 유지한다는 것은 쉽지가 않습니다. 하지만 이런 마음을 항상 가져야만 합니다. 왜냐하면 이런 마음조차 가지지 못한다면 인생의 목표를 세우는 일조차 제대로 할 수 없기 때문입니다. 그렇게 할 수 있는가, 없는가는 순전히 자신의 정진력에 달려 있습니다.

오늘부터라도 집으로 돌아가서 자기의 생일날 부모님에게 드릴 선물을 모을 저금통을 머리맡에 하나 두세요. 억지로라도 실천해야 합니다. 이것은 결코 불가능한 일이 아니라 자신의 마음에 달린 문제입니다. 부처님께 기도를 하듯이 마음만 내면 언제든지 할 수 있는 일로 그것을 하루도 빼먹지 않고 평생을 실천한다면 정말 집안에 효심이 가득해질 것입니다. 이를 실천한다면 자식은 물론 손자 손녀들도 따를 것이 아니겠습니까? 이를 실천하기 위해서는 강한 정진력을 길러야 합니다.

자신이 어떤 소원을 이루기 위해서는 반드시 이와 같은 정진력이 필요합니다. 부처님께서 성불하고 원을 모두 이룰 수 있었던 것은 '용맹정진'의 힘 때문이었습니다. 여기에서 정진력은 노력한다는 그런 작은 의미를 뜻하는 것이 아니라 정진할 수 있는 힘을 기른다는 뜻입니다. 말하자면 부모님에게 선물을 사 드리기 위해 매일 일정한 금액을 저축하는 것은 효도와 정진의 힘을 동시에 기르기 위함인데 그 힘을 세 가지로 나누어 보겠습니다.

첫째는 실천력입니다. 해야 되겠다는 강한 신념을 가지고 실천에 옮길 수 있는 힘입니다. 억지로 하려고 애를 쓸 것이 아니라 해야 될 일이 있으면 뒤로 미루지 않고 항상 해야 한다는 겁니다. 예를 들자면 학생들이 오늘 해야 할 숙제를 미루다 보면 아예 안 할 공산이 크다는 겁니다. 이것도 마찬가지입니다. 주부들도 저녁밥을 지을 때 매일 다섯 시쯤 하는 부지런한 주부는 그 시간이 되면 자동적으로 1시간 내에 저녁밥을 다 지을 수 있는데 게으른 주부는 오히려 세 시부터 걱정을 하다가 때를 놓치기도 합니다. 따지고 보면 이것도 하나의 습관입니다. 그러므로 사람은 실천하는 힘을 길러야만 합니다.

둘째는 지속력입니다. 문제는 지속적으로 할 수 있느냐 없느냐에 달려 있습니다. 우리는 대개 무슨 일을 하다 보면 처음에 며칠은 하다가 안 하는 날이 생기고 결국에는 흐지부지되고 맙니다. 이를 두고 작심삼일이라고 합니다. 중생들이 성공하고 못하는 것은 이 때문입니다. 학생들이 방학이 되면 처음에는 생활계획표를 철저하게 짜서 여섯 시에 일어나서 공부하고 밥 먹고 공부합니다. 그대로만 하면 무슨 일도 다 해냅니다. 그런데 삼일이 지나고 나흘이 지나면 흐지부지되는 게 태반입니다. 그래서는 좋은 대학, 자신이 원하는 대학에 가지 못합니다. 사실 어려서부터 실천력과 지속력을 기른다고 하면 성취하지 못할 일은 하나도 없습니다. 그런데 정진력이 없기 때문에 성공을 하지 못하는 겁니다. 이것이 바로 부처님과 중생의 차이입니다. 부처님이 원을 세워 성취할 수 있었던 것도 정진력의 힘이 있었기 때문입니다. 이와 같이 정진력이 얼마나 있느냐, 없느냐의 차이에 따라 모든 것이 결정된다는 것을 알아야 합니다.

스님들이 참선하는 걸 두고 정진한다고 하는데 이것도 꾸준히 하지 않으면 안 됩니다. 『화엄경』에 보면 누구나 똑같이 불성을 가지고 있는데 어떤 사람은 빨리 발심해서 성불하고 어떤 사람은 못 하는 것은 바로 정진력의 차이입니다. 즉 해는 밝게 비추고 있는데 자신은 눈을 감고 안 보는 것과 같은 이치입니다. 비유하자면 나무끼리 지속적으로 마찰을 하면 불을 얻을 수 있는데 하다가 쉬다가 하면 결코 불을 얻을 수 없는 것과 같습니다. 그러므로 정진력을 기르기 위해서는 끝까지 할 수 있는 지속력을 길러야 합니다.

세 번째는 집중력입니다. 정진력이 있다고 해도 얼마만큼 힘을 집중시키는가에 달려 있습니다. 특히 학생들이 공부할 때도 집중력이 얼마나 있느냐에 따라 그 차이도 엄청나듯이 수행에도 집중력은 대단히 중요합니다. 『화엄경』에 보면 집중력에 대해 이런 비유를 했습니다. '작은 불씨로는 젖은 나무는 물론 생나무조차 태울 수 없다.' 성냥개비 하나로 생나무를 태우려 해서는 안 되며 반드시 거기에 상응하는 불을 가지고 있어야만 합니다. 그것이 바로 정진력에서 요구하는 실천력, 지속력, 집중력입니다. 자신의 생일날 부모님에게 선물을 사 드리기 위해서는 하루도 빠지지 않고 이러한 정진력을 길러야 한다는 것입니다.

우리가 세상을 살면서 행복이 어디에 있는가를 항상 마음 깊이 새기고 있어야 합니다. 어떤 사람이 쓴 동화에 인간의 행복에 대해 이렇게 적혀 있습니다.

'본래 인간은 행복했다고 한다. 악마가 질투하고 시기하여 그 행복을 훔쳐서 감추었다. 처음에는 온 세상을 뒤져서 찾았다. 그러나 악마가 인간의 마음속에 행복을 감춘 후로는 못 찾게 되었다고 한다. 악마는 인간의 약점을 발견했다. 인간들은 바로 자기 마음속에 든 행복을 보지 못한다는 것을 알게 되었던 것이다.'

이와 같이 행복이란 밖에 있는 것이 아니라 우리의 마음속에 존재하고 있다는 것을 알아야 합니다. 밖에서만 보니까 그것을 제대로 찾지 못하고 있는 것입니다.

제가 이 이야기를 할 때마다 생각나는 것이 있습니다. 어떤 처사분이 이 법문을 듣고 엉뚱한 질문을 했습니다.

"스님, 비상금을 감추는 방법을 가르쳐 주십시오. 우리 마누리가 기막히게 비상금을 감추는 곳을 알고 있어 매번 들킵니다."

그날 장내는 폭소를 자아냈습니다. 그래서 저는 이런 말을 했습니다.

"그 비결은 부인이 안 찾을 곳에 숨기는 것입니다."

그래서 그 처사는 곰곰이 생각을 하다가 자신의 베개가 아닌 '부인의 베개' 속에 비상금을 숨겨 두었다고 합니다. 그래서 온전히 숨길 수 있었다고 합니다. 오늘 이 이야기를 들은 보살님들은 자신의 베개를 한 번 뒤적여 보세요. 틀림없이 비상금이 있을 겁니다, 하하. 이와 같이 행복이란 내 마음속에 들어 있습니다. 그런데 실제로 쉬울 것 같지만 마음속으로 들어가 보면 사실 더 복잡한 것이 인간의 마음입니다. 중요한 것은 내가 가진 마음들 중 어느 곳에 행복을 감추었는가에 달려 있다는 것입니다. 제가 간단하게 설명하겠습니다.

악마가 우리 마음속에 행복을 감추어 두었을 때 어디에 감추어 두었을까요? 하나는 바로 불행이라는 마음속입니다. 나는 불행하다고 생각하는 그 마음속에 바로 행복이 들어 있었다는 겁니다. 인간은 자신이 얼마나 행복한 사람이라는 것을 제대로 모릅니다. 다른 하나는 우리는 일반적으로 '복이 있다, 없다'를 얘기합니다. 예를 들어 맛있는 음식을 놓고 몇 사람이 먹을 때 다 먹기 전에 누가 오면 그 사람을 보고 먹을 복이 있다고 합니다. 그런데 주면 얻어먹어야 되고 안 주면 빼앗아 먹어야 될 상황이지 않습니까. 남에게 많이 얻어먹으면 '거지복'이 많은 사람이고 뺏어 먹으면 '강도복'이 많다고 합니다. 이것을 볼 때 받는 것이 복이 아니라 사실은 주는 것이 큰 복임을 깨달아야 합니다. 그래서 악마는 누군가로부터 받는 것이 복이라고 생각하는 그 마음속에 행복을 감추어 두었던 겁니다. 사실은 누군가에게 무조건 받는 것은 불행인데도 불구하고 말입니다. 즉 악마는 남에게 무언가를 주는 것이 행복이라고 생각했기 때문에 그 속에 행복을 감추어 두었던 겁니다. 다시 말씀 드리면 바로 남에게 한없이 무언가를 베풀어 주는 것, 그것이 바로 행복의 원천이라는 것입니다.

우리는 삼보에 귀의하고 오계를 받은 사람들을 두고 불자, 신도라는 말을 합니다. 우리가 오계를 왜 지켜야 되는가를 먼저 말씀드리고 이것이 왜 어렵지 않고 쉬운 일인가를 이야기하고자 합니다. 오계를 일상생활 속에서 친구를 맺는다든지 딸을 시집보낼 때 사윗감을 고른다고 할 때 어떤 사람이 좋겠는가에 적용해 보는 것도 좋습니다.

첫째 자비로운 사람을 택하는 게 좋습니다. 독한 사람은 자기편이라도 힘듭니다.

둘째 복덕이 갖추어진 사람이어야 합니다. 불자라면 남에게 베푸는 복을 갖추고 있어야 합니다.

셋째 청정한 사람이어야 합니다. 아무리 자비스럽고 복덕을 갖추고 있다고 하더라도 몸과 마음이 깨끗하지 못하면 안 됩니다.

넷째 진실한 사람이어야 합니다. 진실한 사람이 아니면 복덕이 갖추어지기 힘듭니다.

다섯째 지혜로운 사람이어야 합니다. 부처님이 말씀하신 탐진치 삼독(三毒) 중 어리석음이 들어 있는데 어리석은 사람은 불자라고 할 수 없습니다.

다시 말해 자비롭고, 복덕이 있으며, 청정하고, 진실하며, 지혜로운 사람을 사귀고 며느리나 사윗감을 구해야 합니다. 이것이 선택의 기준입니다.

속된 말로 딸을 시집보냈는데 사위가 독하면 얼마나 고생을 하겠습니까? 불교는 지혜와 자비의 종교입니다. 그래서 이 다섯 가지를 완성한 분이 바로 부처님입니다. 만약 세상을 살면서 살생을 하게 되면 자비의 종자가 끊어지게 됩니다. 또한 남의 물건을 훔치는 사람은 복덕의 종자가 끊어지게 되고 삿된 음행을 하면 청정의 종자가 끊어지고 거짓말을 하면 진실의 종자가 끊어집니다. 그리고 음주를 하게 되면 지혜의 종자가 끊어집니다. 그래서 부처님은 성불하기 위해서는 계행을 청정히 지켜야만 한다고 했던 것입니다. 바로 그 계행이 완성된 분이 부처님입니다.

그리고 한 가지 말씀을 더 드리면 참회하는 마음을 가지는 사람이 되어야 합니다. 왜냐하면 그 오계 중에 한 가지라도 잘못을 했다면 즉시 참회하는 사람은 다시 참된 불자가 될 수 있기 때문입니다. 사람은 살아온 날보다 살아가야 할 날이 더 많습니다. 참회를 해야 새로운 삶을 살 수 있습니다.

의상대사가 지은 『법성게』에 보면 다음과 같은 게송이 있습니다.

雨寶益生滿虛空　우보익생만허공
衆生隨器得利益　중생수기득이익

중생 위한 보배 비가 온 허공에 가득하여
중생들의 근기 따라 모두 이익 얻어지네.

원래부터 보배의 비가 허공에는 가득하지만 중생들은 자신이 가진 그릇에 따라 받는다는 뜻입니다. 다시 말해 불보살의 가피력이 허공 속에 가득한데 중생들은 자신이 가진 근기에 따라 자기 것으로 받아 지닐 수 있는 능력이 있느냐 없느냐에 따라 이루어지고 안 이루어진다는 뜻입니다. 문제는 허공에서 내리는 보배의 비에 있는 것이 아니라 자기 자신의 그릇에 있다는 겁니다. 자신의 그릇에 흙탕물이 가득할 때는 비워 버려야 하고, 더러운 그릇은 깨끗하게 닦아야 합니다.

여기서 저는 그릇의 크기보다는 얼마나 깨끗한가를 말한 것입니다.

자신의 죄를 참회하고 업장을 소멸하여 자기 몸과 마음을 청정하게 만들었을 때 비로소 보배의 비를 받을 수 있습니다. 그러므로 항상 우리는 참회의 마음을 가지고 세상을 살아야만 하는데 참회에도 몇 가지의 조건이 있습니다.

첫째 자신의 잘못을 인정하고 참회를 해야만 이루어질 수 있다는 것입니다. 제가 어느 땐가 불자들을 모아 놓고 철야 정진을 한 적이 있었습니다. 그때 불자들은 불교를 믿게 된 인연과 자신의 잘못을 반성하는 자자(自恣)회를 가졌습니다. 대개 사찰에서는 칠월 백중 해제할 때 자자 의식을 갖습니다.

불자들은 그동안 세상을 살면서 자신이 저지른 잘못을 먼저 애기하고 난 뒤 "내 잘못을 듣고 의심이 가는 것이 있으면 말씀해 주시면 고치겠습니다."하고 대중에게 묻는 방식을 취했습니다. 그때 한 보살님이 나와 "내 성격에 혹시 고칠 점이 있으시다면 자비스러운 마음으로 일러 주시면 고치겠습니다."고 했습니다. 그런데 친구라는 분이 기회다 싶어 대뜸 "보살님은 다 좋은데 성질이 어떻게 급한지 조금만 듣기 싫은 소리를 하면 화를 내서 곁에 있기가 무섭습니다. 그 성격만 고치시면 좋겠습니다."고 했습니다. 그런데 그 보살님은 오히려 "내가 언제 성을 냈습니까. 왜 나에게 그런 악담을 하십니까?"라고 스스로 인정을 하지 않았습니다.

나는 그 모습을 옆에서 바라보았는데 사실 그 보살님은 자신이 성을 잘 내는 것을 그대로 증명을 하고 있었던 겁니다. 이렇게 자신의 잘못을 인정하지 않으면 아무리 참회를 한다고 해도 소용이 없습니다. 사람은 자신의 잘못을 되돌아보면서 살아야 합니다.

둘째 인정을 하고 뉘우치는 사람이 되어야 합니다. 누군가가 자신의 잘못을 지적해 주면 "사람이 그럴 수도 있지."하고 뉘우치지 않습니다. 자기는 잘못을 해도 되고 남은 해서는 안 된다는 논리입니다. 참으로 엉뚱한 발상이라 하지 않을 수 없습니다. 그러므로 자신의 잘못을 인정만 할 것이 아니라 스스로 뉘우치는 마음을 지녀야 합니다. 다시는 이런 잘못을 저지르지 않겠다는 그런 마음을 가지고 참회를 해야만 제대로 이루어질 수 있습니다. 사람은 누구나가 다 일상생활 속의 잘못된 일은 마음먹으면 언제든지 쉽게 참회할 수가 있습니다.

「보현행원품」의 참제업장원(懺除業障願)에 '지은 죄업에 만약 모양이 있다면 이 허공을 가득 채우고도 남는다.'라는 구절이 있습니다. 얼마나 인간들이 많은 죄를 짓고 있는지를 반성해야 합니다. 잘못을 인정하고 뉘우치지 않으면 우리는 지옥문을 벗어날 수 없다는 것을 알아야 합니다.

춘추전국시대에 공자님이 살아계실 때의 이야기를 들려주겠습니다. 초나라 때 임금님은 사냥을 갈 때마다 금으로 된 화살을 쏘았습니다. 비싼 화살 때문에 빗나간 화살도 회수해야 했습니다. 하루는 신하가 빗나간 화살을 회수하지 못하고 날이 저물었습니다. 늦은 시간에도 신하들은 횃불을 켜고 금 화살을 찾기 위해 사방팔방 뛰어다녔습니다. 그런데 그때 임금님이 하는 말이 "어두운 밤에 찾지 말고 내일 와서 찾으라."고 명령했습니다.

하지만 신하들은 "임금님이 쏘신 화살은 금 화살이기 때문에 온 백성들이 주워 가기 때문에 안 됩니다."하고 말했습니다. 임금은 "어차피 초나라 사람이 주워 가는데 아깝지 않다. 그러니 산을 내려가자."고 했습니다. 할 수 없이 신하들은 임금님의 말을 듣고 내려갔습니다. 요즘에는 형제간에도 재산 때문에 싸움이 나는데 한번쯤 생각해 보세요. 아마 대한민국 사람이 이 임금의 마음을 가지고 있다면 아마 이 나라는 살 만할 것입니다.

이 이야기를 들은 공자의 제자가 스승에게 "임금님은 천하를 통일할 만한 높은 덕을 지녔다."고 자랑을 했습니다. 그때 공자가 말씀하시길 "그렇지 않다. 아직 멀었다." 이 말씀을 듣고 고개를 갸우뚱하다가 "왜 그렇습니까?"라고 다시 물었습니다.

공자는 "왜 초나라 사람만이 주워 가야 되는가. 모든 사람이 주워 가도 된다고 했다면 천하를 통일했을 것이다."라고 했습니다. 초나라 사람이라고 한정을 했기 때문에 천하를 통일하지 못한다고 했던 것입니다.

그 후 소문을 듣고 난 노자의 제자가 스승에게 말했습니다. 그때 노자는 "물론 공자와 임금을 비교하면 하늘과 땅 차이다. 하지만 공자도 아니다. 사람만 가지고 가도 되는 것이 아니라 노루 등 짐승들이 물고 가면 어떠한가."라고 했습니다. 노자의 말은 사람과 짐승을 구별해서는 안 된다는 깊은 뜻이 담겨져 있었습니다.

우리는 이 이야기를 부처님 제자로서 다시 새겨보아야 합니다. 『반야심경』에 보면 '색즉시공 공즉시색'이라는 말이 있습니다. 여기에서 '색즉시공'은 색이란 모두 공(空)에 불과하다. 즉 대상을 어느 특정한 대상으로 생각하고 있으나 실은 그것은 광범한 연계(連繫) 위에서 그저 대상으로만 나타나는 것일 뿐 그 테두리를 벗어나면 이미 그것은 대상이 아닌 다른 것으로 변하는 것이므로 그 대상에 언제까지나 집착할 필요는 없다는 뜻입니다. '공즉시색'은 그와 같이 원래부터 집착할 수 없는 것을 우리들은 헛되이 대상으로 삼고 있지만 그것은 공이며 그 공은 고정성이 없다는 말씀입니다. 다시 말해 이것은 일체의 것, 즉 불교에서 말하는 오온(五蘊) 모두에 미치며, 대상(對象:色)뿐만 아니라 주관(主觀)의 여러 작용에 대하여도 마찬가지라고 말할 수 있는 것입니다. 적어도 불자라면 이 정도는 되어야 합니다.

"금 화살 즉 공이니라."

어느 날 내가 학생회 법회에서 그 얘기를 했는데 한 학생이 내게 편지를 보내왔습니다. 그 학생의 말은 '동생하고 한 개의 사과를 가지고 싸울 필요조차 없으며 사과즉공이라 하면 끝난다.'고 하였습니다. 나는 그 편지를 읽고 미소를 지었습니다. 이와 같이 여러분들은 한번쯤 부처님의 법을 가슴 깊이 생각해야 합니다. 적어도 우리가 불자라면 그 정도의 욕심은 버리는 '색즉시공'이 되어야 합니다.

또 어떤 보살님이 이런 얘기를 했습니다. 몸이 많이 아파 수술을 하게 되었는데 수술실로 들어가면서 "이 몸은 다 공이니라." 하고 염불을 했답니다. 그리고 몸의 집착에서 벗어나니 더 빨리 몸이 회복되었다고 합니다. 단적으로 말해 부처님의 법이 얼마나 훌륭한가를 보여주는 사례입니다.

초나라 임금과 공자와 노자의 말씀 속에는 백성을 사랑하는 마음, 인류를 사랑하는 마음, 만물을 사랑하는 마음이 다 들어 있습니다. 이것 또한 하나의 경지를 이루는 일이라 할 수 있습니다. 그런데 부처님은 '색즉시공 공즉시색'이라 하여 집착을 끊고 보살행을 하라고 했으니 이 얼마나 위대한 법입니까? 우리가 부처님의 제자가 된 것에 대해 긍지를 가져야만 합니다.

다음의 이야기는 부처님의 훌륭한 법을 이해할 수 있고 실천할 수 있는 경지에 관한 것입니다. 중국의 공자와 맹자, 주자는 현인과 성인으로 오늘날에도 불리고 있습니다. 주자의 스승은 정명도, 정희천이라는 형제로서 정자였습니다. 이들 형제는 평소 불교에 대해 굉장히 부정적이고 거부감을 가지고 있었는데 어느 날 한 스님으로 인해 부처님의 위대한 법을 깨닫게 되었다고 합니다.

하루는 정자 형제가 배를 타고 가다가 풍랑을 만나 배가 뒤집히려고 했습니다. 사공은 움직이지 말라고 고함을 쳤지만 배 안에 탄 사람들은 서로 살려고 아우성을 치기 시작하다가 급기야 이리저리 몰렸습니다. 그때 형제는 꼼짝도 하지 않고 자신의 자리에서 가만히 있었습니다. 죽음 앞에서도 마음이 흔들리지 않도록 노력했던 겁니다. 다행히 배가 무사히 목적지에 닿자 동생이 형에게 물었습니다.

"조금 전 풍랑을 만났을 때 몸은 움직이지 않았지만 마음은 어떠했습니까?" 형이 말하길 "이루 말할 수 없이 불안한 마음이 일었다. 그러나 그 순간 참지 않으면 어떻게 하겠는가."

말하자면 도가 트인 형제였지만 죽음 앞에서는 어쩔 수 없이 마음이 흔들렸다는 이야기였습니다. 그래서 그들은 자신들이 완성된 경지에 아직 이르지 못했다는 것을 깨달았습니다. 그때 마침 자신들과 함께 탄 한 스님이 다 떨어진 누더기를 입고 내리는 것을 보았습니다. 형제는 스님에게 "배를 타고 오다가 풍랑을 만났을 때 스님의 마음은 어떠했습니까?"하고 물었습니다. 물론 형제들의 질문 속에는 아무렇지도 않았다든지 불안했다든지 그런 답변을 생각하고 물었을 겁니다. 그런데 뜻밖의 답이 흘러나왔습니다.

"내 마음은 배를 탄 일도 없고 풍랑을 만난 일도 없습니다." 그 순간 형제는 큰 깨달음을 얻었습니다. 적어도 우리는 이 정도의 경지는 되어야 합니다.

한번은 제가 어느 회사의 직원들을 모아 놓고 법문을 했을 때입니다. 어느 날 그 회사의 사장이 전무에게 일의 잘못을 지적하고 시정하라고 했는데 전무는 부장에게 일의 본질은 새까맣게 잊고서 화만 먼저 내었다고 합니다. 그 다음 부장은 과장에게 과장은 계장에게 줄줄이 사탕처럼 화만 내다가 결국에는 실무자까지 내려가서는 사장이 지적한 잘못이 엉뚱하게 전해지는 일이 태반이라고 합니다. 이것은 바로 화가 원인입니다.

예를 들어 사장실에 두 사람이 불려가 함께 야단을 맞았습니다. 다른 직원이 사장실을 나온 두 사람에게 각각 물었습니다. 그때 한 사람은 "기분이 한마디로 뭐 같아." 하고 투덜거렸습니다. 그런데 다른 한 사람은 "나는 사장실에 간 일도 없고 욕먹은 일도 없다."고 했습니다. 참으로 이 정도는 되어야지 참을성이 있는 겁니다. 이것이 바로 참을 것도 없는 경지인 것입니다. 부처님은 전생에 가리왕이 육신을 마디마디 끊었을 때도 미워하는 마음, 분한 마음이 들지 않았다고 합니다.

여러분들도 친구 집에 놀러갔다가 푸대접을 받으면 투덜거리면서 그 집에 다시는 가지 않겠다고 합니다. 적어도 우리 불자들은 그런 마음을 버려야 합니다. 오히려 '그 집에 간 일도 없고 욕먹은 일도 없고 푸대접을 받은 일도 없다.'는 마음을 지녀야 합니다.

사실 정자 형제에게 누더기를 입은 스님이 하신 말씀은 대단한 선문답이 아닙니다. 부처님의 제자라면 누구나 할 수 있는 대답이라 할 수 있습니다. 하지만 스님은 그 위험한 순간에도 "배를 탄 일도 풍랑을 만난 일도 없다."는 마음의 경지를 드러냈던 것입니다. 또한 친구 집에 가서 욕을 먹었어도 친구 집에 간 일도 욕먹은 일도 없다는 것은 얼마나 완성된 경지입니까? 바로 이것이 '참는 것도 참을 것도 없는 경지'가 아니겠습니까?

부처님의 법은 우리 일상생활 속에서도 얼마든지 적용할 수가 있습니다. 마음은 억지로 참고 견딘다고 해서 편안해지는 것이 아니라 무심의 경지에 가야만 편안해질 수 있다는 말씀입니다. 이것이 바로 완성된 경지입니다. 이제 우리 모두 부처님 법을 널리 펴 나갈 수 있는 기회를 항상 마음속에 새기시기를 바랍니다. 우리는 정말 부처님 법을 공부한 것만큼 전할 수 있는 사람이 되어야 합니다.

몇 년 전 총무원장이시던 법장 스님이 열반에 드셨습니다. 그때 무상사에서 법문하시는 것을 보았는데 그 분께서 남기신 열반송이 있습니다.

我有一鉢囊 無口亦無底 아유일발낭 무구역무저
受受而不濫 出出而不空 수수이불람 출출이불공

나에게 바랑이 하나 있는데
입도 없고 밑도 없다.
담아도 담아도 넘치지 않고
주어도 주어도 비지 않는다.

법장 스님은 오늘 저에게 "당신 바랑 속에 든 행복을 내어 가라는 것이 아니라 행복을 아무리 가져가도 없어지지 않을 바랑을 들고 가서 그 속에 든 행복을 불자들에게 나누어 주라."고 할 것 같습니다. 이미 법장 스님은 열반하셨지만 그 바랑을 이

곳 무상사에 두고 갔을 것입니다.

끝으로 한 가지만 여러분들에게 부탁드리겠습니다. 집에 가셔서 무상사 일요초청법회 때 정락 스님이 무슨 법문을 했냐고 물으면 "무상사 간 일도 법문을 들은 일도 없다."고 하십시오.

주경 스님

태안사 청화 스님을 은사로 득도.

정중선원에서 안거를 시작. 제방선원에서 30년 동안 참선 수행.

현재 강원도 성원사 조실과 갈앙선원 선원장, 정중선원 선원장.

청화사상연구회 회장. 무주불교문화재단 이사장. 성원유치원 설립원장.

• 스님께서는 2010년 4월 26일 열반하였으며 이 법문이 마지막 법문입니다.

행복하게 사는 법

| 주경 스님 |

　우리 불자들은 버릇처럼 일상생활 속에서 업(業)을 짓고 또 업을 씻는다고 말합니다. 정작 업이라는 개념에 대해서는 막연히 알 뿐 자세히 알지 못하고 그저 입으로 말하고 행동합니다. 또한 날마다 부처님 앞에서 염불을 하면서도 염불이 무엇인지 그 개념조차 제대로 모르고 있습니다.

　관세음보살, 아미타불을 외치면 그것이 다 염불인줄 압니다. 오늘 내가 무상사 법회에 와서 여러분에게 들려주고자 하는 법문은 바로 업과 염불이 무엇인가에 대해 자세히 설명하고자 합니다.

　염불이란 생각 염(念)자에 부처 불(佛)자입니다. 즉 마음속으로 부처님을 항상 생각하는 것을 말합니다. '나무관세음보살', '나무아미타불', '나무석가모니불' 등은 부처님을 염원하는 소리입니다. 즉 부처님께 귀의하고 모든 것을 부처님의 뜻에 따라 수행하는 것이 염불입니다. 염불에는 부처님이 깨달으신 진리를 생각하는 법신염불과 부처님의 공덕이나 모습을 마음에 그려 보는 관상염불, 그리고 부처님의 명호를 부르는 칭명염불이 있습니다. 불자들은 우선 이러한 염불에 대해 개념을 알아야 합니다.

그런데 오늘 무상사의 불자들은 부처를 본 일이 없을 것입니다. 만일 부처를 보신 분이 있다면 손들어 보십시오. 그러한 사람은 다 가짜 부처를 봤을 것입니다. 그 부처는 진짜 부처가 아니라 삿된 부처일 것입니다. 결코 여러분들은 부처를 볼 수 없습니다. 사람은 결코 부처를 볼 수 없습니다. 때문에 염불과 부처, 그리고 업을 제대로 알아야 한다는 것입니다. 오늘 나는 경제를 강의하기 위해 무상사에 온 것도 아니며 더더구나 부처의 말씀을 해석하기 위해서도 아니며 부처의 말씀을 전하기 위해서도 아닙니다. 그저 마음, 알 수 없는 그 마음을 겨우 한 시간 동안 여러분들에게 들려주려고 하니까 너무나 시간이 짧다는 생각이 듭니다. 하지만 오늘 이 법문을 듣고 있는 동안 여러분은 머릿속과 마음속에 든 모든 지식과 학문의 알음알이를 모두 버려야 합니다. 여러분이 알고 있는 것은 진리가 아니라는 것입니다. 그러므로 모든 것을 전부 다 버려야 합니다. 그래야 오늘 내가 하는 이 법문을 제대로 알아들을 수 있습니다. 오늘날 사람들은 지식이 너무 많아 과학적으로나 수학적으로 부처를 말해야 이해를 할 수 있습니다. 하지만 그게 아닙니다.

그러면 어떤 것이 부처일까요? 여러분이 그동안 마음속으로 인식하고 있는 부처는 사실 진짜 부처가 아니라 가짜 부처에 지나지 않습니다. 또한 여러분들은 부처가 복을 준다고 믿습니다. 그래서 법당에 가서 절을 할 때도 곧 부처님에게 남편 사업 잘되고 아이들이 잘되기를 바랍니다. 하지만 이것은 진정한 불법이 아니라는 것을 인식해야 합니다. 오늘날 불자들은 모두가 이러한 마음을 은연중에 가지고 있습니다. 여기에 있는 여러분들이 부정을 해도 실상은 그러한 마음으로 법당에 오는 사람들이 대부분입니다. 왜냐하면 그것은 보상심리 때문입니다. 이는 정말 부처를 잘못 이해하고 있기 때문입니다.

그러므로 우리는 부처를 제대로 알아야 합니다. 여기 내가 들고 있는 마이크도 부처이며, 정육점에 걸려 있는 냄새나는 고기 덩어리도 모두 부처로 되어 있습니다. 이 물질들을 미세하게 분해시키게 되면 분자, 전자가 되고 나아가 원자, 중성자가 되고 나중에 물질은 눈에 보이지 않고 결국 에너지만 남는데 이것도 하나의 생명체입니다. 이것이 바로 에너지 불변의 법칙입니다. 이를 두고 부처님은 때 묻지 않은 것 즉 불성(佛性), 예수님은 그것을 보고 하나님이라고 하였으며 공자는 태극이라 했습니다. 이러한 물질이 한없이 쪼개지고 난 뒤 다시 뭉치게 되면 번뇌 덩어리가 되는 것입니다. 업이란 것도 이러한 물질이 똘똘 뭉쳐져 생각을 일으킨 것입니다.

『반야심경』에 보면 이러한 현상을 두고 '색즉시공 공즉시색(色卽是空 空卽是色)'이라고 합니다. 즉 색(色)이 공(空)이고 공(空)이 색(色)입니다. 우리가 사는 공간에는 공즉시색의 순수한 에너지가 모두 꽉 차 있다는 것을 불자들은 확실히 알아야 합니다. 그것을 가지고 와 우리는 어떻게 불공을 드릴 것인가를 생각해야 합니다. 물론 어려운 일이지만 어찌 생각하면 매우 간단합니다.

불공은 결국 집착하지 않는 마음, 여린 마음, 부드러운 마음, 으스대지 않는 마음, 욕심내지 않는 마음, 그 곱고 아름다운 마음을 비로소 낼 때 몸에서 광채가 나게 됩니다. 바로 그 몸체가 아미타불입니다. 얼마나 절묘한 불법입니까? 모두 박수를 한 번 쳐 보세요. 그런데 이러한 염불선(念佛禪)을 두고 어떤 불자는 타력(他力)신앙이라 하지만 그건 뭘 모르고 하는 소리에 지나지 않습니다.

여러분은 그와 같은 부처로 되어 있다는 것을 명심해야 합니다. 그 부처가 진실로 곱고 아름다우며 깨끗한 마음을 가진 불성광명(佛性光明)을 지닌다면 얼마나 행복하겠습니까?

자기 자성(自性)이 부처인데 부처가 부처를 생각하는 것 즉 스스로의 힘으로써 이룩한 신앙이 바로 자력신앙인 것입니다. 결코 타력신앙이 될 수 없습니다. 그러므로 사람은 곱고 아름다운 마음으로써 신앙을 이끌 때 비로소 몸에서 광채가 나는 아미타불이 되며 이것이 바로 우주 공간에 꽉 차 있는 아미타불에 더해지게 하는 것, 그것이 바로 공양이며 불공입니다.

그리고 불자들은 불사(佛事)에 대해서도 제대로 모르고 있습니다. 부처를 모시는 것이 불사가 아니라 스님이 고생하고 계시는데 내가 가서 기도라도 해야지 하는 그 마음이 바로 불사입니다. 그럴 때 마치 밝은 파도가 치고 밝은 빛이 마음속에 돋아나는 것 같습니다. 이것이 바로 마음속에 부처를 모시는 일입니다. 진정한 불사는 바로 이와 같은 마음을 내 안에 두고 있는 것입니다. 대개 절을 짓는 데 보태는 것을 두고 불사라 합니다. 물론 그것도 틀린 말은 아닙니다. 하지만 그런 곱고 아름다운 마음을 가질 때 그것이 바로 불공이고 불사임을 명심해야 합니다.

업에 대해 자세한 설명을 하겠습니다. 불교에서 말하는 업은 상징적인 말로 사용되고 있을 정도로 보편화된 개념입니다. 그런데 여기에서 우리가 알아야 할 사실은 업과 윤회는 불가분의 관계에 놓여 있다는 것입니다. 불교에서 윤회란 전생, 현생, 내생을 끊임없이 떠도는 것을 말하는데 전생의 업을 현생에 갚아야 하고 현생에 지은 업을 내생에 씻는다는 뜻입니다. 하지만 불교에서의 진정한 자유와 행복은 이 윤회 속에서 탈피할 수 있을 때 비로소 보장이 된다는 것을 알아야 합니다. 그러므로 불자들은 윤회와 업을 바르게 이해해야 합니다.

대개 업을 두고 "너의 업은 그러니 어쩔 수 없다." 혹은 "그것도 다 네가 타고난 업이다." 등의 말을 듣고 부정적인 시각을 가지고 있지만, 이는 잘못된 시각입니다. 업에는 선업(善業)과 악업(惡業)이 있습니다. 이러한 업은 평소 자기 자신이 한 행위와 매우 밀접한 관계에 있습니다. 말하자면 자신이 말한 것, 생각한 것, 간절한 바람, 행동한 것 등이 모두 업이 된다는 것입니다. 이를 두고 업보(業報)라고 합니다. 그러므로 불교에서 악업을 지우기 위해서는 불법을 공부해서 하나씩 진리에 대해서 알아가고 자신의 마음을 닦는 것입니다. 쉽게 말해서 자신이 쌓는 업과 그에 딸려오는 업보로부터 자유로워지기 위해서입니다. 자기가 저지른 일은 반드시 자기에게 돌아온다는 것을 잊지 말아야 한다는 것입니다. 말하자면 업은 생각이 굳어져 마음의 집착으로 나타나 짓게 되는 것입니다.

사람들은 늘 '어떤 물건을 두고 저것은 내 것인데 하는 마음, 혹은 돈을 벌어야 되는데 하는 마음, 오늘 누구를 만나야 되는데……' 등등 집착하는 마음이나 하고자 하는 마음에 사로잡혀 있습니다. 이러한 욕심을 버리지 못하고 집착할 때 우리가 가진 마음은 갈피를 잡지 못하고 쉽게 엉키다가 결국에는 벌어지고 그 사이에 아지랑이같이 마음이 뜬구름처럼 되고 맙니다. 이것이 바로 업이 생기는 원인이 됩니다.

만약 여러분들이 이러한 집착에서 벗어나 십선(十善)을 행하고 십악(十惡)을 멀리하여 청청하게 계율을 지키고 나면 '일심광명(一心光明)' 즉 마음속의 밝은 빛을 볼 수 있습니다. 오늘 무상사에 계시는 여러분들을 자세하게 살펴보면 전부가 모두 집착과 번뇌의 덩어리를 하나씩 뒤집어쓰고 있는 것을 볼 수 있습니다. 번뇌에 찬 사람은 붉은 빛이 나고 마음이 고운 사람은 밝고 하얀 빛을 냅니다. 만약 여러분들이 계율을 청정하게 지키고 기도를 많이 하게 되면 저절로 얼굴에 환희심이 나타나게 됩니다. 대개 욕심을 많이 가진 사람은 항상 표정이 우중충합니다. 비록 가난하게 살아도 얼굴이 밝은 빛으로 가득한 사람이 많습니다. 이러한 현상은 여러분들도 다 볼 수 있습니다. 내가 특별히 공부가 잘되어서 그것을 보고 말하는 것이 결코 아닙니다. 나 또한 마음에 집착을 끊지 못하면 굳어지고 벌어져서 이러한 현상을 제대로 보지 못합니다.

부드럽고 연한 것은 삶을 의미하고 굳고 단단한 것은 죽음을 의미합니다. 세상의 모든 물질들은 굳어지고 벌어져서 죽어 갑니다. 이런 탁자도 백년이 되면 쩍쩍 벌어집니다. 안 벌어지고 죽어 가는 것은 없습니다. 벌어져 먼지가 되어 사라지고 맙니다. 마음도 집착으로 인해 굳어지고 벌어져 마침내 아지랑이 같고 수증기 같은 것으로 변합니다. 우리 몸도 하나의 지수화풍(地水火風)으로 이루어진 물질에 지나지 않습니다. 즉 모든 물질은 변하고 마침내 우리 눈에서 사라집니다. 이것은 하나의 진리입니다. 이러한 중요한 이치를 모르고 사람들은 욕망에만 빠져 있습니다.

사람들은 오직 탐욕에 찌들어 돈밖에 눈에 보이지 않습니다. 여러분들의 눈에도 돈 이외에 보이는 게 있습니까? 사람들이 가진 안(眼), 이(耳), 비(鼻), 설(舌), 신(身), 의(意) 이 여섯 가지 도둑놈 때문에 헛되게 잘못 살고 있으며 덧없고 정신없이 살고 있는 것입니다.

그런데 문제는 이 나라 불자들이 불교를 제대로 몰라 이 여섯 도둑놈을 행복하게 하기 위해 불교를 믿으면 복을 준다고 생각하고 있다는 것입니다. 말하자면 부처가 자꾸 복을 준다고 생각하고 있는 것입니다. 여러분들은 부처가 복을 주는 것을 본적이 있습니까? 천만에요. 복은 부처가 주는 것이 아니라 바로 자기 자신이 복을 지어야만 합니다. 말하자면 남의 마음을 편하게 만드는 것이 바로 복을 짓는 일이기 때문에 한 번 먹은 그 선한 마음을 움직이지 않도록 해야 합니다.

옛날 조주 스님이 하신 말씀이 있습니다. 남전 스님이 조주 스님에게 "어떤 것이 도입니까?"라고 물었는데 이때 조주 스님이 "평상심(平常心)이 도(道)다."라고 대답하였습니다. 그러면 무엇이 평상심일까요. 어떤 일을 꾸밈이 없고, 옳고 그름의 시비가 없고, 어떤 것을 쓰고 버림이 없는 즉 취사(取捨)가 없고, 두 가지의 견해가 없는 있는 그대로의 마음이 바로 평상심입니다. 그러므로 마음이 움직이지 않도록 해야 합니다.

촛불이 왔다갔다 움직이면 그을음이 생기듯이 우리의 마음도 그러합니다. 마음이 곱다 나쁘다 하면 분별심이 생겨 그 집착으로 인해 마음이 굳어져 부스러기가 생기는데 이를 두고 '응념체(凝念體)'라고 합니다. 이것은 마치 아지랑이처럼 생겼는데 사람의 생각에 따라 먹구름같이 검기도 하고 밝기도 하며 혹은 한 많은 사람들은 푸르스름하기도 합니다.

내가 만약 이 나라에서 정치를 하면 절대로 로또나 복권 같은 장사를 하지 않을 것입니다. 국민의 요행심을 불러일으키는 일을 하는 것은 좋지 않습니다. 사람이 괴롭고 고통스러운 것은 바로 이러한 요행심 때문입니다. 로또를 사서 한 자 틀렸다고 가슴을 치며 발을 동동 구르는 것은 올바른 일이 아닙니다. 하지만 스님의 법문을 듣는 사람들은 아마 건전할 것입니다. 또한 스님들의 법문을 듣는 사람들은 복이 많기 때문에 그런 허망한 복권을 사거나 하지 않을 것입니다. 업이란 이러한 복권을 사고자 하는 욕심, 즉 집착된 마음이 굳어진 것입니다. 업의 작용은 무궁무진한데 업이 가는 곳은 무조건 고통스럽습니다.

아마 오늘 오신 여러분들 중의 삼분의 이는 어깨가 아플 것입니다. 이는 화내고 욕심내고 허망한 생각을 하여 그 마음이 굳어져 만들어진 업이 자신에게 달라붙었기 때문입니다. 업은 이와 같이 내 마음의 부스러기이기 때문에 언제든지 자신에게 달라붙습니다. 그래서 어깨가 아픈 것을 두고 오십견이라고 하는 것입니다. 어깨와 목 사이에 바람이 들어가는 문이라 해서 대개 풍운(風雲)이라 합니다. 그리고 요즘 중년들은 거의가 갑상선에 문제가 있습니다. 이 모든 병이 바로 여러분들이 만들어 놓은 업이 몸속으로 들어가 합류하여 발생하는 것들입니다. 이것이 어깨로 들어가 오십견을 만들고, 담도 되고, 관절염도 되고, 간으로 가면 간암이 되는 것입니다. 즉 업이 응집되어 고름을 만들고 암의 인자가 되는 것입니다. 즉 우리 인간들은 이러한 업 덩어리를 어떻게 해야 소멸시킬 것인가가 바로 선결 문제입니다.

그러면 업을 짓지 않는 방법은 무엇일까요? 내가 이런 걸 공짜로 퍼 주면 안 되는데 허허.

여러분들은 믿음이라는 것을 잘 모르는 것 같습니다. 부처님 앞에 돈 놓고 절하는 것이나 부처님을 보듬는 게 믿음인 줄 알지만 사실 이것은 잘못된 생각입니다.

믿음이란 곧 긍정하는 것, 스스로 인정하는 것을 말합니다. 그런데 요즘 사람들은 믿음을 갖지 못하고 늘 의심을 합니다. 물론 오죽하면 그렇겠습니까? 하도 경제가 어렵다 보니까 구조조정 때문에 목이 달랑달랑하니까 속상해도 말 안 하고 빌빌대면서 받은 스트레스를 소주 한잔 마시고 집으로 돌아와 가족들에게 풉니다. 이럴 때 부인들은 따뜻한 위로의 말이 필요합니다. "복 없는 마누라 데리고 살면서 고생하십니다." 등 말입니다. 이런 마음을 가지는 사람은 몸에서 밝은 광채가 납니다. 그런 곱고 아름다운 마음씨를 가진 사람은 염파와 청력이 생깁니다. 왜냐하면 긍정하는 마음이 생기면 늘 기쁨이 넘치기 때문입니다. 공부하는 분들은 반드시 이러한 것을 알아두어야 합니다.

그러므로 부인이 항상 긍정의 마음을 가지게 되어 바른 내조를 하게 되면 밖에서 일을 하는 남편이나 공부를 하는 아들에게도 그 밝은 기운이 들어가 자연히 모든 일이 잘 풀리고 공부도 잘하게 됩니다. 그러므로 아들 좋은 대학 가게 하려면 우선 긍정의 마음을 가지는 것이 중요합니다. 절에 와서 손바닥이 닳도록 빌거나 엿을 사서 교문 앞에 붙여 놓고 비는 것은 어리석은 일입니다.

어머니가 욕심을 부리게 되면 업의 먹구름이 생기기 쉽습니다. 그 업이 시험치는 아들에게 졸음이 오게 하고 집중력을 흩어 지게 해 오히려 시험을 거꾸로 치게 됩니다. 어머니의 욕심이 아들을 오히려 망치게 할지도 모릅니다. 그럴 때 필요한 것이 바로 염불선(念佛禪)입니다.

'효(孝)는 백행지근본(百行之根本)'이라고 하였습니다. 근본적으로 그 바탕이 곱고 아름다운 마음과 자비로운 마음이 곧 염불선입니다. 그러므로 아들을 잘되게 하려면 먼저 자신의 시부모님에게 효도를 해야 합니다. 예를 들면 한 여름날 "어머니 모기장은 잘 쳤습니까? 내가 자주 찾아뵙지 못해 죄송합니다. 아들공부 때문에 가지 못하는데 대학 시험 치고 나면 찾아뵙겠습니다." 라고 시부모님께 말이라도 하는 것이 바로 아들이 복을 얻게 되는 일입니다.

시부모님은 그런 며느리의 마음을 읽고 "내가 살림도 제대로 못 물려주고 살기 힘들어 못 내려오는 것을 괜히 미워했구나. 눈에 넣어도 안 아픈 내 손자가 시험을 친다는데 내가 빌어줘야지” 시부모님이 이런 마음을 가질 때는 광채가 납니다. 이러한 광채가 곧 아들에게 가서 100점짜리가 105점이 되는 것입니다.

옛말에 ‘빈손이면 업을 짓는다.’고 했습니다. 그래서 할머니의 마음과 어머니의 마음이 부드러워지면 그 마음이 자식에게 가게 되는 것입니다. 옛말에 사람이 업을 안 지으려면 죽는 연습을 많이 해야 한다는 말이 있습니다.

‘내가 언제 죽으려나. 이제 십 년밖에 안 남았는데.’ 하고 생각을 하면 사람의 욕심은 절대로 넘치지 않습니다. 마치 자신이 천년만년 살 것처럼 생각하니 매일 돈 돈 돈 하는 것입니다. 그러므로 이 집착하는 마음이 바로 괴로움과 고통을 만들게 되고 결국 허망한 아지랑이가 계속 생기게 되는 것입니다. 결국 이러한 마음을 버리지 못하면 평생 허망한 아지랑이를 걷어내지 못하게 되어 늘 뒤집어쓰고 살게 되는 것입니다.

아미타불 부처님은 “너희들이 내 나라에 오려면 내 이름 열 번만 부르면 온다.”고 하셨습니다. 그런데 거기에 조건이 있다는 것을 알아야 합니다. 그냥 부처님은 여러분에게 막 퍼 주지 않는다는 것을 알아야 합니다. 반드시 조건을 붙입니다. “열 번을 부르되 간절하게 외쳐라.” 이것은 바로 잡된 생각과 욕심 그리고 집착을 버리고 정말로 온전한 마음으로 열 번만 부른다면 아미타불의 나라에 간다는 것입니다.

아미타불이 계시는 곳은 십만억 국토를 지나가는 가운데 있다고 합니다. 그렇게 먼 곳에 있기 때문에 돈 많이 벌어 비행기 타고 갈 거라고 생각을 해서 돈 돈 돈 하며 살고 있는 지도 모릅니다. 하지만 아무리 돈이 많아도 아미타불 나라에 갈 수 있는 비행기는 절대 탈 수 없다는 것을 알아야 합니다. 그럼 어떻게 해야 그 비행기를 탈 수 있을까요?

여기에서 십만억 국토라는 의미를 먼저 알아야 합니다. 불교에는 십악(十惡)이라는 것이 있습니다. 몸으로 짓는 세 개의 악, 입으로 짓는 네 개의 악, 생각으로 짓는 세 개의 악, 이 열 가지가 바로 십악입니다. 여러분이 이 십악을 지을 때는 투명한 비닐을 한 겹씩 뒤집어쓰게 된다는 것을 알아야 합니다. 살다 보면 여러분들은 몇 천 겹을 뒤집어쓰고 있음을 알게 됩니다. 거짓말 같지만 이것은 사실입니다.

사람의 마음은 움직일 때마다 항상 아지랑이 같은 망상을 피웁니다. 이것이 바로 십만억 겁이나 되는 것입니다. 이것을 벗어야만 비로소 아미타불의 나라에 갈 수 있습니다. 그러면 어떻게 해야만 십악을 범하지 않을까요? 여러분들은 스스로 부정하지만 언제나 범하고 산다는 것을 인식해야 합니다.

예를 들면 고속버스를 탔는데 자신의 자리는 5번인데 다른 사람이 앉아 있으면 순간적으로 '에잇 씨' 하고 다른 자리로 가잖아요. 그 순간 입으로 짓는 하나의 악을 범하는 것입니다. 그것이 바로 미움의 악입니다. 여러분들은 이렇게 자신도 모르게 업을 짓고 있는 것입니다. 그러니 얼마나 많은 업을 짓고 살아가고 있는 것입니까? '옳다, 그르다, 밉다, 나쁘다' 하는 마음을 가지고 십선을 행하지 않는 자체가 바로 십악을 범하고 있는 것이기 때문입니다. 그래서 이를 두고 십만억 겁이나 싸여져 있다고 하는 것입니다. 우리들은 이것을 완전히 벗어던져야만 비로소 아미타불이 계신 곳에 갈 수 있는 것입니다. 그리고 항상 부드러운 마음을 가져야 하며 긍정의 마음을 가지고 있어야 합니다. 여러분들은 본질적으로 곱고 아름다운 마음을 갖고 있습니다. 여러분들은 그런 곱고 아름다운 경전을 갖고 있습니다. 합장 하세요.

我有一卷經 不因紙黑成　아유일권경 불인지묵성
展開無一字 常放大光明　전개무일자 상방대광명

나에게 책 한 권이 있으니
종이와 먹으로 만들어진 것이 아니로다.
펴 봐야 글자 하나 없건만
항상 큰 광명을 놓고 있다.

나는 이 경구 하나를 가지고 출가를 한 사람입니다. 그런데 이 뜻을 아는 데 참으로 오랜 시간이 걸렸습니다. 출가를 하고 오늘까지 한 치의 헛됨이 없이 정신없이 살았습니다. 돌아보니 사는 게 별게 아니라 그저 부처님같이 살며 부처님같이 공부하면 되는 것이었습니다. 부처님 사상을 공부하는 것은 대단한 즐거움임을 깨달았던 것입니다. 선방에서 3개월 정도 공부를 하고 나오는 보살들의 얼굴을 보면 대개 꾀죄죄하고 푸르죽죽합니다. 그런 얼굴들은 보기도 좋지 않습니다. 부처님 공부는 참으로 행복하게 해야 합니다. 나는 출가를 하고 공부를 하면서 참으로 많은 행복을 느꼈습니다.

그런데 가만히 보면 불교 공부를 좀 했다는 보살들을 보면 목에 뻣뻣하게 깁스를 한 것처럼 보여 부러지게 생겼어요. 하지만 여기에 오신 보살들은 말랑말랑하게 생겼어요, 하하. 그러므로 공부에 있어서도 많이 하나 적게 하나 분별심을 가져서는 안 된다는 말입니다. 아름답고 고운 마음을 가진 그것이 바로 염불입니다. 그러므로 그런 염불을 바탕에 두고 화두를 하고 간경을 하고 기도를 하고 절을 해야만 진정한 공부가 되는 것입니다. 말하자면 긍정의 생각을 가지고 항상 여리고 부드러운 마음을 가지고 염불을 해야만 그것이 빛난다는 말씀입니다. 이와 달리 근본적인 마음을 모르고서는 아무리 절을 하거나 공부를 한다

고 해도 아무런 소용이 없습니다. 나는 여러분들이 법당에 와서
절할 때의 모습만 보아도 그것을 알 수 있습니다. 절을 하거나
기도를 할 때 먼저 가져야 할 마음은 바로 자신도 모르게 지은
죄를 그냥 참회하는 것이 중요합니다.

　　罪無自性從心起　　죄무자성종심기
　　心若滅時罪亦忘　　심약멸시죄역망
　　罪忘心滅兩俱空　　죄망심멸양구공
　　是則名爲眞懺悔　　시즉명위진참회

죄라는 것은 원래 실체가 없이 마음따라 일어나며
만약 마음이 소멸되면 죄 또한 없어지리니
죄와 죄짓는 마음 이 두 가지가 모두 없어져 텅 빈 마음을
이름하여 진참회라 부른다.

우리 인간이 지은 죄도 따지고 보면 별다른 것이 아니라고
봅니다. 죄라는 것은 원래 없는 것입니다. 다 타 버리면 없어져
버리는 쓰레기와 같은 것입니다. 숯불 위에 쓰레기가 많이 덮여
있으면 그 불은 꺼지게 마련입니다. 다시 불을 붙이려면 여기에
바람을 불어넣어야 되는데 그 바람이 바로 부처님의 바람이며

진리의 바람인 것입니다.

자기 생각에 죄지은 일이 없어도 "내가 알게 모르게 지은 죄, 진심으로 참회합니다. 옴 살바 못자모지 사다야 사바하." 이렇게 눈물이 줄줄줄 흐르도록 그냥 참회를 하는 것이 매우 중요합니다. 이것이 바로 몸에서 광채가 나는 불사이며 불공인 것입니다. 이것이 바로 십만억 국토를 벗어나는 길입니다.

물론 오늘 오신 여러분은 다 얼굴이 예쁩니다. 그러면 못난 사람은 어떻게 해야 예뻐질까요? 마음을 곱게 써야 얼굴도 예뻐진다는 것을 알아야 합니다. 내가 이제부터 그 비결을 말하겠습니다.

나는 성형의사가 아니고 또한 과학자가 아니라서 이 말이 맞는지 틀리는지 잘 모르지만 내가 말하는 것만 듣고 핵심만 알면 됩니다. 우리 몸뚱이는 세포가 600조나 된다고 합니다. 그런데 이 세포들은 일 초에 천만 개씩 죽어 나가 6년이면 우리 몸의 세포들은 다 죽어 사라집니다. 그런데 어제 먹은 밥이 피가 되고 살이 되어 새로운 세포가 자꾸 만들어지기 때문에 생명이 유지가 되는 것입니다.

그런데 젊은이들은 일 초에 천만 개씩 세포가 죽어 가지만 천 이만 개씩 만들어지기 때문에 오히려 키가 커지고 피부가 팽팽해지는 것입니다. 그런데 오늘 오신 불자들은 젊은 사람은 없고 폐물들만 앉아 있습니다. 인생의 절반을 훨씬 더 살아왔기 때문입니다. 더욱이 노보살님들은 세포가 천만 개가 죽어 가는데 만들어지는 것은 팔백만 개밖에 안 만들어지기 때문입니다. 그래서 얼굴에 주름살이 가득한 것입니다. 이렇듯 우리의 몸뚱이는 허망한 것입니다. 조금 전 보니 어떤 보살은 얼굴이 팽팽하더니 다시 보니 쭈글쭈글해 잠시 사이에 얼굴이 팍 갔어요. 그런데도 불구하고 우리 인간들은 이러한 자신의 몸뚱이를 사랑합니다. 우리 몸뚱이를 유지하는 세포들이 젊었을 때는 일초에 천만 개씩 사라져도 더 많이 생기던 세포들이 이젠 기운이 자꾸 떨어져 만들지 못하고 있는 것입니다. 결국 이 몸뚱이도 낡은 기계처럼 헐렁해진 것입니다. 세포가 만들어지는 것은 컴퓨터같이 입력된 것이 없다는 것을 알아야 합니다.

그런데 이렇게 늙었지만 세포를 만드는 비결이 있습니다. 바로 '일체유심조(一切唯心造)'입니다. 늙고 병들고 건강해지는 것도 모두 이 마음에 달려 있습니다. 지금 이렇게 법문을 듣고 계실 때 마음으로 만들어진 세포가 수없이 많다는 것입니다. 이와 반대로 화내고 욕심내고 불편한 일이 있어 일주일씩 짜증내고 하면 사람의 얼굴도 형편없이 쇠약하고 피부도 까칠해집니다. 이럴 때는 미용실에 가서 파마를 해도 잘되지 않습니다. 왜 그런가 하면 바로 몸속에 기(氣)가 제대로 돌지 않기 때문입니다. 아마 여러분들도 이런 것을 경험했을 겁니다.

이 모든 것이 바로 업의 아지랑이 때문입니다. 사람이 화가 나면 피가 빨리 돌기 때문에 숨결이 가빠집니다. 피가 빨리 도는 이유는 바로 화로 인해 생긴 피를 정화하기 위해서입니다. 그래서 사람들은 피를 빨리 돌게 하기 위해 강장제나 마늘을 먹습니다. 하지만 소용이 없습니다. 스님들은 그런 것을 먹지 않습니다. 오신채 중 마늘이 가장 무섭습니다. 마늘을 먹으면 혈액이 잘 돈다고 난리를 떨지만 피가 잘 도는 것은 피를 정화하기 위해서입니다. 때문에 피 잘 돌게 하려면 제일 미운 사람을 자꾸 욕하면 됩니다. 이것이 화병의 원인이 됩니다.

저는 젊었을 때는 앉아서 자는 것을 원칙으로 했는데 지금은 나이가 들어 앉기도 하고 눕기도 하고 상관하지 않습니다. 그런데 부처님을 생각하거나 하면 호흡이 거의 끊어집니다. 때로는 불쌍한 보살들을 생각하면 그때도 마찬가지입니다. 피가 거의 안 도니까 그렇습니다. 그런데 마음이 움직이면 피가 빨리 돕니다. 화내면 피가 빨리 돌잖아요. 모든 것은 마음에 달려 있다는 말씀입니다.

그러므로 염불은 마음에서 우러나와 저절로 해야 합니다. 이 세상은 근본적으로 부처 아닌 것이 없습니다. 내 남편이 부처요, 내 자식이 부처이며 내 아내가 바로 부처입니다. 그러므로

항상 가족을 대할 때는 부처님을 대하듯 곱고 아름답게 마주하
여야 합니다. 자신의 능력이 모자라 돕지 못하면 "내가 정말 미
안하구나."하는 그 말 한마디가 바로 염불이며 마음을 곱고 아
름답게 쓰는 게 바로 염불선입니다.

　내가 자식 농사짓는 법을 들려주겠습니다. 잘 들어 보세요.
듣고 아들, 며느리, 딸, 손자들에게 반드시 전해 주세요. 여러분
들은 자식을 가질 때 어떻게 가졌는가 하고 물으면 대개 "그냥
살다 보니 입덧했습니다."하고 수줍은 듯 말합니다.

　그런데 남녀가 몸을 합하면 아이의 몸뚱이는 뱃속에서 만들
어지지만 아이의 마음은 바로 부부가 귀로 듣는 것, 부부가 갖
고 있는 마음으로 만들어집니다. 즉 심무자성(心無自性), 곧 맑
고 깨끗한 영혼은 어머니의 태 밖에서 들어와 만들어진다는 것
입니다. 그러면 어떻게 들어오느냐. 어머니의 마음 따라 들어옵
니다. 어머니가 선하면 선한 영혼이 들어오고 악하면 악한 영혼
이 들어옵니다. 비록 여러분들이 돈을 벌기 위해 허덕이며 업을
많이 지었다 하더라도 아기를 가질 때만은 반드시 선한 마음을
가져야 한다는 것입니다. 이것은 절대로 어려운 일이 아닙니다.

　내가 만약 정치를 한다면 인적자원부를 두고 혼인신고를 하
러 오면 접수를 받으면서 이 이야기를 하게 할 것입니다. 그래
서 아기 갖기 전에 교육을 받도록 왕복 차비도 주고 일도 주고

해서 교육필증을 의무적으로 갖게 할 생각입니다. 또한 이 필증을 가진 사람은 공무원시험을 볼 때 기본점수도 더 줄 것입니다. 우스운 이야기일지 모르지만 사실 이 세상에 아기를 가지는 일보다 더 중요한 일은 없습니다.

그러므로 아기를 갖는 사람은 적어도 6개월 이전부터 부부가 마음을 곱게 다스려야 합니다. 말하자면 태교를 실천해야 합니다. 날마다 교양서적도 읽고 시골에 계시는 부모님께 전화해서 "어머니, 건강은 어떻습니까."도 물어야 하고 남을 위해 하루 천 원이라도 매일 선행을 베풀어야 합니다. 또한 살아 있는 생명을 죽이지 않고 고기도 먹지 않아야 합니다. 그렇게 해서 마음을 억지로라도 선량하게 만들어 나가야 합니다. 특히 젊은 보살님들은 이를 반드시 명심해야 합니다.

아기를 갖는 합방 시간은 새벽 3시 10분이 넘어야 합니다. 여름은 새벽 2시 40분, 겨울은 3시 10분 정도가 되면 지구의 자기장이 열립니다. 이때는 대지의 기운이 맑아지고 정신조차 아주 맑아지는 때입니다. 이 시간에 돌아다니는 영혼들은 아주 맑고 깨끗하며 똑똑합니다. 만약 비가 오거나 벼락이 치거나 눈이 와서 기압이 낮을 때는 합방을 하지 않는 것이 좋습니다. 아침에 보면 땅에서 안개가 올라올 때가 있을 것입니다. 이 안개는 바로 우리들의 업식(業識)입니다. 만약 이때 합방해서 아기의 영혼이 태 속으로 들어오게 되면 원결(怨結))이 있습니다. 그러니까 아기를 가질 때는 몸과 마음을 깨끗이 해야 한다는 말입니다. 정부에서는 출산휴가를 주는데 나는 아기를 갖기 전에 한 달, 아기를 갖고 나서 한 달, 출산 뒤 한 달을 주면 좋겠다는 생각을 합니다.

이렇게 해서 아기의 영혼이 들어오면 마음이 넉넉한 아이를 갖게 되는 것입니다. 이런 분이 우리 절에 한 4~5명은 됩니다. 법문을 해서 아들을 낳았는데 얼마나 영리한지 모릅니다. 자식 농사는 이렇게 지어야 합니다. 함부로 아기를 가져서는 절대로 안 됩니다. 이것이 이 나라를 발전시키는 지름길입니다. 제2의 건국입니다. 요즘 교육제도를 보면 한심하기 이를 데 없습니다. 3살 먹은 아이를 업고 다니며 영어를 가르치고 있는데 이것은 어리석은 생각에 지나지 않습니다. 아이들을 성품이 굳도록 해서는 안 됩니다. 성품은 부드럽고 연해야 됩니다. 우리 절에 있는 유치원 입학식 때 어머니들에게 선생님이 회초리 때린다고 시비할 사람은 10분 시간을 줄 테니 아이를 데리고 가라고 했습니다. 그런데 대부분 가지를 않았습니다. 이것은 바로 내가 회초리 때려도 인정하는 것으로 알았습니다. 말하자면 아이들은 잘못하면 회초리로 맞고 자라야 합니다. 그래야 자신의 잘못을 알고 자라는 것입니다. 나는 회초리를 하나씩 만들어 선생님들

에게 나누어 주어서 잘못하면 마음대로 회초리를 사용하도록
합니다. 왜냐하면 바로 참인간을 만들어야 하기 때문입니다.

　여러분들은 자식들에게 죽어라 공부만 강요하지만 이것은
쓸데없는 짓입니다. 오히려 김치 담그고 밥 짓는 것을 가르치는
것이 더 중요합니다. 이것이 바로 사는 법이기 때문입니다. 오
늘 여러분들이 집으로 돌아가 해야 할 것은 불자로서 바른 행동
을 가져야 한다는 것입니다. 생각이 바뀌고 행동을 바꾸게 되면
그 마음도 자연스럽게 바뀌게 되는 것입니다. 그런데 불행하게
도 오늘날 불자들은 모두 할머니들입니다. 정말 이 나라의 불교
의 앞날이 걱정스럽습니다.

　아까 말씀드렸듯이 불교가 부처가 복을 주는 것이 아니라는
것을 다시 상기시키겠습니다. 자기가 복 받을 일을 해야만 합니
다. 오늘 이 자리에서 스님의 법문을 들은 불자들은 오늘부터라
도 함부로 살지 말아야 합니다. 또한 가족들에게 오늘 들은 법
문들을 그대로 실천하십시오.

　"여보, 오늘 어떤 스님이 강원도에서 오셨는데 가만히 듣고
보니 내가 당신에게 잘못한 게 많은 것 같아. 내가 앞으로 잘할
게." 하고 말하세요. 그러면 남편이 '이게 갑자기 미쳤나.' 하면
서도 다음 초하룻날이면 "자네 초하루인데 절에 안 가는가? 내
가 태워다 줄까."하고 마음이 변할 것입니다. 이와 같이 여러분

이 변해야 불교가 바뀝니다. 지금 이 나라 불교는 망해 가고 있습니다.

진정으로 복을 받으려면 남을 위하고 나를 낮추어야 합니다. 즉 하심을 해야 합니다. 남을 배려해야 합니다. 그런데 요즘 보살들은 남을 배려할 줄 몰라 큰일입니다. 자신의 모자람을 스스로 인정하고 마음의 문을 열어야 합니다. 그래야만 자신의 업이 소멸되는 것입니다. 이것이 바로 십만억 국토를 얻는 것입니다. 이를 가슴 깊이 깨닫는 것이 무엇보다도 중요합니다. 공부를 하기 위해 책상에 앉아만 있으면 소용이 없습니다. 마음을 바로잡는 것이 중요합니다. 남편을 쳐다볼 때도 항상 미소로써 대하면 정말 남편과의 사랑도 깊어질 것입니다. 이게 바로 법문입니다.

우리는 마음의 때를 벗는 것을 두고 열반이라 하고 성불이라 하고 니르바나라고 합니다. 결국 나라는 아상이 사라져야만 비로소 성불을 이룰 수 있다는 것입니다. 이와 같이 염불선이라는 것은 근본적으로 마음을 열고 부드럽게 부처 같은 마음을 가지는 것입니다. 그리고 입으로만 하지 말고 행동으로 실천하는 것입니다.

절을 짓는 데 모연을 하는 것만 권선이 아니라 법문을 듣는 것도 권선입니다. 다리 아파 법회에 못 오는 불자들을 택시를 태워 데리고 오는 것도 바로 권선입니다.

오늘 참석하신 모든 불자들에게 감사드리면서 이 나라가 불국토가 되기를 바라면서 오늘 법문을 마칩니다.

혜자 스님

충북 충주 출생.

삼각산 도선사에서 청담 스님을 은사로 출가.

대한불교 조계종 총무원 문화부장, 사서실장, 소청심사위원장.

현재 도선사 주지, 청담학원 이사장, 혜명복지원 이사장, 인드라망 생명공동체 공동대표, 경제정의실천불교시민연합 공동대표, 불교신문사 사장.

노인복지 공로 대통령 포창(2002년), 캄보디아 정부 금관공로훈장(2006년), 네팔 정부 평화훈장(2008년) 수상.

화엄경의 진리「불승수미정품」

| 혜자 스님 |

心如工畫師 能畫諸世間　심여공화사 능화제세간
五蘊實從生 無法而不造　오온실종생 무법이부조
若人欲了知 三世一切佛　약인욕료지 삼세일체불
應觀法界性 一切唯心造　응관법계성 일체유심조

마음은 그림을 그리는 화가와 같아

능히 모든 세상을 다 그린다.

오온이 모두 마음으로부터 나온 것이니

무엇도 만들지 않는 것이 없네.

만약 사람들이 과거 현재 미래의 부처를 모두 알고 싶거든

마땅히 법계의 성품을 비추어 관할지니
모든 것은 마음으로 지어졌다.

이 게송은 『화엄경』에 있는 사구게입니다. 이 게송을 외우면 그 공덕이 얼마나 지대한지를 당나라 때 왕명관이라는 사람을 통해 잘 알 수 있습니다. 그는 부처님의 법을 믿긴 믿었지만 그다지 신심이 없었습니다.

불심을 갖고 있으면서도 신심이 깊지 못해 한편으로는 주색에 빠져서 세속의 즐거움을 가까이 하다 보니 차츰 죄가 많이 쌓여 갔다고 합니다. 그가 살아생전 신심을 가지고 열심히 기도를 했다면 다음 생에는 극락으로 가게 될 텐데 지은 업이 많아 죽어서 갈 곳은 지옥뿐이었습니다.

그 후 왕명관은 세상을 떠나서 지옥문 앞에서 지장보살님을 만났습니다. 그는 생전에 불법을 열심히 닦았던 사람은 아니지만 그래도 부처님을 믿었던 인연이 있었기 때문에 지장보살님은 지옥문 앞에서 그에게 물었습니다.

"네가 무슨 죄를 지었기에 이렇게 지옥문 앞에서 대기하고 있느냐?"

"지장보살님, 부처님의 법을 알기는 알았는데 그만 주색잡기에 빠져서 그것이 죄가 되었나 봅니다."

"불법을 알기는 알았는가? 알면서도 왜 나쁜 짓을 했느냐?"

"그래도 이 가련한 중생을 구제해 주옵소서."

장명관은 지장보살님 앞에서 애원하며 발원을 하였습니다.

지장보살님은 어이가 없었지만 그래도 불법을 조금이라도 믿은지라 용서해 주며 말씀하셨습니다.

"앞으로 이 세상에 나와서 수행을 잘 하겠느냐?"

왕명관은 얼른 대답을 했습니다.

"네. 꼭 그렇게 하겠습니다."

"그렇다면 내가 이 게송을 일러 줄 것이니 반드시 외우고 다니도록 하라."

지장보살님은 왕명관에게 게송 한 구절을 일러 주었는데, 그것은 방금 제가 여러분들에게 읽어 주었던 화엄경에 있는 사구게입니다. 지장보살님은 왕명관에게 이 게송을 외우면 지옥을 벗어날 수 있다고 하였던 것입니다.

왕명관은 지옥을 벗어날 수 있다는 지장보살님의 말에 아무런 의심 없이 열심히 이 게송을 외웠습니다. 이윽고 그는 염라대왕 앞에 끌려가서 전생의 죄에 대해 심문을 받게 되었습니다. 염라대왕이 그에게 물었습니다.

"네가 세상을 살면서 한 것이 무엇이 있느냐?"

왕명관은 염라대왕의 심문을 받고 대답은 하지 않고 조금 전에 지장보살님에게서 배운 사구게를 중얼거렸습니다.

"약인욕료지 삼세일체불 응관법계성 일체유심조."

염라대왕은 왕명관의 사구게를 듣고 그 순간 탄복하여 그를 세상으로 다시 내보내면서 이렇게 말씀하셨습니다.

"네가 이 게송을 외울 때 만약 듣는 사람이 있다면 그들도 모두 고통에서 벗어나서 해탈을 얻게 되리라."

왕명관은 지장보살님의 공덕으로 인해 죽은 지 사흘 만에 다시 깨어나 그야말로 여생을 행복하게 불법에 의지해 살면서 그 사구게가 화엄경 속에 있는 글귀임을 알고 열심히 화엄경을 읽으며 정진을 했습니다. 그래서 화엄경 속에 들어 있는 이 사구게를 지옥에서 돌아올 수 있게 한다고 해서 '파지옥의 게' 라고도 합니다. 이렇게 한 구절의 글귀만으로도 지옥에서 벗어날 수 있는 수승한 경전이 바로 화엄경입니다. 하지만 이 영험담은 화엄경 전체에 있는 공덕의 세계에 비한다면 그야말로 작은 일화에 지나지 않으며 단지 화엄경에서 제시하는 무궁무진한 공덕 중에서도 단편적인 것에 불과합니다.

오늘 제가 법문을 하는 화엄경은 대승경전 중에서도 최고의 경전입니다. 화엄경에는 이런 말씀이 있습니다.

"만약 불자가 짐승이나 미물을 보면 발보리심하라. 또한 대방광불화엄경이란 말을 들려주어라. 그렇게 하지 않으면 가벼운 계를 범하게 되느니라."

이는 대방광불화엄경이라는 말 한마디만 해도 큰 공덕이 된다는 의미가 들어 있습니다. 설령 말을 못 알아듣는 축생이나 미물이라 할지라도 소리와 마음의 파장으로 전해지게 되면 그 공덕으로 인해 고통을 여의고 기쁨을 얻게 되면 축생과 미물 또한 지옥의 과보를 면한다고 했습니다.

어떤 소 한 마리가 죽어 천상에 왔습니다. 그래서 그 소에게 "천상에 어떻게 오게 되었는가?" 하고 물었습니다. 소가 말하길 "풀을 뜯어 먹다 우연히 풀밭에 떨어져 있는 경전을 콧김으로 뒤적뒤적했답니다. 그런데 그것이 공덕이 되어서 천상에 오게 되었습니다."고 했습니다.

이와 같이 글을 읽을 줄 모르고 말도 못 하는 소라고 할지라도 그저 콧김으로 경전을 뒤적거린 그 공덕으로 천상에 올라가게 되었던 것입니다. 그 경전이 바로 화엄경입니다. 이쯤 되면 여러분들은 대방광불화엄경이라는 글자만 들어도 얼마나 그것이 큰 공덕이 되리라는 것을 능히 알 수 있으리라 봅니다.

오늘 저의 법문을 듣고 있는 여러 불자님들도 아마 지옥의 고통은 면했으리라 봅니다. 제가 법문할 「불승수미정품(佛昇須彌頂品)」에서는 부처님께서 하늘나라에 법문을 하러 가시는 모습과 제석천이 화엄경의 진리를 듣기 위해 부처님을 모시는 간절함과 겸허함의 장엄이 잘 묘사되어 있는 품입니다. 그래서 먼저 「불승수미정품」을 우리말로 읽고 법문을 이어가도록 하겠습니다. 불자님들은 합장하시기 바랍니다.

세존께서는 위신력으로써 이 깨달음의 자리를 떠나서 수미산(須彌山)의 정상에 올라 도리천에 있는 제석천(帝釋天)으로 향하셨다. 그때 제석천은 저 멀리로부터 부처님께서 오시는 것을 보고 많은 보배를 뿌린 사자좌를 만들어 그 위에 또 보배로 된 자리를 몇 겹으로 폈다. 그리고 제석천은 부처님 앞에 합장 예배하고 말했다.

여기까지는 부처님께서 수미산에 오르는 과정을 설명하고 있습니다. 일종의 선서(宣誓)라고 할 수 있습니다.

"잘 오셨습니다. 세존이시여, 아무쪼록 저희들을 불쌍히 여기시어 이 궁전에 머물러 주시옵소서."
세존께서는 제석천의 원을 받아들여 궁전으로 올라갔습니다. 그때 제석천 궁전에서 흘러나오는 무량한 음악은 부처님의 위신력으로 인해 이내 조용해졌습니다. 제석천은 과거세에 부처님을 모시고 진리를 지키는 구도자의 고행을 닦던 일을 생각해 내고 다음과 같이 말씀하셨습니다.

여기까지는 제석천이 부처님을 맞이하는 과정을 설명하고 있는 것입니다.

"또 가섭불(迦葉佛)은 대자비를 갖추어 복덕이 원만합니다. 그 부처님은 전에 여기에 오신 적이 있었습니다. 그때문에 이 땅은 보다 더 축복되었습니다. 구나하모니불(拘那含牟尼佛)의 지혜는 장애가 없고 복덕이 또한 원만합니다. 그 부처님도 전에 이곳에 오셨습니다. 때문에 이 땅은 보다 더 축복되고 있습니다. 또 구류손불(拘留孫佛)의 몸은 황금의 산과 같고 복덕이 원만합니다. 그 부처님도 전에 이곳에 오신 적이 있었습니다. 때문에 이 땅은 보다 더 축복되고 있습니다. 또 비상구불은 탐욕과 분노와 우치의 삼독을 떠나서 복덕이 원만합니다. 그 부처님도 전에 이곳에 오신 적이 있습니다. 때문에 이 땅은 보다 더 축복되고 있습니다. 또 비사부불(毘舍浮佛)은 항상 적연(寂然)하고 복덕이 원만합니다. 그 부처님도 전에 이 곳에 오신 일이 있습니다. 때문에 이 땅은 더 축복되고 있습니다. 또 비바시불은 흡사 보름달과 같으며 복덕이 원만합니다. 그 부처님도 전에 이곳에 오신 적이 있습

니다. 그때문에 이 땅은 보다 더 축복되고 있습니다. 또 연등
불(燃燈佛)은 세계를 밝게 비추며 복덕이 원만합니다. 흡사
보름달과 같으며 복덕이 원만합니다. 그 부처님도 또한 전에
이 곳에 오신 적이 있습니다. 그때문에 이 땅은 보다 더 축복
되고 있습니다.”

여기까지는 제석천이 과거의 모든 부처님의 수많은 공덕을
찬탄하는 게송입니다. 이와 같이 제석천은 부처님의 위신력을
받아서 과거의 모든 부처님의 공덕을 찬탄했던 것입니다. 시방
세계의 모든 십만억 제석천도 저마다 전에 수행했던 과거생의
모든 부처님을 찬탄했습니다. 마지막 부분은 시방세계 제석천
왕들도 모두 함께 자리를 하면서 부처님을 찬탄하고 있음을 보
여 주고 있습니다.

그때 세존께서 사자좌에 올라 결가부좌하였다. 그러자 궁
전은 곧 순식간에 넓혀지고 도리천도 같은 넓이가 되었다.
십만의 궁전도 또한 그와 같이 넓혀졌다.

「불승수미정품」에서는 부처님을 맞이하는 자세, 법문을 청하
는 방법, 부처님 공덕을 찬탄하는 보살수행의 실제 덕목을 설하

고 있습니다. 설법 장소는 수미산의 정상에 있는 도리천으로 이 품은 도리천궁의 여섯 개 품 중에서 서문에 해당하는 부분으로 설법 장소인 도리천의 무대를 설명하고 있습니다.

부처님께서 깨달음을 이루신 후 수미산의 정상인 그 제석천궁에 오르시는데 제석천왕은 궁전을 장엄하고 또 사자좌를 마련하고 부처님을 맞이하십니다. 그리고 또 과거 열 분의 부처님께서 앉으셨던 좋은 자리라고 하시면서 부처님이 앉으시기를 권하고 또 게송으로 부처님의 공덕을 찬탄했던 것입니다. 참으로 장엄한 광경을 우리는 이 품에서 엿볼 수 있습니다.

그러면 「불승수미정품」에 나오는 주요 언어들을 한 번 살펴 보도록 하겠습니다. 부처님을 칭하는 명호(名號)는 열 가지가 있습니다. 이 명호들은 부처님께서 갖추신 공덕을 10가지 면으로 존칭한 이름을 뜻합니다.

그 첫째가 여래(Tath gata)인데 진리에 도달한 사람이라는 뜻이 담겨져 있습니다. 둘째 응공(Arhat)은 아라한 즉 성자로, 중생으로부터 공양을 받을 수 있는 분, 셋째 정변지(Samyak sambuddha)로, 삼막삼불타 즉 일체를 갖추신 분이기에 우주 현상을 알고 계신다는 뜻이며, 넷째 명행족(Vidy cara a-sa panna)으로, 명은 무상정변지를 뜻하며 행족은 계, 정, 혜 삼학을 뜻합니다. 다섯 번째는 선서(Sugata)로, 부처님은 피안에 계셔서 다

시 생사고해에 빠지지 않으시기에 선서라고 합니다. 여섯 번째
는 세간해(Lokavit)로, 로가비라고도 하는데, 이는 온 세상의 주
인이며 어른이라는 뜻입니다. 일곱 번째는 무상사(Anuttara)로,
아뇩다라 즉 인간세계 천상세계 유정무정 가운데에서 가장 높
고 위대한 분을 말합니다. 여덟 번째는 조어장부(Puru adamyas
rathi)로, 대자대비, 대지혜로써 정도를 잃지 않는다는 뜻이 담
겨져 있습니다. 아홉 번째는 천인사(Devamanu yastr)로서, 각자
즉 모든 법을 스스로 깨닫고 자각하여 유형무형을 다 아시는 분
이라는 뜻입니다. 열 번째는 불, 세존(Bhagavat)으로, 모든 우주
만유에서 제일 존귀하신 분이라는 뜻입니다.

그 중에서도 우리는 부처님을 세존이라는 명호로 많이 쓰는
편입니다. 이것은 부처님께서 온갖 공덕을 원만히 갖추어 세간
을 이롭게 하고 또 세간에서 가장 존중받음으로써 불리는 명호
가 바로 세존이기 때문입니다. 다시 말해 세존의 깊은 뜻은 세
상에서 가장 존귀하고 높으신 분이라는 것입니다.

그 다음에 나오는 단어가 수미산입니다. 이 산은 사바세계의
중심에 우뚝 솟아 있는 산으로서 그 바깥에는 일곱 개의 산과
여덟 개의 바다가 겹겹이 둘러싸고 있다고 합니다. 이 일곱 개
의 산 바깥에는 동서남북으로 네 개의 대륙이 있는데 동쪽의 승
신주(勝身州), 서쪽의 구타니주, 남쪽의 섬부주, 북쪽의 구로주

라고 일컫습니다. 이 중에서 우리 중생이 살고 있는 곳을 남섬부주라고 합니다.

도리천은 불교에서 말하는 욕계 6천(欲界六天) 중 제2천에 해당합니다. 여기에서 '도리'는 33의 음사(音寫)이며 삼십삼천(三十三天)으로 의역하기도 합니다. 도리천은 세계의 중심인 수미산의 정상에 있으며 제석천의 천궁(天宮)이 있는 곳이기도 합니다. 또한 이곳에는 제석천의 권속이 되는 하늘 사람들이 살고 있는 동서남북 사방에 네 개의 성인 봉우리가 있으며, 그 봉우리마다 8천이 있기 때문에 제석천과 합하여 33천이 되는 것입니다. 그러므로 도리천은 지상에서 가장 높은 곳이라 할 수 있습니다.

제석천은 우리 불교에서 말하는 세계의 중심을 상징하는 수미산 위에 있는 도리천을 주관하는 천신(天神)으로 비와 번개를 동반하며 악마의 무리를 퇴치하는 그런 무장(武將)입니다. 이 제석천이 우리 불교에 수용되면서 범천과 함께 석가모니 부처님을 호위하고 수호하는 호법선신의 모습으로 나타나기도 합니다. 불교에 귀의한 이후에는 모습이 달라져서 고상하고 우아한 귀족의 형상으로 등장하기도 합니다. 『아함경』에 보면 제석천은 본래 사람이었으나 사문이나 바라문 등의 수행자에게 갖은 음식과 재물, 향, 의구와 등불을 베푼 공덕으로 인해 제석천이 되었다고 합니다.

또 사자좌라는 단어가 나옵니다. 사좌자란 부처님의 자리나 경위를 말하는 것으로 부처님이 모든 사람들 속에 있는 것이 마치 사자가 모든 동물들 속에 있는 것처럼 높다는 의미가 담겨져 있습니다. 다시 말해 부처님은 가장 높은 지위에 있는 분으로서 사자가 앉아 있는 자리에 비유한 것이라 할 수 있습니다.

보리수는 부처님께서 깨달음을 이루실 때 곁에 있었던 나무입니다. 위신력이란 존엄하고 불가사의한 힘을 뜻하며, 공덕은 좋은 결과를 얻을 수 있고 좋은 복덕이 되는 것을 말합니다. 시방은 동서남북 사방과 아래위 상하 그리고 그 사이사이는 물론 우리가 사유하는 시간을 모두 합한 것을 뜻합니다. 그러므로 부처님이 시방세계에 아니 계신 곳이 없다는 말은 곧 우리가 사는 이 세상의 동서남북 상하 그 어디에도 부처님이 존재하신다는 뜻입니다.

오늘 제가 법문을 하고 있는 『화엄경』의 「불승수미정품」을 정리하면 이렇습니다. 마야부인은 당신의 아들인 석가모니 부처님이 성불하신 것과 법문을 듣지 못하고 세상을 떠났습니다. 석가모니 부처님은 이를 슬퍼하여 신통력을 부려 수미산 정상에 있는 도리천에 갔던 것입니다. 그때 도리천에 계셨던 제석천은 멀리서 석가모니 부처님이 오시는 것을 보고 많은 보배로 장식된 사자자리를 만들어 몇 겹으로 폈습니다. 제석천은 부처님 앞에 합장하고 예배하며 석가모니 부처님을 환영하고 이 궁전에 머물러 줄 것을 청하였습니다. 석가모니 부처님은 이 소원을 받아들여서 그 궁전으로 올라갔고 그때 제석천의 궁전에서 흘러나오는 무량한 음악은 부처님의 위신력으로 조용해졌습니다.

제석천은 과거에 부처님을 모시고 진리를 지키는 구도자의 고행을 닦던 일을 생각해 내고 그야말로 과거에 이 땅에 모셨던 여러 부처님의 이름을 말하고 그 복덕을 찬탄했던 것입니다. 그 부처님은 가섭불, 구나하모니불, 구류손불, 비사부불, 비바시불, 시지불, 연등불 이렇게 해서 일곱 분의 부처님이었습니다. 본래는 열 분의 부처님께서 석가모니 부처님께 앉을 자리를 권하며 공덕을 찬탄하셨습니다.

이와 같이 제석천은 부처님의 위신력을 받아서 과거의 모든 부처님의 공덕을 찬탄하셨으며 시방에 있는 십만의 제석천도 저마다 과거세의 모든 부처님을 찬탄하였습니다. 그때 석가모니 부처님께서는 사자좌에 올라서 결가부좌를 하셨는데 제석천의 궁전은 순식간에 넓어져 도리천과 같은 십만의 넓이가 되었다고 합니다. 이와 같이 「불승수미정품」은 부처님의 신비한 위신력을 찬탄하기 위해 마련한 품이라고 할 수 있습니다.

여기에서 우리는 과거 가섭불로부터 연등불에 이르기까지

일곱 부처님이 불교의 진리에 대해서 똑같은 말씀을 반복하고
있다는 사실을 생각하지 않을 수 없습니다. 이를 '칠불통계(七
佛通戒)'라고 하는데 불교에서는 보편타당한 진리를 이르는 용
어로 사용되기도 하고 이는 어느 한곳이나 한때에 그치지 않고
동서고금을 통해 어떠한 제한도 받지 않는 불변의 가르침으로
써 불교를 이해하는 데 아주 유익한 게송입니다. 또한 불교를
가장 염모하고 가장 압축적으로 설명해 놓은 게송이라 하겠습
니다. 우리 불자님들도 잘 알고 계시리라고 봅니다.

諸惡莫作 衆善奉行　제악막작 중선봉행
自淨其意 是諸佛教　자정기의 시제불교

모든 악을 짓지 말고 모든 선을 받들어 행하라.
그 뜻을 스스로 청정히 하면
이것이 곧 모든 부처님의 가르침이다.

모든 악을 끊고 모든 선을 받들어 행하고 그 마음을 깨끗이
하게 되면 그것이 곧 부처이며 가르침이라는 말입니다. 이를
'심청정시불(心淸淨是佛)'이라 하기도 하는데 '곧 마음이 청정
하면 바로 부처'라는 말입니다. 그러므로 불교의 가르침은 이

‘칠불통계’에 모두 포함되어 있다고 해도 과언이 아닙니다. 사실 이 내용은 어린 아이도 능히 알기 쉬운 경구입니다. 하지만 이를 실천하는 것은 참으로 어렵습니다. 그래서 불교는 타력신앙이 아니라 자력신앙이며 스스로 닦는 종교입니다. 자신이 스스로 수행하고 노력을 해야 합니다. 때문에 불교를 두고 수행불교, 생활불교, 실천불교라고 하는 것입니다.

당나라 때 백낙천이라는 지식인이 있었습니다. 이 분이 자사라는 지방관으로 부임한 곳에 도림 선사라는 큰스님이 계셨습니다. 백낙천은 도림 선사에게 이렇게 물었습니다.

“큰스님, 불법이란 한마디로 어떤 것입니까?”

도림 선사가 대답하였습니다.

“나쁜 일은 하지도 말고 여러 가지 착한 일을 받들어 행하고 또 자기의 마음을 맑히는 것, 이것이 모든 부처님의 가르침이다.”

백낙천은 이 이야기를 듣고 불쑥 이런 말을 했습니다.

“그 정도야 삼척동자도 다 아는 사실이 아닙니까?”

도림 선사는 기가 차서 백낙천의 무례함을 보고 다그쳤습니다.

“그럼. 그거야 삼척동자도 다 아는 사실이지만 팔십 노인조차 행하기가 어렵다.”

그렇습니다. 누구나 말은 쉽게 할 수 있습니다. 우리가 팔만대장경을 달달 외워도 부처님의 진리의 말씀에 입각해서 내가 하나도 실천하지 않으면 무슨 열매를 맺을 수 있겠습니까. 아무리 꽃이 아름다워도 벌과 나비가 찾아들지 않으면 열매를 맺을 수 없듯이 부처님의 진리의 말씀을 아무리 많이 알아도 실천해나가지 않으면 아무런 의미가 없습니다. 그 순간 백낙천은 더 이상 말을 못하고 도림 선사님께 귀의하게 되었다고 합니다.

이와 같이 ‘칠불통계’는 과거 일곱 부처님께서 한결같이 우리에게 가르치신 진리입니다. 너무도 단순하고 쉬운 말인 듯하지만 실천하기는 오히려 쉽지 않다는 얘기입니다. 우리 속담에 ‘남의 허물을 보지 말고 나의 허물을 먼저 보아라.’ 라는 것이 있습니다. 우리 주변에 보면 항상 남의 허물을 잘 들추는 사람이 있습니다.

남의 허물을 보는 사람은 이미 자기의 허물을 먼저 보이는 것과 같습니다. 자기 허물이 있기 때문에 남의 허물을 보는 것이기 때문입니다. 이와 달리 자신에게 허물이 없는 사람은 남의 허물도 보지 않습니다. 자기 허물이 많이 있는 사람은 남의 허물을 이야기하면서 자신의 허물을 덮으려고 하는 경향이 있습니다. 나의 허물을 반성하는 사람은 먼저 남의 이익을 먼저 생각합니다. 언제나 자신보다 상대방에게 이익을 베풀고자 합니다. 이것이 바로 우리가 실천하고자 하는 것이며 『화엄경』의 가르침입니다.

언제나 자신의 허물을 반성하는 사람은 저절로 번뇌 망상이 끊어져 마음이 비워지고 공덕이 쌓이므로 이것이 바로 행복하게 사는 비결입니다. 우리가 해탈로 가는 방법은 바로 자신의 허물을 인정하고 남에게 항상 이익을 베푸는 삶입니다. 우리가 부처님께 기도를 하는 것은 행복의 열매를 따기 위해서가 아니라 자신의 마음속에서 일어나는 욕망을 덜어 내는 작업입니다. 말하자면 내 속에 든 욕망의 찌꺼기를 건져 내는 기도를 하게 되면 자연스럽게 마음속에 행복이 찾아오게 되는 것입니다.

그래서 불교의 육바라밀 중 으뜸이 바로 보시라고 했던 것입니다. 남을 위해 선행을 많이 하고 항상 베푸는 마음을 가지는 것이 중요합니다. 보시를 많이 하면 할수록 공덕이 쌓이는 것도 이 때문입니다. 보시에는 물질적인 재보시가 있고 법보시가 있고 무외시가 있습니다만 돈 안 들이고 보시하는 것도 여러 가지가 있습니다. 언사시라고 해서 말로 보시하는 것, 얼굴로 보시하는 화안시 등이 있습니다.

한 번 따라해 보세요.

부처님의 마음은 다른 게 아니라 우리가 성 안 내는 그 얼굴이 참다운 공양구입니다. 그래서 보살님들은 꽃단장할 때마다 거울을 수시로 꺼내보면서 웃음을 짓습니다. 이렇게 매일 매일 웃으면서 살다 보면 때론 얼굴이 주름지기도 합니다. 그래도 웃으면서 세상을 살 수 있다면 얼마나 좋겠습니까? 물질적인 것만이 보시가 아니라 성 안 내는 것을 상대방에게 보여 주는 것도 참된 공양이라 할 수 있습니다. 부드러운 말 한마디가 미묘한 향이라고 했습니다. 누가 여러분을 칭찬하면 기분이 좋지 않겠습니까?

말에는 복을 짓는 말이 있고 복을 까먹는 말이 있습니다. 그러므로 남을 칭찬하는 말은 복을 짓는 일이며 덕을 쌓는 일입니다. 복덕을 쌓는 말을 많이 해야 복이 옵니다. 보시는 가진 사람만이 하는 것이 아니라 자비심만 있으면 누구나 할 수 있는 일입니다. 이렇게 「불승수미정품」에서 우리가 무엇을 배우고 느껴야 하겠습니까? 다름 아닌 부처님을 맞이하고 가르침을 청하는 불자의 기본자세를 배워야 합니다.

부처님을 맞이하는 데에 제석천의 지극한 간절함을 알 수 있습니다. 우리는 부처님의 가피를 바라고 가르침을 청하고 소원 성취를 발원하면서 과연 제석천처럼 겸손하고 지극하였는지 한 번쯤 반성해 보아야 할 것 같습니다.

겸손지덕(謙遜知德), 겸손한 사람이야말로 타인을 수용할 수 있습니다. 이는 자기 긍정의 확신이고 진정한 용기를 의미합니다. 우리 불자님들은 오늘부터 모두 제석천이 되어 부처님을 내 마음의 궁전으로 모셔야 하겠습니다. 그러기 위해서는 내 마음을 청정하고 아름답게 꾸며야 합니다. 사자좌에 앉으신 부처님은 바로 나의 불성이요 참마음이라고 할 수 있습니다. 삼십삼천을 다스리는 제석천조차 자신들을 가엾게 여기시어 부처님께서 법을 설해 줄 것을 호소했던 것입니다.

우리들은 입으로는 내 마음이 부처라고 합니다. 그토록 귀한 보배를 지니고 있으면서도 우리는 스스로 부처임을 알지 못하는 중생에 지나지 않습니다. 또한 그 힘든 사람의 몸으로 태어났으면서도 자신의 몸속에 든 불성(佛性)을 그대로 보지 못하고 아직도 고통 속을 헤매고 있는 것이 바로 우리들 중생입니다. 오늘 화엄산림법회에 오셔서 이런 법문을 듣게 된 것은 얼마나 큰 부처님의 가피입니까?

우리가 살아가면서 돈 안 들이고 복 짓는 일이 남을 칭찬하는 것입니다. 말은 남에게 독(毒)을 주기도 하고 기쁨을 주기도 합니다. 그래서 사람은 신구의 삼업 중에 항상 입을 조심해야 합니다. 이를 구업(口業)이라고 합니다. 부처님께서 구업을 짓지 말라고 하신 것도 이 때문입니다. 천수경의 첫머리에 나오는 말씀이기도 합니다.

대개 남자들은 몸으로 죄를 짓고 보살님들은 입으로 죄를 많이 짓습니다. 입만 잘 다스리면 됩니다.

제가 구업을 안 짓는 법을 가르쳐 드릴 테니 한 번 따라해 보세요.

입 다스리는 법, 말할 때 말하고 말해서는 아니될 때 말하지 말라. 말은 해야 할 때 침묵해도 아니 되고 말을 해서는 안 될 때 말해서도 안 된다.
손가락 내밀어 보세요. 입아, 입아, 꼭 그렇게만 해다오.

우리는 부처님을 그토록 간절하고 청정한 마음으로 청하여 우리 불자들의 궁전인 마음속에 부처님을 모시게 되었으니 참으로 기쁘고 행복합니다. 불자라고 한다면 부처님 법을 듣고 싶고 가르침을 받고 싶은 깨달음에 대한 열망과 함께 어떠한 가르침도 그대로 받아들이려고 하는 적극적인 자세가 필요하겠습니다. 그렇게 될 때 부처님께서 제석천궁에 결가부좌하셨을 때 궁전이 홀연히 넓어진 것처럼 우리 불자님의 마음도 홀연히 넓어질 것입니다.

오늘 끝까지 법문을 듣고 계신 청신사, 청신녀분들은 제석천과 같은 간절한 마음으로 복을 청하고 삼보에 대한 존경심으로 앞으로 법회에 임하신다면 반드시 성불하실 것입니다.

가정에도 불보살님의 가피가 함께 하리라고 확신합니다.

시몽 스님

1965년 백양사에서 서옹 스님을 계사로 사미계 수지.

1969년 통도사에서 월하 스님을 계사로 구족계 수지. 백양사 승가대학 졸업.

1975년 제주 법화사 주지서리를 시작으로 2007년 6월까지 법화사 주지소임을 맡았다.

현재 고불총림 백양사 주지.

화엄경 불부사의 법품

| 시몽 스님 |

『화엄경』은 우리 신도님들도 아시다시피 원이름은 『대방광불화엄경大方廣佛華嚴經』입니다. 대승불교 초기의 중요한 경전으로 한역본은 불타발타라(佛陀跋陀羅)가 번역한 60권본, 실차난타(實叉難陀)가 번역한 80권본, 반야(般若)역의 40권본이 있는데, 이 중 40권본은 「입법계품」만을 뽑아서 번역한 것입니다.

본경은 불타의 깨달음의 내용을 그대로 표명한 경전이며, 비로자나불(毘盧遮那佛)을 교주로 하고 있습니다. 60권본은 7처(處)·8회(會)·34품(品)으로 구성되어 있는데 제1적멸도량회(寂滅道場會 : 제1~2품)와 제2보광법당회(普光法堂會 : 제3~8품)는 지상, 제3도리천회(忉利天會 : 제9~14품), 제4야마천궁회(夜摩

天宮會 : 제15~18품), 제5도솔천궁회(兜率天宮會 : 제19~21품), 제6타화자재천궁회(他化自在天宮會 : 제22~32품)는 모두 천상입니다. 제7은 다시 지상의 보광법당회(제33품), 제8은 지상의 서다림회(逝多林會 즉 祇園精舍 : 제34품)로 되어 있습니다.

물론 여러분은 많은 큰스님으로부터 부처님이 화엄경을 설법하게 된 배경과 대의 그리고 화엄산림을 봉인한 이유 등을 이미 자세하게 배웠을 것입니다. 부처님은 음력 12월 8일에 성도하셨습니다. 여기에서 성도란 성불득도(成佛得道)의 뜻으로, 도는 보리(菩提, bodhi : 깨달음)의 구역(舊譯)으로써 보리를 완성하여 부처가 되는 것을 의미하는데 일반적으로 석가모니가 보리수(菩提樹) 아래에서 깨달아 부처를 이루신 것을 말합니다. 그리고 성도일에 여는 법회를 성도회 또는 납팔회(臘八會)라고 합니다.

부처님이 깨달음을 이룬 것을 두고 흔히 경전에서는 법열을 자수(自受)했다고 합니다. 이를테면 우리가 진실로 공부를 할 적에는 먹는 것, 잠자는 것을 잊어버려야 한다고 합니다. 이를 침식을 잊고 일에 몰두한다는 뜻으로 '폐침망찬(廢寢忘餐)' 한다고 합니다. 부처님께서 실로 6년간의 고행을 하신 그 시기야말로 폐침망찬을 하시면서 공부를 하셨다고 되어 있습니다. 실제로 우리는 오늘날 그 당시 부처님의 고행상(苦行相)을 직접 눈으로 보고 있습니다. 그야말로 피골이 상접한 부처님의 형상 앞에서 불교인은 물론 비불교인, 신앙하지 않는 사람이라 할지라도 고개를 숙이지 않을 수가 없었다고 고백을 하고 있습니다.

이렇듯 오늘날 불교 공부를 하시는 분들이나 수행자들도 먹고 잠자는 일을 잊고 용맹정진을 해야만 그 수행의 대열에 참여했다고 감히 말할 수 있을 것입니다. 한번 해 봐야지 하는 그런 마음으로는 아무리 해 봐야 별 소용이 없습니다. 문제는 굳은 신념에 달려 있습니다.

제가 수행에 관해 재미있는 일화를 하나 이야기하겠습니다.

중국의 유명한 공자에 관한 것입니다. 부처님에게도 많은 제자가 있었듯이 공자에게도 삼천여 명의 제자가 있었는데 그 중에 자로라는 분이 있었습니다. 공자보다 아홉 살 어린 그는 위나라의 영공 밑에서 읍재라는 관직을 맡고 있었습니다. 성격이 거칠었으나 스승인 공자에게는 예를 다해 존경하고 자신이 모시고 있던 주군에게 늘 공자에 대해 이야기를 했습니다. 그러나 그의 주군은 전혀 공자를 만난 적이 없어 자로를 통해 지덕을 겸비한 인물로만 알고 있었습니다. 자로는 주군 앞에서 거의 매일 자기의 스승인 공자 자랑을 하였습니다. 영공은 듣다못해 "도대체 공자가 얼마나 위대하고 훌륭한 분이기에 그토록 입에 침이 마르도록 칭찬하는가. 그 장점을 한마디로 말해 보아라."

고 했습니다.

자로는 머뭇거리다가 아무런 말도 하지 못하고 공자에게로 왔습니다.

"스승님, 내가 모시는 주군이 공자님의 훌륭한 점을 한마디로 말해 보라고 하셨습니다."

공자가 말하길 "나의 스승은 잠자는 일도 먹는 것도 모두 잊어버리고 공부를 했는데 성취를 이루었을 때는 그만 자신의 나이까지도 잊어버렸다고 말하라."고 했습니다. 자로는 스승의 말을 듣고 주군에게 달려가 공자의 말씀을 전했습니다. 공자가 나이를 잊어버렸다는 말은 바로 시간과 공간을 초월한 그러한 상태를 말합니다. 주군은 자로의 말을 듣고 그제야 공자를 존경했다고 합니다. 우리가 불교 공부를 하거나 수행 정진을 할 때도 이와 같이 해야 합니다.

부처님께서도 6년간의 고행 끝에 하늘의 별을 보고 성도하신 뒤 법열을 자수하는 49일 동안 시간 가는 것을 잊어버렸다고 합니다. 이것은 단적으로 그 분의 고행상을 드러내는 일이라 할 수 있습니다. 부처님의 이런 모습이 바로 불가사의한 일입니다. 글자 그대로 해석하면 우리로서는 감히 생각할 수도 없고 상상할 수도 없는 법력을 부처님은 안으로 지니고 있었던 겁니다.

그러나 부처님이 이 세상에 오시고 난 뒤 80년 동안 참으로 많은 일들을 하셨지만 설한 바가 없다고 하신 것도 불가사의한 일입니다. 사실 부처님은 이 세상에 오시기 훨씬 이전에 삼아승지겁 동안 보살행의 과보를 실천하셨다고 합니다. 하지만 우리 중생들은 부처님의 과거생을 볼 수가 없습니다. 다만 마야부인과 정반왕 사이에서 나신 부처님의 모습과 고행, 설법, 그리고 열반하실 때의 모습만 상상할 뿐입니다. 하지만 부처님께서 태어나셔서 성불과 열반에 이르는 과정만 생각해도 단연코 불가사의하다는 것을 수많은 경전을 통해 목격할 수 있습니다. 부처님은 바로 깨달음을 이루고 난 49일 동안 삼아승지겁을 통해서 그동안 보살도를 행한 것을 떠올리고 계셨던 겁니다. 이러한 전생이야기는 『본생경』에 모두 나와 있습니다. 부처님이 보살도를 행하시고 실천하셨던 그 많은 일들이 이 속에 담겨져 있습니다.

부처님께서 법열에 잠기신 후 무려 49일이나 지나간 사실조차 몰랐다는 말씀에 우리는 주목해야 합니다. 우리 중생들은 짧은 시간 참선을 해도 지루한 감이 드는데 부처님은 꼼짝없이 전생을 더듬었던 것입니다. 이 또한 불가사의한 일이 아니고 무엇이겠습니까?

그리하여 부처님은 '내가 십만겁을 통해 보살도를 실천하여 깨달은 법이 너무 기쁘지만 세상 사람들이 미혹의 그물에 얽매이고 삿된 견해에 집착하여 이해하기 어렵다. 이 때문에 내가 이 세상에 오래 머문다 하더라도 아무런 이익이 없을 것이다. 차라리 몸을 버리고 고행이 없는 열반의 세계에 들어가리라.' 라고 생각하셨습니다.

그런데 이 같은 부처님의 마음을 읽은 하늘신이 청법(請法)을 하여 열반에 들지 않고 어리석은 중생들의 교화에 나서게 되었던 것입니다.

부처님은 사바세계란 범부와 범부끼리 사는 고통의 바다[고해]라고 하셨습니다. 그리하여 부처님은 마침내 마음을 맑게 하여 불국토(佛國土)를 세우기를 결심했던 겁니다. 사실 불교의 목적은 사바세계에 불국토를 건설하는 것이지만 부처님이 탄생하신 지 2,600여 년이 지나는 동안 이 세상에 불국토는 아직 건설되지 않았습니다.

부처님의 고뇌가 여기에 있었습니다.

'삼독을 인간의 보배로 삼고 있는 저 중생들을 위해 내가 과연 불국토를 건설할 수 있을까.'

그것은 한마디로 혁명이었습니다. 스스로 중생들을 위해 고통의 바다를 헤쳐 나가지 않으면 안 된다는 것을 알고 계셨습니다. 하지만 앞으로 나아갔습니다. 하늘신의 청법을 받아들이고 부다가야에서 바라나시로 중생들을 교화하기 위해 걸어갔던 것입니다.

오늘날 불교의 목적은 정의로운 사회구현과 불국토를 건설하는 데 있습니다. 물론 많은 스님들이 노력하고 있지만 당시만 해도 부처님은 정말 많은 고뇌를 안고 있었다는 것을 단적으로 볼 수 있습니다. 이렇듯 부처님은 생로병사의 고통에 있는 중생들을 위해 6년간의 고행 끝에 성도를 하시고 난 뒤에도 끊임없이 중생 구제를 위해 고민하셨던 겁니다.

그러면 자고 먹고 숨 쉬는 일까지 잊고 공부를 한다면 우리도 반드시 부처가 될 수 있을까요? 여기 법당에 오신 모든 분들이 그렇게 공부를 한다고 해서 부처가 되겠습니까? 중요한 것은 믿음입니다. 이 믿음을 바탕으로 하여 우리는 끊임없이 정진하지 않으면 안 됩니다.

『화엄경』에 '일체유심조' 라는 말이 있습니다. 이것은 화엄사상의 대의(大義)이기도 합니다. 부처님은 십만겁을 지나면서 수행 정진하여 비로소 부처가 되었다고 합니다. 그런데 오늘날 선사상의 입장에서는 돈오돈수를 주장하고 있습니다. 즉 부처님처럼 그토록 오랜 시간 수행을 하고 공부를 하지 않아도 단박에 깨달음에 이를 수 있다고 합니다. 왜냐하면 모든 것이 마음먹기에 달려 있기 때문입니다. 그래서 『화엄경』은 마음먹기에 따라 단박에 깨쳐 부처가 될 수 있다는 것입니다. 즉 선의 입장에서 보면 부처는 만겁도 필요 없고 오직 마음만 깨달으면 단박에 부처가 되기 때문입니다. 이것은 우리 불자들도 잘 알고 있습니다.

본디 『화엄경 법성게』는 의상 조사께서 당나라로 유학을 가서 돌아와 지엄 선사에게 제출한 논문식 게송입니다. '일념즉시 무량겁(一念卽是 無量劫)', 찰나의 한 생각이 무량한 긴 겁이라는 말입니다. 그리고 하나가 전체이고 전체가 하나라는 뜻이기도 합니다. 이 정신이 바로 화엄사상입니다.

그런데 한번 생각해 봅시다. 우리가 진실로 부처님의 깨달은 마음으로 볼 때 과연 우리 중생들이 깨칠 수 있겠습니까? 아니 사바세계의 범부 중생들에게 탐하고 성내고 어리석은 것을 없애라고 하는데 사실 이를 없애고 어떻게 세상을 살 수 있겠습니까? 하지만 부처님은 단박에 없애라고 말씀하셨습니다. 또한 여러분들에게 큰스님들도 부처님과 똑같이 없애라고 하고 있습니다.

어찌 보면 탐진치 삼독을 없애면 부처가 된다고 하니까 상당히 훌륭한 말씀인 것 같지만 이 세상에서 이를 없애고서는 도저히 살 수 없습니다. 어쩌면 공연한 말일 수 있습니다. 만약 없앨 수 있다면 얼마나 좋은 일입니까? 부처님도 이를 알고 계셨던 겁니다. 중생들의 세상에서 행여 내 말이 공연한 소리에 지날 수도 있다는 생각을 하셨던 것입니다.

'중생들은 진실로 삿된 견해에 집착하여 참으로 교화하기 어

렵다. 그러니 내가 이 세상에 머무를 필요가 없다.'

그때 만약 하늘신이 부처님에게 청법을 하시지 않았다면 우리는 부처님을 만나지 못했을 것입니다.

『화엄경』은 대상이 없는 설법입니다. 깨달음의 상황을 있는 그대로 가감 없이 쏟아부어 놓은 것입니다. 부처님은 『화엄경』을 두고 '모든 것은 마음먹기에 달려 있다.' 고 하셨습니다. 이것이 바로 화엄경의 진리입니다. 남에게 아무리 진리를 장황하게 설명한다고 해도 알아듣지도 못합니다. 중요한 것은 말 없는 진리를 깨달아야 합니다.

부처님은 하늘신의 청법에 이끌려 비로소 설법의 대상이 있는 도시로 나아갔습니다. 그런데 중생들은 꼬마도 있고, 어른도 있고, 지식인도 있고. 왕도 있고, 창녀도 있고 별별 사람들이 다 있고 그들의 업도 각각 다를 뿐만 아니라 생김새도 다릅니다. 하지만 부처님은 불가사의하게도 그 업과 모양과 사람의 근기에 따라 45년 동안 설법을 하였습니다. 팔만사천경은 이 설법들을 기록한 것입니다.

사실 불자들은 절에서나 집에서나 관세음보살, 관세음보살 하고 부릅니다. 그 관세음보살님이 어디에 있습니까? 눈에 보입니까, 안 보입니까? 보일 때도 있고 안 보일 때도 있습니다. 왜냐하면 모든 것은 마음먹기에 달려 있기 때문입니다. 아프리

카 사람이 관세음보살을 부르면 관세음보살님은 그곳까지 달려
간다고 하셨습니다. 마치 아기가 엄마를 부르면 달려가듯이 말
입니다.

부처님의 음성도 몸도 마찬가지입니다. 부르기만 하면 이르
지 않는 곳이 없으니 부처님이 불가사의한 분이 아니고 무엇이
겠습니까? '석가모니불' 하고 부르면 법당에서나 길거리에나
시간과 공간을 초월하여 일체 불보살은 그곳에 나타납니다. 그
래서 불가사의한 것입니다. 『화엄경』「불부사의법품」에 보면
부처님의 음성과 부처님의 몸이 나투시지 않는 곳이 없습니다.
이와 같이 부처님은 한정 없이 불가사의하시기 때문에 이루 다
말할 수 없습니다. 부처님의 『본생경』을 읽어 보면 우리들이 도
저히 생각할 수도 없는 삶이 모두 나타나 있습니다.

『금강경』에 나오는 급고독 장자의 이야기를 하겠습니다. 급
고독 장자의 며느리는 옥야인데 그녀는 집이 부유하고 지체 높
은 장자의 딸이었습니다. 그런데 매사에 교만하고 남을 업신여
겨 시아버지 마음을 편안치 못하게 하였습니다. 그는 며느리의
못된 심성을 고치기 위해 부처님께 청법을 합니다. 부처님이 옥
야가 있는 집에 갔을 때 다른 가족들이 모두 예배을 하는데 옥
야만은 방 안에서조차 나오지 않았습니다. 그때 부처님은 신통
력을 부려 사방의 벽을 트이게 하여 옥야를 만났습니다. 당시

인도 사회는 절대 부권주의사회였습니다. 부처님의 경전이 남성 중심으로 설해지고 있지만 『옥야경』은 그것과 사뭇 다른 모습으로 나타나고 있습니다. 그때 부처님은 옥야에게 어진 아내의 도리를 일러 줍니다. 어머니와 같은 아내, 누이와 같은 아내, 친구와 같은 아내, 며느리와 같은 아내, 종과 같은 아내, 원수와 같은 아내, 도둑과 같은 아내입니다. 옥야는 부처님의 설법을 듣고 자신의 잘못을 참회하고 스스로 종과 같은 아내가 되고자 맹세하였습니다. 이 설법을 모은 경전이 『옥야경』입니다. 이와 같이 부처님은 어떤 사람에게도 근기에 따라 설법을 하셨습니다.

놀라운 것은 부처님께서는 20년 이상을 인도 마갈타 나라의 수도인 슈라바스티성에서 사셨다는 점입니다. 그런데 오늘날 우리나라의 스님들은 모두 산중에 계십니다. 중생 구제를 위해서는 이제 산중을 벗어나 도시에서 생활해야 합니다. 종정스님이나 조실스님들이 먼저 그랬으면 좋겠습니다.

부처님은 당시 여성에게도 관심을 가졌는데 장안의 이름난 기생들에게 설법을 하고 공양을 받으셨다는 기록이 경전에 있습니다. 이렇게 부처님은 부귀빈천을 가리지 않고 중생 구제에 나섰습니다.

마지막으로 '경전을 읽고 외우고 베껴 쓰고 다른 사람에게 말하라' 고 당부하신 부처님의 말씀을 절대로 잊어서는 안 됩니다. 경전 공부는 매우 훌륭한 일입니다. 그런데 우리 불자들은 절에 올 때도 몸만 달랑 왔다 갔다 합니다. 가방 속에 부처님 경전을 꼭 지니고 다녀야 합니다. 경전공부는 한국불교의 미래를 위해서나 불국토를 건설하는 데 꼭 필요한 일이기 때문입니다.

한국불교가 무한히 발전할 수 있었는데 조선시대의 숭유억불정책으로 퇴락했던 시기가 있었습니다. 나의 개인적 생각으로는 고려에서 곧바로 근대국가로 왔더라면 우리 민족 한국인의 민족적 정체성 그리고 불교적 측면에서 볼 때 위대한 문화가 이루어졌을 것입니다. 하지만 조선시대에도 추사 김정희 선생 같은 훌륭한 재가자가 계셨습니다. 그는 당대 최고의 예술인이었지만 재가불자로서 삭발염의를 한 거사였습니다.

추사는 불교 법회를 이렇게 정의하고 있습니다. 高會夫妻兒女孫 고회부처아녀손이라고 하셨습니다. 사람이 많이 참석하거나 고위공직자 등 돈 많고 벼슬 높은 사람들이 참석한 법회를 훌륭한 법회라고 말할 수 없습니다. 앞서 추사 김정희 선생이 정의한 바와 같이 남편과 아내, 자식과 손자 등 한 가족이 모여 부처님의 말씀을 공부하는 법회가 가장 훌륭한 법회입니다.

요즘 절에는 여성 불자들이 대부분이고 남자들은 1%도 안 됩니다. 그 까닭이 있습니다. 조선이 망한 지 백년이 흘렀는데도 아직 한국불교는 조선 불교에 머물러 있기 때문입니다. 이를 극복하기 위해서는 여성 불자들의 역할이 중요합니다. 여성이 중심이 되어서 남편과 아내와 아들, 손자가 함께 한 가족이 법회에 참석하는 운동을 벌려야 합니다. 요즘 가족법회를 한다고 하는데 여러분은 이를 실천하십니까? 진실로 우리는 이 가족법회를 실천해야 합니다. 어떻든 불교도 여러 가지 방향으로 변해야 합니다. 물론 스님들이 먼저 크게 각성하지 않으면 안 됩니다.

어느 날 유명한 서예가 한 분이 이런 말씀을 하셨습니다.

"나는 부처님의 말씀에 대해서 눈곱만큼도 의심한 바가 없습니다. 그런데 윤회환생에 대해서는 명확하게 믿음이 가지 않습니다."

그래서 저는 이렇게 설명했습니다.

"대개 사람들은 한 번 나고 한 번 죽으면 그만이다 라고 생각합니다. 이를 일생일사관(一生一死觀)이라 합니다. 그러나 불교는 다생다사관(多生多死觀)을 말하고 있습니다. 나고 죽는 것을 끊임없이 반복하는 것입니다. 기독교는 이생일사관(二生一死觀)을 취합니다. 어머니한테 한 번 나서 죽고 다음에 천당과 지옥에서 난다는 뜻입니다. 우리가 이 세 가지의 생사관을 볼 때 어떤 것이 가장 합리적인 것 같습니까?"

이와 같이 불교처럼 이성적이고 분명한 종교는 없습니다.

정여 스님

범어사 강원 대교과를 수료하고, 수도암, 도성암, 쌍계사 등 제방선원에서 수선안거 하였다.

현재 범어사 주지 소임을 맡고 있으며, 어린이 포교와 사회복지, 종교화합을 위해 다양한 활동을 하고 있다.

부산광역시 불교연합회 회장, 대한불교교사대학 학장, 사회복지법인 범어 이사장, 재단법인 범어청소년동네 이사장, 사회복지법인 보현도량 이사장, 재단법인 보현장학회 이사장, 부산종교지도자협의회 회장, 부산·경남 우리민족서로돕기운동 상임대표, 부산의 새발견 이사장 등을 맡고 있다.

저서로는 『불자의 길』『구름 뒤 파란하늘』『알기 쉬운 금강경』 사경집 불교경전시리즈(전12권), 『깨달음의 세계』『선의 세계』『자비의 풍경소리』『마음의 풍경』『시로 읽는 금강경』 등이 있다.

깨달음의 세계

| 정여 스님 |

성불하세요.

잠시 마음을 가다듬고 기도드립시다.

오늘 불교 TV 무상사 일요법회에 참여하신 모든 불자님들이

항상 그 마음이 맑고 평온하시기를 기도드립니다.

모든 사람들이 갖가지 욕망과 욕심에서 벗어나

가을하늘처럼 맑고 청정한 부처님의 마음으로

항상 행복하게 사시기를 기도드립니다.

이웃과 가족들이 늘 건강하고 편안하옵소서!

또한 재물이 적고 많음을 떠나서
언제나 화목하고, 서로 존경하고, 이해하여
행복이 넘치는 사회가 되기를 진심으로 기원합니다.

늘 뚜렷하고 항상 깨어 있는 마음으로
자신의 잘못된 생각과 행동을 살펴서
밝고 행복한 삶이 되도록 수행하기를 발원합니다.

오늘 저는 여러분들에게 부처님의 가르침 중 가장 소중한 것이 우리들의 깨달음이라는 생각이 들어 이에 대해 말씀드릴까 합니다.

부처님의 법음을 널리 전하는 불교 TV 무상사에서 깨달음의 세계라는 주제를 두고, 이렇게 한자리에서 만난 것은 예사로운 인연이 아니며, 지난 과거생부터 부처님과의 성(聖)스러운 인연이 있었기 때문입니다. 참 소중한 인연입니다.

부처님의 깨달음이 소중한 것은 우리와 똑같은 범부 중생이셨던 석가모니 부처님께서 긴 고행 끝에 깨달음을 얻어 성불하셨기 때문입니다.

부처님께서도 출가(出家)하시기 전에는 생·노·병·사(生·老·病·死)라는 네 가지 큰 숙제를 가지고 우리와 다름없이 고뇌(苦惱) 속에서 괴로워하셨습니다. 왜 인간은 태어나고, 늙고, 병들고, 죽어야 하는가를 마음속 깊이 의문을 갖게 된 것입니다.

그러한 네 가지 문제를 해결하기 위하여 왕가의 호화스러운 궁전과 사랑하는 아내와 아들을 등지고 홀연히 출가를 감행하신 것입니다.

정반왕의 귀한 아들, 싯다르타 태자가 번민(煩悶)했던 것처럼 현대를 살아가는 우리들도 모두가 다 똑같이 생과 사의 문제에 대해서 한번쯤은 고민하지 않은 분은 없을 것입니다. 우리가 석가모니 부처님께서 깨달으신 부처님의 마음의 세계를 조금이라도 이해를 하는 것이 중요한 일인 것입니다.

부처님께서는 29년을 왕자로서 살았던 카필라성의 왕궁을 나와서 수행의 삶을 택하였습니다. 싯다르타 태자는 6년이라는 긴 세월을 뼈를 깎는 고행과 정진을 한 끝에 부다가야의 보리수나무 아래서 누구나 갖고 있는 불성광명을 바르게 깨달아서 위없는 대도(大道)를 성취하신 것입니다. 욕계(欲界)·색계(色界)·무색계(無色界)의 삼계의 대스승이신 부처님이 되셨습니다.

참다운 마음을 깨달으신 부처님의 마음은 어떠한 마음이었을까를 생각해 보아야 합니다. 보리수나무 아래서 깨달은 부처님의 마음은 맑고, 고요하고, 아름다웠습니다. 부처님께서는 미움, 원망, 시기, 탐욕의 불길이 모두 사라진 청정한 마음에 머물 수가 있었습니다. 그 어떤 욕망에도 이끌리지 않고, 얽매이지 않는 대자유를 성취하신 것입니다. 부처님께서는 깨달음을 통하여 자신의 실체를 보시게 되었습니다.

부처님의 마음은 맑고, 청정하고, 때 묻지 않아 마치 연꽃이 진흙탕 속에서 자라 아름다움을 나투듯이 고요해서, 흔들리지 않는 진공묘유(眞空妙有)의 세계, 기쁨이 충만한 세계인 것입니다. 영원한 행복이 존재하여 그곳에서는 헐떡거리며 구할 것도 없고, 버릴 것도 없는 열반의 세계입니다.

부처님의 소중한 가르침은 참다운 자신의 마음을 스스로 열어서, 마음이 일체의 주인임을 깨닫고, 주인공으로서 자신의 인생을 살아가라는 데에 있습니다. 그러나 중생은 참다운 진리를 모르고, 욕망과 욕심 속에 표류하고 있습니다.

깨달음!

우리 모두가 체험하고 느껴야 합니다. 참다운 자신의 불성이 곧 우주의 주인임을 확연히 깨달을 때 우리는 더 이상 중생이 아닙니다. 우리 모두는 부처님이 깨달으신 진리의 세계를 향해

한 발, 한 발 정성을 다하여 내디뎌야 합니다.

그리고 본래 티 한 점 없는 파란 하늘 같은 마음으로 일상생활을 해 나가야 합니다. 그곳은 맑은 물과 같고, 연꽃처럼 맑고, 청아한 것입니다.

불교는 한마디로 말해 깨달음의 종교입니다.

누구나 가지고 있는 자신의 마음을 깨달으면, 중생의 어리석은 마음을 스스로 바꾸어서 부처님 마음으로 세상을 살아갈 수 있는 것입니다. 부처님께서도 마음을 깨닫기 전에는 우리와 다름없는 어리석은 범부였습니다.

부처님이 깨달으신 것은 특별난 것을 깨달으신 것이 아니라 누구나 간직하고 있는 참다운 불성광명을 깨달아 아신 것입니다.

그렇다면 불성광명은 무엇일까요?

불성은 누구나 간직하고 있는 신령스러운 마음, 바로 일심(一心)의 자리, 참 나의 자리, 불생불멸의 진여자리입니다. 자신이 갖고 있는 참마음의 실체 자리를 스스로 규명해서 아는 것이 깨달음입니다.

불성광명은 광대무변한 것입니다. '크다, 작다.'를 초월한 무변허공과 같은 것입니다. 색깔이 있어 노랗고, 빨갛고, 파란 색깔이 있는 곳이 아닙니다. 그러나 때에 따라서 노란색, 빨간색,

파란색을 정확하게 아는 그 자리입니다. 물이 그릇에 따라서 변하는 것처럼 어떤 고정된 실체가 없는 것입니다.

본래 누구나 간직한 자신의 불성광명이 참된 부처님이라는 것입니다.

법성게에 '증득한 사람만이 알 바요 증득하지 못한 사람은 알 수가 없다.'고 하였습니다. 아직 깨달음을 성취하지 못한 어리석은 중생의 마음은 욕망과 시비에 이끌려 다닙니다. 물질에 이끌려서 힘들고 어렵게 살아갑니다. 욕망과 욕심에 포로가 되어서 살아가기 때문에 항상 마음속 갈등에 휩싸여 살게 되는 것입니다. 그로 인해서 괴로움 속에서 인생을 살게 되는 것입니다.

행복한가 하면, 또 어렵고 힘든 일이 다가오게 됩니다. 행복과 불행을 교차해 가면서 살아가는 게 중생들의 어리석은 삶입니다.

두 잔의 물이 있습니다. 한 잔에는 맑은 물이 부어져 있고, 다른 한 잔의 물에는 흙이 섞여 있습니다. 흙탕물은 흔들지 않고 일정 시간을 놓아두면, 흙이 차츰 밑으로 가라앉아 맑은 물이 됩니다. 그런데 컵을 들고 흔들면 다시 흙탕물이 됩니다.

반대로 본래 맑은 물은 가만히 놓아두어도 항상 맑은 물이고, 흔들어도 맑은 물이 됩니다. 컵을 들고 흔들면 물은 설령 흔

들릴지라도 물 자체는 구정물이 일어나지 않고, 항상 맑은 물을
유지할 수 있는 것입니다.

마음을 깨달은 부처님의 마음은 항상 변하지 않는 맑은 물과
같습니다. 갖가지 욕망과 시비 속에서도 그 마음은 항상 맑고
고요한 것입니다.

마음을 깨달은 부처님의 마음이 맑고 고요한 것은 마음의 근
본 실체를 알고 있기 때문에, 자신이 생각으로 그린 그림자에
이끌리거나 속지 않기 때문입니다.

마음의 근본 자리에서 바라보면, 인생살이 모두가 자신의 마
음바탕에서 생각이 만들어낸 그림자이기 때문에 이끌림도 괴로
움도 없는 것입니다.

부처님의 마음은 어떠한 어려움이 밀려와도 마음은 맑은 물
과 같아서 아무리 흔들어도 흙탕물이 일어나지 않는 것처럼 부
처님 마음은 항상 여여해서, 맑고 깨끗한 마음입니다.

얼마 전에 도반(道伴)스님 몇 분과 제주도에 가게 되었습니
다.

여름 날씨에 장마가 와서, 구름이 짙게 깔려 대낮인데도 어
두컴컴하고, 천둥번개가 치면서, 소낙비가 쏟아졌습니다. 비행
기도 비가 너무 쏟아져서인지 30분 이상을 지체하다 다행스럽
게도 쏟아지는 빗속을 뚫고 이륙을 하게 되었습니다. 비행기가

이륙을 하자 무사하기를 바라는 간절한 마음으로 '관세음보살'을 부르면서 기도를 하였습니다. 이륙한 지 한 10분 정도 지날 무렵 창밖을 내다보니 창밖에는 맑고 깨끗한 새로운 세상이 환하게 나타났습니다.

방금 전까지만 해도 어두컴컴했던 구름 밑의 세상이 아니라, 구름을 뚫고 구름 위에 올라온 비행기는 맑고 깨끗한 푸른 하늘[蒼空]을 유유히 날고 있었습니다.

비행기가 뜨기 전 구름 밑에서 본 컴컴한 하늘과 구름을 뚫고 올라온 구름 위의 세상은 똑같은 하늘인데도 너무나 대조적이었습니다. 구름 위의 하늘은 티끌 하나 없는 맑은 하늘이었습니다.

파란 하늘 위에서 밑을 내려다보니, 하얀 뭉게구름이 마치 수천 마리의 하얀 양 떼가 파란 초원에서 함께 놀고 있는 모습처럼 아름답게 보였습니다. 마치 동화 속에 나오는 신비하고 아름다운 새로운 세상의 모습처럼 보였습니다.

파란 물감을 풀어 놓은 듯한 끝없는 파란 하늘은 우리 모두가 갖고 있는 마음의 바탕과 조금도 다를 바가 없는 것입니다. 그토록 맑고 파란 하늘에 뭉게구름도 일어나고 때로는 잔잔한 새털구름이 일어나는가 하면, 어느 때는 폭풍우가 몰아치고, 검은 구름이 일어날 때도 있는 것입니다.

구름의 모습은 시시때때로 변해 가지만 하늘의 본바탕은 변하지 않는 파란 하늘 그대로입니다. 우리 모두의 불성광명은 변하지 않는 파란 하늘과 똑같은 것입니다.

하늘은 언제나 늘 파란 하늘인 것입니다. 하늘의 바탕은 변함이 없습니다. 우리들이 갖고 있는 마음의 바탕도 구름 위의 하늘처럼 늘 파란 하늘입니다.

범부는 맑고 깨끗한 마음바탕 위에 생각으로 그림을 그립니다. 갖가지 욕망과 욕심을 그리고 또 그립니다. 미움의 먹구름, 원망의 먹구름, 시기, 질투의 먹구름, 사치와 명예를 자신의 생각으로 그리고 또 그립니다. 아침부터 저녁까지 그리고 잠을 자면 꿈에서도 그림을 그립니다. 우리 모두는 어리석게도 자신이 그린 그림에 이끌리고, 자신이 그린 그림에 속아서 울기도 하고 웃기도 하면서 괴로워합니다. 이것이 참다운 자신의 실상을 보지 못하고, 자신의 생각의 그림자에 속아서, 괴롭게 살아가는 중생의 삶인 것입니다. 부처님께서는 이러한 도리를 확철하게 깨달아 아셨습니다.

부처님의 마음은 자신의 생각이 멋대로 그려 놓은 갖가지 욕망과 욕심, 미움과 시기, 질투의 생각에 이끌리거나 속지 않기 때문에 언제 어디서나 맑고 평정된 고요한 마음 가운데 머물 수가 있는 것입니다.

부처님께서 스스로 간직한 자신의 마음을 깨닫고, 깨달은 부처님의 마음이나 깨닫지 못한 중생의 마음이 본래의 마음바탕에는 조금도 차별이 없다는 것을 아시고, 모든 중생들이 본래 마음바탕을 깨닫고 행복하게 살아가도록 49년간 진리를 설하시게 된 것입니다.

아무리 먹구름이 두텁게 덮여 있다 해도 어디선가 맑은 바람이 불어와서 먹구름을 흩어 버리면, 먹구름 뒤편에 맑고 파란 하늘이 나타나듯이 마음을 깨달은 사람은 자기 자신의 실체를 알기 때문에 늘 마음은 파란하늘과 같습니다.

생노병사 모든 것이

마음이 그린 생각의 그림자임을 알아

이끌리거나 속지 않아

늘 파란하늘과 같은

흔들리지 않는 마음에 머물 수 있네.

깨달은 마음의 세계는 맑고 밝아서, 그 어떤 차별 관념을 초월해 있기 때문에 항상 맑고 여여해서 순수하고 고요한 세계인 것입니다.

그 어떤 것에도 막힘이 없고, 탁 트여서 시방세계 그대로가 부처님 품인 것입니다.

깨달음을 얻는다는 것은 마치 천년 동안 빛이 들어오지 않은 동굴 속의 캄캄함을 작은 불빛이 한순간에 어두움을 몰아내고 환하게 밝히는 이치와 같습니다. 불을 밝히기 전에는 캄캄해서 아무것도 볼 수 없지만 한 번 불을 밝히면 동굴 속에 있는 모든 물체를 확연히 알아볼 수 있는 것입니다.

참마음의 실체를 모르는 것이 어두운 동굴과 같은 것입니다. 한 번 불을 켜서 밝아진 동굴은 더 이상 어두워지지 않습니다.

금강경에 보면 갠지스 강의 모래와 같이 많은 불찰(佛刹)세계가 있다고 말씀을 하십니다. 그렇게 헤아릴 수도 없을 정도로 많은 세계에 살아가는 모든 중생들의 행동이며 마음가짐을 부처님께서는 티끌 하나도 어김없이 다 보고, 다 알고 계신다고 말씀하셨습니다. 부처님의 지혜는 상상을 초월할 정도로 밝고 깨끗하여 세상을 바르게 헤아려 볼 수 있는 안목이 있는 것입니다.

깨달음을 얻으신 부처님 마음은 우리가 살고 있는 사바세계처럼 생노병사가 없는 세계입니다. 생노병사는 중생의 업력으로 만들어진 거짓된 환상의 세계입니다. 그런데 모든 중생들은 어리석어서 진리를 보지 못하고, 거짓된 환영(幻影)의 그림자를 쫓으려 하고 있습니다. 부처님은 거짓 환영을 쫓아가는 일체중생을 제도하기 위하여 바른 길로 인도(引導)하고 계십니다. 모든 중생이 고통에서 벗어나서 행복한 삶을 살아가도록 대자대비의 마음으로 이끌어 주십니다.

한 중생이라도 더 고뇌에서 벗어나서 맑고, 고요한 열반을 성취하게 하기 위하여 진리의 길로 인도하지만, 중생이 스스로 어리석어서 진리의 길로 나오지 않고, 자신의 생각으로 만든 욕망과 욕심의 길로 목적지도 없이 떠다니는 뗏목처럼 표류하고 있는 것입니다.

우리 모두는 부처님께서 깨달으신 진리의 세계를 확실히 믿어야만 합니다.

화엄경에서 '믿음은 공덕의 어머니' 라고 하였습니다. 깨달음의 세계에 도달하기 위해서는 부처님의 가르침을 믿어야 합니다. 부처님의 청정한 행을 본받아서 열심히 노력하고 정진해 나가서 부처님의 해맑은 마음의 세계에 도달해야 하는 것입니다.

자신의 참마음의 실체를 깨닫기 위해서 부단히 쉬지 않고 정진해 나가야 합니다. 기도와 참회, 그리고 끝없는 수행 정진을 통해서만이 부처님이 누리시는 아름답고 순수한 본래의 마음에 머물 수가 있는 것입니다.

깨달음의 세계는 모든 것이 평정된 열반의 세계입니다.

중생 모두가 도달해야 할 열반의 세계는 특정한 일부 사람만

 내가 나에게 묻는다

가는 것이 아니라, 우리 중생 모두가 다 깨달음을 통해서 열반
(涅槃)에 도달할 수 있다고 부처님께서는 확실한 답변을 주셨습
니다.

우리 모두가 진리의 세계인 깨달음의 세계를 향해서 가야 합
니다.

깨달음의 안락국토(安樂國土)에 도달하는 것은 부처님의 가르
침을 배우고, 믿고, 실천해서 목적지에 도착할 수 있다는 가르
침입니다. 깨달음의 세계는 비행기를 타고 한없이 날아서 가는
세계가 아니라, 스스로 간직한 참마음을 확연히 깨달아서, 어리
석은 중생의 마음을 부처님 마음으로 바꾸어 주는 것입니다.

부처님께서는 바른 믿음을 갖고, 바르게 정진해야 한다고 하
셨습니다.

어리석은 생각으로 바르게 정진하지 않으면 끝내 생사(生死)
를 벗어날 수가 없다고 하셨습니다. 서울에 가야 할 사람이 제
주도를 향해서 갔을 때 끝내 목적지에 도착할 수 없는 것과 같
은 이치인 것입니다.

원효 스님의 법회송(法會誦)에도 "산하대지가 전부 내 마음의
조작"이라고 말씀하셨습니다. 밉고 고움도, 부귀영화도, 생로
병사도 내 마음의 조작임을 확연히 깨달아 안 다음에는 그 어떤
것으로부터 구속이나 자유를 속박당하지 않고, 맑고 청정한 마

음으로 세상을 살아갈 수 있다는 가르침입니다.

비록 어리석은 중생이라도 마음을 깨달아 확연히 자기 자신의 참마음을 분명하게 알아서 오욕락에 이끌리지 않는다면, 어리석은 범부의 모습이 아니라 때 묻지 않는 연꽃처럼 늘 여여(如如)하고 안락한 열반에 머물게 되는 것입니다.

미국의 유명한 배우인 리처드 기어는 티베트 불교에 귀의했습니다. 그의 얼굴을 보면 한없이 편안합니다. 그는 달라이 라마가 있는 곳까지 가서 수행을 하고, 마음의 깨달음을 얻었을 정도입니다. 그는 고통과 괴로움, 미움, 원망, 시기, 질투는 오직 마음이 만드는 것임을 알았던 것입니다. 본래 자신의 마음은 맑고 깨끗하지만 이런 것들은 자신의 욕망 때문에 자신이 그린 그림자라는 것을 깨달았던 것입니다.

우리는 본래 내 마음을 버리고 오직 자신이 그린 욕망의 그림자 속에 속고 살고 있습니다. 말하자면 우리는 우리 스스로에게 속고 있는 것입니다. 화를 내는 그 마음은 누가 만든 것입니까? 모두 자신이 만든 잣대에 맞지 않는다고 남을 탓하고 화내는 것 아닙니까?

깨달음이란 마치 파란 하늘처럼 맑고 청정한 자신의 본래 마음을 그대로 지니는 것입니다. 만약 청정한 마음에 검은 구름이 일어나듯이 생활해서는 결코 깨달음을 얻을 수 없습니다.

어떤 일을 앞에 두고 '이건 되고, 이건 안 되고, 그건 좋고, 그건 나쁘다.' 하는 식의 고정관념을 만들어 그러한 틀 속에서 세상을 사는 것은 오히려 수많은 괴로움을 만드는 일입니다. 끊임없이 번뇌를 만드는 것입니다. 이와 같이 괴로움을 받는 세계가 바로 중생의 세계입니다. 부처님의 마음은 이러한 모든 분별심을 버리고 맑고 청정한 마음, 있는 그대로의 마음을 가지는 것입니다.

몸과 입, 생각을 항상 맑고 청정하게 하여야 합니다. 이와 같이 우리가 세상을 살다가 속이 상하는 일이 있더라도 오히려 '내가 마음을 잘못 써서 그렇구나. 내 탓이다. 이젠 마음을 넉넉하게 써야지.' 하고 반성한다면 자신을 짓누르던 괴로움도 모두 한순간에 사라질 것입니다.

합장하시기 바랍니다.

오늘 저희들은 부처님의 따뜻한 품속에 있습니다.

우리 모두 부처님의 가르침을 존경하고, 배워 실천해 나가겠습니다.

늘 화합 속에서 저희들을 이끌어 주시는 승가를 존경하겠습니다.

우리는 늘 평화를 생각합니다.

모든 사람들이 함께 행복을 누리면서
나와 남이 행복하기를 우리 모두 기도드립니다.

우리의 본래 마음은 가을하늘처럼 맑고 청정합니다.
그 마음은 오직 고요해서 연꽃처럼 깨끗하며,
진흙탕에도 물들지 않습니다.
나 자신이 시비를 만들고, 욕망과 욕심의 그림자에 이끌려
살아가고 있습니다.

부처님 사랑합니다.

모든 사람을 공경하고, 생명을 존중하고,
서로의 마음을 이해하고, 화합하는 따뜻한 불자가 되게 하소서.
힘들고 어려운 일들이 밀려와도
그것은 내가 지난 세상에 지은 업에 의한 결과임을 깨닫고
늘 가을하늘처럼 청정한 마음에 머물게 하소서.

자신이 소중한 것처럼 우리 모두는 부처님 품속에 평등한 존재입
니다.

부처님을 향한 뜨거운 열정이 식지 않게 하소서.

우리 마음속에 햇살처럼 밝음을 주소서.

그리고 언제까지라도 믿고, 서로 돕고, 사랑하며,

행복하게 살게 하소서.

범어사 주지 정여 합장

대허 스님

계룡산 갑사에서 혜원 스님을 은사로 사미계 수지.

1965년 범어사에서 동산 스님을 은사로 보살계와 비구계 수지.

묘관음사에서 향곡 스님으로부터 통도사 극락암에서 경봉 스님으로부터 가르침을 받았다. 망월사에서 춘성 스님 문하에서 공부하였다. 그 외 동화사 선원, 오대산 상원사, 문경 봉암사, 선산 도리사 선원에서 안거를 성만하였다. 23년 전인 1984년 경주 남산 아래에서 보문선원을 창건하여 현재까지 25년간 주석하고 계시다.

염불

| 대허 스님 |

行住坐臥蓮花出　행주좌와연화출
處處無非極樂堂　처처무비극락당

걸으나 머무르나 앉으나 서나 연꽃이 피어
세상 모두 극락이 아닌 곳이 없다

어디를 가고 오거나 책을 읽거나 앉으나 서나 항상 연꽃이 피듯이 우리가 머무는 곳마다 모두 극락이라는 말씀입니다. 본래 가고 오고 머무르고 앉는 것이 다 초연해져 자정하는 것이 마음입니다. 그러나 우리는 분명히 주는 바 없이 주고 앉는 바

없이 앉고 늦는 바 없이 늦습니다.

'연화가 나온다.'는 말은 곧 이 몸뚱이를 운전하는 마음속에 연꽃이 핀다는 말씀입니다. 그런데 우리가 염불을 하지 않고 참선을 하지 않는다면 결코 한없이 밝고 신령스러운 소소영영(昭昭靈靈)한 연꽃이 마음속에서 피어 날 수 없습니다.

저는 보문선원만 극락인 줄 알았는데 이 무상사도 극락임을 오늘 깨달았습니다. 왜냐하면 오늘 저와 불자들이 함께 무상사 법당에서 염불을 하고 있으니 이 자리가 곧 극락이기 때문입니다. 만약 여러분이 염불과 참선을 꾸준히 하여 생각하고 말하는 것이 더없이 깨끗해진다면 우리의 마음이 가는 곳마다 극락 아닌 곳이 없을 것입니다. 그러므로 '내가 부처이며 내가 있는 곳이 극락이며 내가 있는 곳이 아름다운 곳'이라는 마음을 가지려면 항상 믿음이 있어야 합니다.

信爲道源功德母　신위도원공덕모
長養一切諸善根　장양일체제선근

믿음이 도의 근원이요, 모든 공덕의 어머니로
모든 선한 행동의 뿌리를 키운다.

우리가 극락에 가기 위해서는 진실한 믿음이 있어야 합니다. 순수하고 지극한 믿음이 없는 사람은 불자라고 할 수 없습니다. 부처님 말씀을 믿고 존경하고 따라야 합니다. 우스개로 말하자면 부처님 세계는 모든 것이 없는 것이 없는 오늘날의 백화점과도 같습니다. 그런데도 불구하고 부처님의 마음은 오직 청정합니다. 하지만 부처님의 마음이 따로 있는 것은 아닙니다. 본래 우리의 마음과 부처님 마음은 둘이 아닌 하나이기 때문입니다. 그래서 우리가 때로는 부처님이 되기도 합니다.

그런데 우리가 부처가 되고 극락을 이루기 위해서는 반드시 마음속에 진실한 믿음을 가지고 있어야 한다는 겁니다. 그래야 하늘 높은 공덕도 쌓이고 도를 이룰 수 있으며 부처가 되어 극락에 갈 수 있다는 뜻입니다.

法性本空寂　법성본공적
無取亦無見　무취역무견

법의 성품은 원래 비고 고요하다.
이 마음은 취할 것도 없고 또한 볼 것도 없다.

성품이 비고 고요한 이것이 곧 불성인데 지식과 사량분별로

써는 결코 이룰 수가 없다는 뜻입니다. 일찍이 미륵 부처님께서
는 다음과 같이 말씀하셨습니다.

國土淨穢唯心造　국토정예유심조
了識衣智自淸圓　요식의지자청원

극락 국토를 이루기 위해선 오직 마음이 청정해야 하며
모든 공부를 마치게 되면 항상 마음이 맑고 둥글게 된다.

여기에서 국토는 곧 극락을 이릅니다. 청정하고 더러운 것은
오직 마음이 짓는다는 뜻입니다. 그러므로 극락국토를 이루기
위해서는 오직 마음을 깨끗하게 하고 더러운 것은 버려야 합니
다. 경전에 '심청시불(心淸是佛)'이라고 했습니다. 이미 깨달은
상에서는 내가 부처이고 내가 극락이라는 말이 있습니다. 그런
데 이를 제대로 이루기 위해서는 어떻게 해야 할까요? 바로 계
정혜 삼학을 닦아 우리 마음을 항상 깨끗하게 해야 합니다.
　그런데 우리의 마음은 본래 깨끗하지만 탐진치 삼독 때문에
더러워졌습니다. 우리가 우리 마음을 그렇게 만든 것입니다. 그
러므로 깨끗하고 더러운 것은 오직 우리 마음이 짓는 것임을 알
아야 하며 우리 마음 안에 극락과 지옥, 부처와 중생이 다 있다

는 것을 알아야 합니다. 그러면 어떻게 해야 할까요. 미륵부처님이 말씀하시기를 '모든 공부를 마치게 되면 항상 마음이 맑고 둥글다' 고 하셨습니다.

여기에서 맑은 마음이란 바로 '지혜로운 마음' 을 일컫습니다. 그리고 마음이 둥글다는 것은 원융무애(圓融无涯)함을 뜻합니다. 즉 이것이 본래 우리 마음이라는 말씀입니다. 부처님 법에는 자비와 지혜, 이 두 가지 빼고는 아무 것도 없습니다. 그러므로 모든 것을 다 깨달아 마치고 난 다음에는 지혜밖에 없다는 미륵 부처님의 말씀입니다. 왜냐하면 우리의 지혜 속에는 청정한 마음이 있고, 둥근 마음인 자비한 마음밖에 없기 때문입니다. 설사 지금 과거 현재 미래의 삼세제불이 이 세상에 당장 출현하신다고 하더라도 이 이상의 얘기는 할 수도 없습니다.

과거, 비바시불부터 석가모니 부처님까지 일곱 부처님이 계셨습니다. 그 일곱 부처님한테 수기해 주신 보살이 바로 문수보살입니다. 이 문수보살의 법문을 들어 봅시다.

諸惡莫作 衆善奉行　제악막작 중선봉행
自淨其意 是諸佛敎　자정기의 시제불교

일체의 악업을 짓지 말고 모든 선을 받들어 행하며

세상을 살면서 큰 악이나 중간 악이나 작은 악이나 악은 일
체 지어서는 안 된다는 말씀입니다. 또한 큰 선(善)이나 중간 선
이나 작은 선이나 착한 일은 하나도 빼놓지 말라고 하셨습니다.
이런 내 마음을 깨끗하게 하기 위해서 참선, 독경, 염불, 간경을
끊임없이 해야 하고 또한 착한 일을 해야 한다는 것입니다. 여
러분, 착한 일을 하지 않고 우리의 마음이 깨끗해질 수 있겠습
니까? 적어도 제가 생각할 때는 그렇습니다. 다시 말해 모든 악
을 짓지 않는 것은 좋은 땅이며 항상 착한 일을 하는 것은 좋은
거름이 된다는 말씀입니다. 그리고 마음이 깨끗한 것은 좋은 씨
앗입니다. 그러니까 우리 마음속에는 본래부터 이 세 가지가 항
상 다 갖추어져 있습니다. 그러므로 마음속에는 좋은 전답이 있
으며 좋은 거름이 있으며 좋은 부처님의 자성이 있다는 것을 우
리가 항상 잊지 말라고 문수보살님이 수기해 주신 글입니다.

석가모니 부처님은 열반에 드시기 전 이런 말씀을 하셨습니
다.

小水常流則能穿石　소수상류즉능천석

우리가 작은 신앙이라 해도 계속 쉬지 아니하고 열심히 수행하면 필경에는 도를 이룰 수 있다는 뜻입니다.

深入禪定 見十方佛　심입선정 견시방불

깊이 선정에 들지 않으면 시방의 부처를 볼 수가 없다.

『천수경』에는 '백천삼매돈훈수(百千三昧頓熏修)'라는 말이 있습니다. 이는 '백천 가지의 삼매를 한꺼번에 닦아지이다.'라는 뜻입니다. 즉 백천 가지 삼매에 들지 않으면 부처님의 뜻을 우리가 한 치도 요달할 수가 없는 것입니다. 그러므로 우리는 깊이깊이 염불하고 선정에 들어야만 시방의 모든 부처님을 다 볼 수가 있습니다. 또 승찬 스님의 『신심명』에는 이런 말이 있습니다.

但莫憎愛 洞然明白　단막증애 동연명백

六塵不惡 還同正覺　육진불악 환동정각

智者無爲 愚人自縛　지자무위 우인자박

미워하고 사랑하지만 않으면 확연히 밝아지니라.

육진을 꺼지 않으면 돌이켜서 정각과 같이 된다.

지혜 있는 자는 더 이상 없고 어리석은 이는 스스로 묶인다.

이 세상은 사랑하고 미워하는 두 가지 마음에 의해서 모든 죄업을 짓게 되는 겁니다. 성우 큰스님께서 먼저 방에 들렀을 때 "우리가 염불을 하는 것은 최고의 진리이며 노래입니다."라고 말씀드렸습니다.

제가 수년 전에 서울 근교에 있는 송광사 포교당 법회에 참석했을 때입니다. 그때 보살님들이 오셔서 합창을 하고 인간문화재분들이 와서 바라춤을 추며 염불을 하는데 법상에서 보니 너무나 그 모습이 아름다웠습니다.

사실 우리나라 사천오백만 인구 중에 종교인이나 교육자나 정치인을 존경하는 사람이 많지 않습니다. 그런데 노래하는 가수들은 다 좋아합니다. 그렇지 않습니까. 사실 염불이라는 것은 스님네들, 노보살의 전유물만이 아님을 알아야 합니다. 최고의 진리의 노래가 바로 염불입니다. 내가 이것에 대해 자세하게 설명하겠습니다. 오늘날 가수들이 노래하는 것에 대한 기준은 산 사람들의 평가에 의해서입니다. 하지만 염불은 그게 아닙니다. 도솔천의 모든 불보살님을 비롯해서 저 십팔만 무간지옥까지 부처님의 염불소리는 안 들리는 곳이 없기 때문입니다. 염불을 들으면 모든 불보살님들이 환희심이 일어나고 또한 돌아가신 모든 영가들이 다 극락왕생합니다.

어디 그뿐입니까? 우리가 가진 모든 업장이 소멸되고 이로 인해 우리 자식들이 큰 복을 받습니다. 이러한 최고의 진리인 노래를 하려면 우리가 어떻게 해야 합니까? 바로 지극한 마음과 참회하는 마음으로 염불을 해야 합니다. 지금 내가 염불을 하면 필시 도솔천 가운데 모든 불보살이 환희심을 낼 것이라는 확신을 가져야만 한다는 것입니다. 제가 염불을 설해 줄 테니 들어 보세요.

高聲念佛 十種功德　고성염불 십종공덕

一者功德能排睡眠　일자공덕능배수면
二者功德天魔驚怖　이자공덕천마경포
三者功德聲遍十方　삼자공덕성변시방

四者功德三途息苦　사자공덕삼도식고

五者功德外聲不入　오자공덕외성불입

六者功德念心不散　육자공덕염심불산

七者功德勇猛精進　칠자공덕용맹정진

八者功德諸佛歡喜　팔자공덕제불환희

九者功德三昧現前　구자공덕삼매현전

十者功德往生淨土　십자공덕왕생정토

대개 전국 선방에서 공부를 하는 스님이나 보살님들도 염불을 하다 보면 자꾸 졸립니다. 하지만 우리가 보이지 않는 수마(睡魔)를 이기게 되면 70% 도인에 가까워진다는 것을 알아야 합니다. 처음에 선방에 앉아 있으면 삭신이 아프고 망상이 자꾸 들어 자라고 해도 제대로 잠이 오지 않습니다. 그리고 어느 단계에 들어서게 되면 몸이 편안해집니다. 처음에는 아픔과 싸우느라 화두가 잘 안 되는데 몇 년쯤 지나고 나면 아픈 것도 모두 사라지고 그때부터는 업장 소멸이 이루어져 그저 졸기만 합니다. 물론 업장은 소멸되었지만 그렇게 되면 수억 겁이 지나가도 결코 부처는 될 수가 없다는 사실을 알아야 합니다.

즉 수마를 이기지 못하면 우리는 절대 수행자로서 부처님의 진면목을 깨달을 수 없다는 것을 명심해야 합니다. 그런데 수마를 벗어날 수 있는 길이 있습니다. 바로 염불을 크게 하는 것입니다. 사실 큰 소리로 염불하면 모든 귀신도 다 도망가 버립니다. 염불은 천 가지 만 가지 악도 물리칠 수 있지만 우선 마음의 병을 고치는 데서부터 육체의 병을 고칠 수 있는 것까지 모든 힘이 있습니다.

물론 이 좋은 무상사 법당도 훌륭하지만 여기에서 공부를 하지 않으면 헛일입니다. 오직 성우 큰스님이 지장보살 화현으로 인해 혼신을 다 바쳐 여러분을 위해 이곳을 만들어 놓으신 것입니다. 하지만 여러분이 이곳에서 염불을 하고 참선하지 않으면 죽은 학교입니다. 그 은혜를 갚기 위해서라도 열심히 염불을 해야 합니다.

두 번째는 귀신들이 모두 도망가고 세 번째는 시방세계에 다 퍼집니다. 지금 내 염불소리가 미국의 어느 나라에서도 다 들을 수 있다는 겁니다. 부처님 세계도 듣고 있으며 이 천체가 듣고 있다는 말씀입니다.

나옹 스님은 聞我名者免三途 見我形者得解脫 문아명자면삼도 견아형자득해탈이라고 했습니다. 즉 이름만 들어도 해탈을 얻는다고 하셨습니다. 이런 자비의 모습으로 우리는 바뀌어져야 합니다. 그러나 성불은 참으로 오랜 세월을 닦지 아니하고서는 절대로 이룰 수가 없다는 것을 알아야 합니다.

염불소리를 내 힘으로 들으면 지옥 아귀 축생의 고통받는 중생의 고통이 사라지게 되고 내가 큰 소리 내서 염불하면 남의 소리가 귀에 들어오지 않으니 망상할 일이 없고 흩어지지 않으니 일체의 잡념이 들어올 수가 없습니다. 그리하여 모든 부처님이 환희심을 내게 된다는 뜻입니다. 즉 염불을 하게 되면 깨끗한 마음이 오직 하나로 정신통일이 이루어지게 된다는 것을 명심해야 합니다.

그러므로 우리가 평소 부처님의 마음을 가지고 부처님이 되어야만 극락에 갈 수 있습니다. 이렇게 하려면 평소에도 염불을 열심히 해야 합니다. 물론 우리가 생활 속에서 이런 좋은 공부를 하면 언제나 마장이 많이 따라오기 마련인데 이를 물리치려면 자기 스스로 하심(下心)하지 않으면 안 됩니다. 나의 수행과 깨달음이 최초의 부처님인 비로자나불의 머리를 밟고 뭉갤 수 있는 그런 정도 갖추어졌다 하더라도 절할 수 있는 마음을 가져야만 합니다. 이 마음이 바로 하심입니다.

요즘 보면 조금만 지식이 쌓이거나 수행을 하면 어깨에 힘을 주는 불자들이 많습니다. 참으로 꼴불견입니다. 이 세상에 어느 누구도 높고 낮음이 없으며 평등합니다. 이것이 부처님의 평등사상이며 중도입니다. 누구나 다 그 본바탕은 평등하기 때문입니다.

요즘 저는 농사를 지어 보는데 참으로 가뭄의 연속입니다. 밭에 가 보면 심어 놓은 상추, 고추, 배추들의 잎사귀가 축 처져 있습니다. 그런데 저녁에 물을 주고 나면 아침에 싱싱하게 잎들이 일어나 있습니다. 채소들이 잎사귀를 내리는 것을 보면 꼭 "날 살려 주시오." 하고 데모를 하는 것 같습니다. 그런 채소들에게 물을 주고 나면 다시 일어섭니다. 마치 그들도 감사함을 느끼는 것 같습니다.

요즘 서울에 올라가면 데모 때문에 너무 답답합니다. 어찌되었든 데모하는 건 좋은 방법이 아니며 천박해 보입니다. 데모하는 것도 채소들에게 배웠으면 합니다. 채소의 잎이 노랗게 변해 있으면 영양실조이고 처져 있으면 목말라 죽겠다는 뜻입니다. 기업의 사장들도 노조원들이 데모를 하면 "내가 못 살펴 미안하고 죄송합니다."하고 사과를 해야 합니다. 이젠 모두가 생각을 바꾸어야 할 때입니다. 그렇게 하지 않으면 우리는 끝장입니다. 사람이 생각을 바꾸면 행동이 바뀝니다. 이와 같이 이 자연만물의 일체가 다 법을 설하고 있는데 사람이 설하는 것만이 법이라고 생각하는 것은 어리석은 것입니다. 부처님이 말씀하셨습니다.

"세상에서 제일 좋은 것을 다 버렸을 때는 뭘 얻으려고 버렸습니까. 자비와 지혜와 희사입니다."

이 세상에 이런 가르침은 더 이상 없다는 것을 여러분들은 명심하셔야 합니다. 오늘 여러분이 무상사 법당에 와서 법문을 듣는 것도 지금까지 살아온 방법을 좀 바꾸기 위해서입니다. 우리가 부처님 법이 얼마나 좋다는 것을 생각하고 뭔가를 실천했을 때는 큰 소득이 있게 됩니다.

오늘날 여러분들은 부처님을 얼마나 존경하고 있습니까?

저는 적어도 이렇게 생각합니다. 부처님이 이 세상에 오신 뜻은 이 못난 스님을 제도하기 위해서라고 생각합니다. 그러니까 이 몸과 마음을 다 바쳐도 조금도 아까운 것이 없다는 생각이 듭니다.

부처님의 훌륭함은 이루 다 말할 수 없습니다. 만일 부처님에 대해 점수를 매겨 부처님이 100점이라면 이 산승은 1점도 되지 않습니다. 내가 절집에서 생활한 지 50여 년이 지났는데 늘 부처님 앞에 서면 시작에 불과합니다. 저로서는 이 생각밖에 나지 않습니다.

부처님이 얼마나 위대한 분입니까? 우리는 그저 육안(肉眼)으로만 세상을 보지만 부처님은 열 가지의 눈을 가지고 있습니다. 그리고 부처님을 제대로 보려면 청정한 육안으로 보아야 합니다. 부처님께서 말씀하신 '팔정도'를 보면 정견과 정사로써 세상을 올바르게 보는 눈을 가져야 한다고 말씀하시지 않았습니까? 그런데도 불구하고 교수는 물론 역사가도 이를 제대로 보는 사람이 없습니다.

사실 우리나라는 오천 년 역사 속에서 배고픔이 해결된 것은 80년대부터 겨우 30년밖에 없습니다.

부처님께서는 항상 넉넉한 마음으로 천안으로 세상을 보시는데 우리 중생들은 조그만 편견으로 세상을 보고 자기의 주장이 옳다고 고집을 피우고 있으니 참으로 안타깝습니다. 부처님의 열 가지의 눈은 육안(肉眼), 천안(天眼), 혜안(慧眼), 법안(法眼), 불안(佛眼), 광명안(光明眼), 무애안(無碍眼), 지안(智眼), 출생사안(出生死眼), 보안(普眼)으로써 세상을 보시기 때문에 다 볼 수 있지만 우리 같은 중생들은 문 밖의 종이 한 장도 제대로 볼 수 없습니다.

부처님께서는 이렇게 다겁다생에 닦아서 훌륭한 성인이 되셨는데 우리는 언제 닦아서 얼마나 많은 참회를 해야 하고 노력을 해야 훌륭한 사람이 되겠습니까? 자기 허물을 보기 바쁜데 더구나 남의 허물은 볼 사이도 없습니다. 원효 스님은 "나의 죄업이 산과 바다보다 더 많아 남의 허물은 볼 사이도 없다."라고 하셨습니다.

뿐만 아니라 부처님께서는 6년의 고행 끝에 신통력을 얻어 육신통을 가지고 계셨기 때문에 세상을 오가는 데 조금도 걸림

이 없었습니다.

첫째는 천안통(天眼通)으로 세간일체(世間一體)의 멀고 가까운 모든 고락(苦樂)의 모양과 형(形), 색(色) 등을 자유자재로 장애 없이 환하게 뚫어 보는 힘입니다. 둘째는 천이통(天耳通)으로 세간일체의 좋고 나쁜 말, 멀고 가까운 말, 즉 어떠한 말과 소리를 하나도 듣지 못할 것이 없는 신통력입니다. 셋째는 신족통(神足通)으로 자신의 생각대로 날아다니는 신통력을 말하는데 한 걸음에 천리를 다닙니다. 넷째는 타심통(他心通)으로 다른 이의 마음을 자유자재로 알 수 있는 불가사의(不可思議)한 심력으로 귀신의 생각도 아는 힘을 말하며 다섯째는 숙명통(宿命通)으로 지난 세상의 생애, 즉 전생의 일도 잘 아는 신통력을 말합니다. 여섯째는 누진통(漏盡通)인데 번뇌를 끊음이 자유자재하여 상상을 초월하는 큰 힘을 갖고도 동하여 드러내지 않고 고요하게 정한 채 혹세무민(惑世誣民)하지 않는 큰 힘을 말합니다. 이런 큰 힘을 가지고 계시는 분이 바로 부처님입니다. 이렇게 부처님의 기풍은 넉넉하며 우리 불자들이 부처님의 제자가 된 것은 정말 복이 많은 것입니다.

일제시대 때 대구의 동화사에 조유 스님이라고 있었는데 천주교, 유교, 불교학자가 모여 각 종교에 대해 토론을 해 보자고 했습니다. 그런데 기독교인도 천주교인도 유교인도 전혀 말을 하지 못했습니다. 그때 조유 스님이 한마디를 던졌습니다.

"내가 한마디 하마. 유교의 법은 즉 '경천이 예천이다.' 하늘을 존경하고 예를 받든다는 것이다. 그럼 기독교는 뭐냐. '신천이 의천이다.' 하늘을 믿고 하늘을 의지한다는 것이지. 그럼 불교는 뭐냐. '투천이 용천이다.' 하늘을 뚫어 하늘을 자유롭게 쓰고 있기 때문이다."

참으로 멋있는 말이지 않습니까. 이렇게 넉넉한 우리 절집의 살림살이가 있는데도 불구하고 수행을 하지 않으면 참으로 어리석은 일이 아니겠습니까? 사실 승(僧)이 가벼우면 법도 가볍고 승이 무거우면 법도 무겁습니다. 그래서 부처님 법은 항상 똑같고 여여하기 때문에 부증불감이라 했던 겁니다. 이 같은 부처님의 법은 곧 마음이기 때문에 세상에 없는 것이 없으며 '여허공(如虛空)' 즉 허공같이 가없습니다.

부처님 당시에 1,250명의 비구들이 부처님 법을 듣고 존중하셨습니다. 그 중 상수제자가 열 분입니다. 그 열 분의 제자들의 살림살이를 잠깐 짚고 넘어가겠습니다.

1. 지혜(智慧)제일 사리자(舍利子) 2. 신통(神通)제일 목련존자(目連尊者) 3. 두타(頭陀)제일 마하가섭(摩訶迦葉) 4. 천안(天眼)제

일 아나율(阿那律) 5.해공(解空)제일 수보리(須菩提) 6.설법(說法)
제일 부루나(富樓那) 7.논의(論議)제일 가전연(迦旃延) 8.지계(持
戒)제일 우바리(優婆離) 9.밀행(密行)제일 라훌라(羅候羅) 10.다
문(多聞)제일 아난(阿難)입니다.

　그런데 사연들을 보면 다 살림살이가 다름을 알 수 있습니
다. 가섭존자는 부처님이 연꽃을 들었을 때 빙그레 웃어 보였습
니다. 이것은 학문적 지식이 아니라 이심전심 즉 마음과 마음으
로 보는 것입니다. 이렇게 훌륭한 수행력을 가진 가섭존자는 제
일 부잣집 아들이었는데 의식주는 제일 가난하게 살았습니다.
　아난은 부처님께서 49년 설한 것을 하나도 잊어버리지 않고
기억해서 정리했습니다. 그래서 모든 경전에 여시아문, 즉 '내
가 이와 같이 들었느니라.'고 했습니다. 사리자존자 같은 경우
는 지혜제일로서 부처님이 안 계실 때는 대중을 통솔해 가섭존
자를 대신할 때가 많았습니다. 하루는 100살 먹은 노인이 스님
이 되려고 찾아왔습니다.
　그때 사리자존자는 "당신은 나이가 너무 들어 공부를 할 수
가 없고 더구나 울력도 할 수가 없으며 포교도 할 수 없으니 집
으로 돌아가십시오."라고 했습니다. 노인은 눈물을 흘리면서
집으로 돌아가다가 부처님을 만났습니다. 그때 부처님은 노인

에게 "당신은 어떤 일로 절에 왔다가 우시면서 돌아가십니까?" 하고 물었습니다. 노인은 자초지종을 이야기했습니다. 그때 부처님은 이 이야기를 듣고 골몰히 생각을 하시다가 따라오라고 하시면서 말씀하셨습니다.

"노인이여, 당신은 인행 시에 나의 회상에 와서 도를 이룰 수 있는 인연복을 지었느니라."

그리하여 그 노인은 도인이 되었습니다. 부처님은 열 가지 눈으로 시방세계를 걸림 없이 볼 수 있기 때문에 우리가 존경할 수밖에 없습니다. 지혜제일이라는 사리자존자도 부처님 경계는 가히 따라갈 수 없음을 그때 깨달았던 겁니다.

수보리존자는 『금강경』에도 나옵니다. 그래서 수보리존자에게 '공(空)사상은 제일이다.' 라고 부처님도 인정해 주신 분입니다. 말하자면 '모든 진리는 다 공인 것이다.' 이를 가장 강조하신 분이 바로 수보리입니다.

부루나존자는 부처님만큼 법문을 아주 잘하였으며 목련존자는 신통력이 제일임을 인정하셨습니다. 이와 반대로 아나율존자는 공부를 한다고 앉아 있으면 오직 졸기만 하여 부처님은 그렇게 해서는 다겁다생에 성불할 수 없다고 꾸짖었습니다. 그 후 아나율존자는 용맹정진하여 도를 깨달아 천하제일의 신통을 얻었던 것입니다. 우리 불자들도 안 된다고 스스로 포기하지 말고 용맹스럽게 정진하면 반드시 깨달음을 얻을 수 있습니다.

가전연존자는 공부하는 도반들끼리 의견 충돌이 일어나면 이를 명징하게 분석하여 그것을 해결해 주었습니다. 라훌라존자는 부처님의 아들로서 남모르게 열심히 공부를 하여 깨달음을 얻었으며, 우바리존자는 인도의 바라문, 왕족, 평민, 천민의 카스트 계급 중에서도 이발사인 천민이었는데 부처님의 머리를 깎았습니다. 그런데 이 모습을 본 많은 비구들이 부러워했습니다. 부처님은 우바리존자의 성품을 보고 출가를 권하여 도를 이룬 분입니다. 그는 나중에 인도의 임금과 학자들이 찾아와 우바리존자에게 절을 세 번 올리고 법문을 들을 정도로 수승한 인물이 되었습니다.

염불을 많이 하면 극락에 간다고 합니다. 그런데 《구품왕생 아미타경》에 보면 극락세계에 가려면 매일 아미타경을 열 번 읽고 아미타불 염불을 육만 번 하라고 되어 있습니다. 또 부처님 앞에 절을 마흔아홉 번을 하여야 한다고 되어 있습니다. 이 것은 다른 뜻이 있는 게 아니라 바로 신구의 삼업을 청정히 하라는 겁니다.

멍텅구리, 멍텅구리 모두 다 멍텅구리로다.
온 곳을 모르는 그 인간이 갈 곳을 어떻게 안단 말인가.
온 곳도 갈 곳도 모르누나. 그것도 저것도 멍텅구리.
올 적에는 빈손으로 왔으면서 갈 적에는 무엇을 가져갈까
공연한 탐심을 부리누나. 그것도 저것도 멍텅구리.

백 년도 못 살 그 인간이 천만 년 죽지를 않을 것처럼
끝없는 걱정을 하는구나. 그것도 저것도 멍텅구리.

세상에 학자라 하는 이들, 동서의 고금을 안다 해도
자기가 자기를 모르누나. 그것도 저것도 멍텅구리.

비록 내용이 평이하지만 그 속에 재미있는 진리가 들어 있습
니다. 인간은 누구나 다 똑같습니다. 인간의 성품은 태어날 때
똑같은데 우리는 어찌하여 너나 나나 멍텅구리로 살아야 됩니
까? 그러면 우리가 멍텅구리로 세상을 살아가는 원인은 어디
에서 왔을까요? 탐진심은 지옥이요, 질투심은 화탕이며 우치
심은 축생이고 번뇌심은 무공입니다. 이것도 저것도 멍텅구리
입니다.

원인은 바로 여기서 나옵니다. 석가모니 부처님은 명성을 얻

기 위해 다겁다생을 수행한 것이 아닙니다. 부처님은 그러한 멍텅구리 해탈하는 법을 알기 위해 산에 들어가 6년간의 고행 끝에 밤하늘의 별을 보고 도를 깨쳤던 것입니다. 이를 알아야 합니다.

기도하세요. 마지막으로 게송을 들려주겠습니다.

자비심은 관음이요 지혜심은 문수로다.
청정심은 비로자나요 평정심은 아미타로다.
이 소식을 깨달으면 멍텅구리 해탈함이로다.

여러분 부디 성불하십시오.

자광 스님

1968년 화엄사로 출가.

1968년 동국대학교 종비생 1기.

1970년 군승 임관.

1980년 군승단장.

1993년 국방부 군종실장.

1995년 대령 예편, 용인 반야선원 개원.

현재 제2대 군종특별교구장.

포교란 무엇인가

| 자광 스님 |

假使頂戴經塵劫　가사정대경진겁
身爲床座遍三千　신위상좌변삼천
若不傳法度衆生　약부전법도중생
畢竟無能報恩者　필경무능보은자

경전을 머리에 이고 오랜 세월 보내고
몸은 의자가 되어 삼천세계를 모셔도
전법을 전하지 못하여 중생을 제도하지 못하면
필경에 부처님 은혜 갚지 못한 불자네.

　방금 불러드린 노래, 게송의 뜻은 만일 어떤 사람이 부처님 팔만대장경을 머리에 이고 수 겁을 돌아다녀서 다 익혔다고 합시다. 그런 분이 부처님 말씀을 이웃에게 전하지 않고 혼자만 갖고 즐기고 수용하다가 일생을 마쳤다면 필경에는 부처님의 은혜를 모르고 부처님의 은혜를 갚지 않는 자가 된다는 뜻입니다.

　별로 어려운 말이 아닙니다. 지금 여러분들은 부처님 공부를 하고 있으며 또 나름대로 수행을 하고 있습니다. 하지만 배우고 듣고 공부한 것을 어디다 쓰려고 하고 있으며 또한 졸업은 언제 하실 예정입니까?

　저도 가끔 불교TV를 보는데 참으로 좋은 말씀들이 많습니다. 아마 우리나라 큰스님들은 모두 무상사 법당에 앉아계실 것입니다. 저 역시 이곳 법문이 처음이라 무척 많이 떨립니다. 여러분들은 가만히 앉아 법문을 듣고 있어 하나도 안 떨리겠죠. 여러분들은 떨리지 않고 나는 생방송이라 떨리니 이것도 불공평한데 전국의 불자들에게 부처님 말씀을 들려주기 위해 밤새 준비를 해야 했습니다.

　그런데 반드시 짚고 넘어가야 할 사항이 있습니다. 여러분들은 이 부처님 공부를 하여 어디에 사용하려고 하십니까? 불교 수행을 하여 또 무얼 하시려고 하십니까? 적어도 오늘 무상사에 오신 분들은 공부를 많이 하신 분들일 겁니다. 그러나 아무리 많은 공부를 하고 수행을 했다 하더라도 혼자만 즐기고 혼자만 알고 있으면 부처님 은혜를 갚지 못한다는 것을 알아야 합니다. 이것은 마치 자식이 부모님 은혜를 모르고 사는 불효를 저지르는 것처럼 부처님의 은혜를 갚지 못하는 것입니다. 여러분들은 정말 정신 바짝 차리고 자신이 배운 대로 닦은 대로 자신의 능력과 지혜로써 이웃에게 불법을 전하는 진정한 전법사가 되어야 합니다.

부처님 법은 말할 수 없을 정도로 매우 훌륭합니다. 지구상에 이런 훌륭한 부처님의 가르침을 능가하는 종교는 아직 존재하지 않습니다. 서양의 기독교는 구약, 신약 두 권입니다. 중국 종교는 사서삼경이며 이슬람교는 코란 단 한 권에 지나지 않습니다. 기독교의 구약은 유신론자의 공통과목으로 이슬람교와 같이 쓰고 있습니다.

그런데 불교는 부처님 말씀인 경전이 무려 팔만사천대장경에 이릅니다. 이것만 살펴보아도 대단한 종교입니다. 여러분들은 그런 방대하고 넓은 경전을 공부하기 위해 오늘 무상사에 오신 것입니다.

이런 점을 볼 때 우리 불자들은 깊고 넓고 참으로 방대한 부처님의 말씀을 공부하고 있다는 자존심을 스스로 가져야 합니다. 또한 경전은 중생을 구제하는 각가지 방편이 조리 있게 체계적으로 갖추어져 완벽한 교리로 구성되어 있습니다.

예수님과 부처님 중 누가 선배일까요. 부처님이 불기로 볼 때 한 육백 년 정도 빠릅니다. 불교는 지구상에 현존하는 종교 중에서 가장 오래된 종교입니다. 이러한 점만 보아도 불자들은 자부심을 가져야 합니다. 그런데도 우리 불자들은 자신이 공부하고 배운 부처님 말씀들을 제대로 이웃에게 전달하지도 않고 그저 혼자만 열심히 하고 있습니다.

물론 이것도 틀린 것은 아니지만 그동안 입은 부처님의 은혜를 갚기 위해서는 포교활동을 해야 합니다. 사실 기독교에서 말하는 전도란 '불교용어' 입니다. 전도와 포교는 부처님이 제자들에게 내린 명령이라 할 수 있으며 우리 불자들이 가져야 할 제1사명이라는 것을 알아야 합니다. 나중에 설명 드리겠지만 아주 강력한 명령입니다. 부처님은 하루에 단 한마디씩이라도 부처님 법을 전하라고 하셨습니다. 만약에 전하지 않으면 율법(律法)에 따라 법대로 다스리라고 하셨는데 이것은 바로 율장 35장에 나와 있습니다. 그토록 자비를 강조하셨던 부처님이 왜 이런 명령을 내렸을까요? 여러분은 부처님의 법을 제대로 전하지 않았기 때문에 아마 떨릴 겁니다. 제가 오늘 법대로 다스려 볼까요, 하하. 심지어 부처님은 죽음을 무릅쓰고라도 법을 전하라고 하셨으니 가장 강력한 주문입니다.

또한 법을 전하지 않는 사람은 내 제자가 될 수 없으며, 또한 출가자가 될 수 없으며 불자라고 할 수 없다고 하셨습니다. 심하게 표현하면 이것도 저것도 아닌 외도(外道)에 지나지 않는다고 하셨던 겁니다. 그래서 부처님은 "만약 법을 전하지 않는 사람이 있거든 법대로 다스리고 죽어서도 법을 전하라."고 하셨습니다.

그런데 요즘 우리 불자들은 어떻게 살고 계십니까? 부처님의 '포교'에 대한 이러한 명령조차 모르거니와 또한 하지도 않고 있습니다. 타종교는 지하철에서 버스정류장에서 쉴 새 없이 하고 있습니다. 그에 비해 우리 불자들은 조금도 포교를 하지 않습니다. 왜냐하면 그들보다 우리 불자들은 점잖기 때문입니다. 바꾸어 말하면 신심이 부족해서입니다.

부처님의 제1서원은 바로 '중생무변서원도'로서 끝없는 중생을, 가없는 중생을, 다양한 중생을 내가 반드시 건져 내고야 말겠다는 것입니다. 이것이 부처님의 서원입니다. 오죽 부처님이 답답하셨으면 이것을 제1서원으로 삼았겠습니까? 아직도 구제할 중생들이 이 세상에 많다는 것을 알고 계셨기 때문입니다. 부처님은 세상 중생들이 잘못 흘러가서 악도(惡道)에 떨어지는 것을 차마 볼 수가 없어 혼자 열반에 드실 때 '중생무변서원’이라고 원을 세우셨던 겁니다. 부처님은 아무리 중생의 숫자가 많고 그 성격이 다양하더라도 반드시 근기와 처소에 따라서 몸을 아끼지 않고 법을 전해서 중생을 건져 내겠다고 하셨던 겁니다. 이것이 부처님의 서원이자 명령입니다.

오늘 내가 무상사에서 “반드시 여러분을 건져 내겠다.”는 것과 같습니다. 물론 불자들은 열심히 수행하고 정진을 하고 있으며 날마다 ‘사홍서원’을 되뇌고 있는 줄로 압니다. 다만 제대로 실천을 하지 않을 뿐이라는 것도 잘 알고 있습니다.

그러나 부처님은 공덕을 닦고 회향을 위해 끝없는 중생을 반드시 제도하고 말겠다는 ‘원아광도제중생(願我廣度諸衆生)’이라는 서원을 다시 세웁니다. 사홍서원은 보살서원경이며 여래 십대발원문에서부터 ‘원아광도제중생(願我廣度諸衆生)’까지가 보살본원경입니다.

부처님은 이렇게 중생 구제를 위해 최선을 다해 실천하셨던 겁니다. 원래 부처님은 한 나라의 왕이 될 왕자였습니다. 미래가 창창한데도 불구하고 자신의 부귀영화를 버리고 고행의 길을 스스로 자처하신 분입니다. 이 한 가지만 보아도 단번에 성인 중의 성인임을 알 수 있습니다. 열일곱 살 때 몰래 성을 빠져 나와 백성들의 애달픔을 보시고 29세 젊은 나이에 인간의 ‘생로병사’의 고통을 해결하기 위해 출가를 결심하여 히말라야의 험준한 산에서 6년 동안 고행하셨습니다. 그리고 엄청난 깨달음을 얻었습니다.

부처님은 깨달음을 이루고 난 뒤 얻은 진리의 세계가 너무도 환희롭고 감격스러워서 주체할 바를 몰랐다고 합니다. 심지어 너무도 완벽하고 찬란하여 일시적인 환희심으로 인하여 잠시 이런 생각을 하셨다고 합니다. '그냥 이대로 열반에 들어서 저 즐거운 세계에 가서 나 혼자 즐기기나 할까.' 하고 말입니다.

그런데 이런 생각은 일시적일 뿐, 부처님은 다시 중생의 생활로 돌아가서 골몰했습니다.

'탐욕에 집착하여 서로 시기하고 다투는 저 중생들을 그대로 놓아두면 누가 구제할 것인가. 귀신에 홀리듯 이리저리 잡된 망상들에 홀려 있는 중생들은 제 갈 길을 몰라 방황하고 있다. 그런 중생들을 내가 제도하지 않으면 안 된다.'

그리하여 중생 구제를 위해 부처님은 36세에 성불을 하셨던 겁니다. 부처님은 깨달음을 이루시고 난 뒤 포교 사업에 모든 것을 바치기로 결심을 했습니다. 따라서 부처님이 중생을 건지겠다는 원력을 세우시고 일생 하신 사업이 바로 포교였던 것입니다. 이것이 바로 부처님의 '중생구제' 사업입니다. 사실 이것 외에 부처님이 하셨던 일은 아무것도 없으며 이것이 이 세상에서 가장 중요한 일입니다.

조금 전 성우 스님이 저를 소개하셨지만 저는 열여덟 살 이른 나이에 출가를 했습니다. 겨우 고등학교 1학년을 다니다가 졸업도 하지 못했습니다만 그때부터 제방과 강원, 선방을 다니며 공부를 하다가 스물네 살에 종비 1기생으로 동국대에 입학했습니다. 그 뒤 70년대 조계사에서 어린이법회와 학생법회를 하다가 포교에 원력이 생기기 시작하고 그 당시 군승제도가 생겨 군승 중위로 임관을 하여 군포교를 하였습니다. 그때 저는 포교를 하는 그 순간 포교사업이야말로 부처님의 제1사명이라고 생각하기 시작했습니다. 포교를 하는 것도 수행임을 나 스스로 깨달았던 겁니다. 참으로 잘 몰랐던 것을 새삼 다시 알게 된 것입니다. 포교와 수행은 둘이 아닌 하나입니다.

군이라는 세계는 참으로 삭막하여 누가 '법문 좀 해 주십시오.' 하고 청법(請法)하는 데도 제대로 없었습니다. 법당이라야 겨우 삭막한 들에 달랑 천막 하나를 세워 놓았으니 차라리 자갈밭을 일구어 농사짓는 것과 똑같았습니다. 하지만 그럴수록 나에게는 포교의 원력이 생기기 시작했습니다. 오기도 생기기 시작했고 더구나 그럴수록 믿음도 강했습니다. 그래서 장병들을 모아 포교를 시작했습니다.

"부처님을 믿게 되면 착한 사람이 되고 마음이 맑아져 공부도 잘하게 되고 또한 인격이 쌓여 사회에 필요한 인물이 되고 미래의 자기 발전에도 상당한 도움이 됩니다. 그러므로 성불의 세계를 가기 위해 부처님의 길을 따르고 열심히 수행을 해야 합니다.”

나 역시 장병들에게 말했으니 책임을 져야 한다는 생각도 들었습니다. 그 책임감 때문에 저는 계율도 철저하게 지켜 나가고 수행도 열심히 해야 했습니다.

그리고 가끔 “법사님, 도대체 성불의 세계란 어떤 것입니까?”하고 까다로운 질문을 받기도 했습니다. 그럴 때 나는 당당하게 설명을 하지 않으면 안 됩니다. 그래, 나도 아직 안 가봤지만 내가 불교 경전에서 보니까 이러이러한 세계가 있다고 열심히 소개를 했습니다. 그러한 과정에서 나는 급격하게 포교 원력이 쌓이기 시작했던 겁니다.

장병들을 부처님의 세계로 이끌기 위해서는 내가 마치 성불의 세계에 들어온 것처럼 행동을 해야 되고 그 자리에 있는 것처럼 능청도 떨어야 됩니다. 그러니까 공부가 잘 되겠어요, 안 되겠어요? 여러분들, 생각해 보세요. 포교를 위해서 바로 내가 공부를 하지 않으면 안 되었던 겁니다. 이와 같이 포교가 곧 수행임을 철저하게 깨달았던 겁니다.

포교사는 고도의 도덕성을 요구하고 인격이 완성되어야만 합니다. 그래서 자연스럽게 성품이 다듬어지고 지혜로워지기 마련입니다. 또한 장병들이나 일반 사람들을 불자로 만들어 놓았으니 그들을 통해 포교를 해야 하기 때문에 더욱 힘든 과정을 거쳐야 하는 것이 포교사의 도리입니다. 이것이 군포교의 시발점이었습니다. 이것이 곧 자비정신입니다. 우리 불자들도 부처님의 자비정신을 실천해야 합니다. 불교에서 자비를 빼면 아무것도 없습니다. 그럼 자비정신을 어떻게 실천해야 할까요?

자비란 멀리 있는 것이 아니라 바로 가까이 우리가 하는 행동의 실천에 있습니다. 어려운 이웃에게 말 한마디라도 따뜻하게 해 주는 것이 자비입니다. 남의 가슴에 못을 박는 아픈 말을 하지 말아야 합니다. 나는 포교를 하면서 늘 이것을 강조했습니다. 그러니까 나 역시 이것을 실천하기 위해 노력했으니 저절로 수행이 되었던 겁니다. 수행이란 별 게 아닙니다. 여러분들도 당장 자비정신을 발휘해 보세요. 그것이 바로 수행임을 스스로 깨닫게 될 것입니다. 지금이라도 이웃에 어려운 사람이 있으면 찾아가서 도와주는 그런 마음을 항상 지니고 있어야 합니다. 외롭고 그늘진 곳에서 고통받는 이웃을 위해 팔 걷고 나서 보세요. 그것이 바로 자비 실천이 아니겠습니까? 그래야만 공덕도 쌓여 복도 받게 되는 겁니다. 너나 해, 하는 마음은 결코 불자로서의 도리가 아닙니다.

정리를 해서 말씀드리면 포교는 확실한 수행의 근본이 갖추어지는 일이며 확실한 깨우침의 세계를 얻는 길이며 성불의 경지에 가장 빨리 갈 수 있는 지름길이라는 것입니다. 적어도 불자라면 이를 인식하는 마음의 자세를 지니고 포교를 실천해야 합니다. 바꾸어 말하면 포교는 부처님이 말씀하신 자비의 길입니다. 이보다 더 큰 공덕의 장도 없는 것입니다.

농사를 짓는 곳에는 반드시 결실이 있습니다. 포교는 농사짓는 일과 똑같습니다. 부처님 가르침대로 대충 수행을 하다가 지식을 쌓고 그냥 혼자서 간직하고 있다가 그냥 살다가 가는 것은 무의미한 일입니다. 그런데 자신이 가진 불교의 지식이라는 씨앗을 뿌리지도 않고 그냥 세상을 떠난다면 이보다 더 어리석은 일은 없는 것입니다. 즉 포교는 척박한 땅에 자갈을 걷어 내고 일구어서 씨앗을 뿌려 곡식을 거두는 농사일과 다를 바 없습니다. 씨앗을 뿌리지 않고 곡식을 기다리는 것은 참으로 어리석은 일이듯 포교를 하지 않고 불교의 발전을 기대하는 것은 참으로 어리석은 일이 아닐 수 없습니다.

이렇듯 포교하는 스님과 불자들은 더 많은 복을 받는다는 것을 알아야 하며 수행의 정도도 훨씬 높고 빠릅니다. 왜냐하면 포교란 엄청나게 어려운 일이며 강인한 인내를 필요로 하기 때문입니다. 특히 군포교는 훨씬 어렵습니다. 법문을 듣다가도 조금만 지루하거나 재미가 없으면 장병들은 졸고 있습니다. 그리고 그냥 오라면 오지도 않습니다. 초코파이라도 주어야 합니다. 장병들을 포교하기 위해 저는 그동안 갖은 노력을 마다하지 않았습니다. 그래야 옵니다. 여러 가지 수단이 동원됩니다. 먹을 것, 시각적으로 재미있는 것 등을 동원해야 합니다.

여러분들은 어느 곳보다도 포교를 하시는 스님들이 더 힘들다는 것을 아시고 그곳에 더 큰 도움을 주셔야 합니다. 저는 포교의 길을 걸어가면서 때로는 힘들어서 부처님 전에서 눈물을 흘린 적이 한두 번이 아닙니다. 하지만 부처님 법을 전하지 않으면 그 은혜를 다 갚지 못한다는 생각으로 포교를 실천하여 왔던 것입니다.

제가 오늘 여러분들에게 진실로 부탁드리는 것도 그토록 어려운 포교의 길을 함께 걸어가자는 데 있습니다. 하자는 겁니다! 저 벽을 보고 참선을 하는 것도 중요하고 경전 공부하는 것도 중요하지만 더 힘든 것이 바로 포교의 길임을 여러분들은 명심해야 합니다.

불교의 미래가 포교에 달려 있다고 해도 과언이 아닙니다. 여러분들도 이제는 포교를 하셔야 합니다. 그래서 부처님은 포교를 하지 않으면 법대로 다스려야 한다고 하셨던 겁니다. 부처님의 명령은 이토록 강하셨습니다. 포교는 부처님의 가르침을 널리 유통시켜 세상 사람 모두를 이롭게 하고 윤택하게 하는 것입니다. 즉 포교는 단순히 수행의 차원을 넘어 불교적 가치관에 기반을 둔 사회, 불국토 건설이라는 궁극적인 목표를 가지기 때문에 이러한 목표를 실현하기 위해서 포교는 출가, 재가를 가릴 것 없이 모든 불자에게 중요한 과제로써 인식되어야 하는 것입니다.

그리하여 어느 날 부처님은 제자들을 모아 놓고 "열심히 수행을 하여 참으로 진리를 깨달아 비로소 육도윤회를 벗어나 대자유의 해탈을 얻었다. 그러나 우리만 이를 기뻐해서는 안 된다. 이제는 어리석은 중생들을 깨우치기 위해 길을 나서야 한다."고 하셨던 겁니다. 그리하여 부처님은 어리석은 중생들을 전도하기 위해 여러 곳으로 흩어져 법을 전하라고 하셨던 겁니다. 부처님은 포교를 위해 두 제자를 한 지역에 보내지 않았습니다. 될 수 있으면 여러 곳에 가서 포교를 할 것을 권했던 것입니다. 그리하여 부처님은 인도의 가장 험악한 땅인 우루벨라로 떠났던 것입니다.

어느 날 제자 중에서 설법제일로 불리는 부루나존자가 서방 국가인 수루나국으로 부처님의 법을 전하러 가기에 앞서 부처님께 예를 올렸습니다. 당시 부루나존자는 전법의 의지가 누구보다 뛰어났습니다.

부루나는 카필라성에서 그리 멀지 않은 지역에서 태어난 바라문의 아들이었습니다. 부루나는 지혜가 뛰어나 베다에 정통하였고 모든 학문에 박식하였는데, 바라문의 전통에 따라 출가했으나 교만하고 성질이 난폭했습니다. 부루나의 소문을 들으신 부처님께서는 이렇게 말씀하셨습니다.

"진실로 지혜로운 사람은 자기는 무엇이든지 안다고 말하지 않는다. 진실로 다 아는 사람은 태양이 온 세상을 밝히듯 한다. 그러나 남보다 조금 아는 것이 많다고 해서 스스로 교만해져 남들을 업신여기는 것은 마치 장님이 등불을 든 것과 같아 남의 앞은 밝혀 주나 제 갈 길은 모른다."

부루나는 부끄러움을 느껴 부처님께 참회하고 귀의하여 비구가 되었던 것입니다.

어느 날 부루나는 전법을 위해 부처님을 찾았습니다.

"세존이시여, 저는 부처님의 법을 전하기 위해 수루나국으로 가겠습니다. 허락하여 주십시오."

부처님이 말씀하셨습니다.

"부루나여, 서방 수루나국 사람들은 성질이 사납고 거칠다. 만약 그 사람들이 업신여기고 욕하면 어쩌겠느냐?"

"세존이시여, 만약 수루나국 사람들이 면전에서 헐뜯고 욕하더라도 저는 고맙다고 생각할 것입니다. 그래도 저 사람들은 착해서 돌을 던지거나 몽둥이로 나를 때리지는 않는구나 라고 생각할 것입니다.”

“만약 수루나국 사람들이 돌을 던지고 몽둥이로 때린다면 어떻게 하겠느냐?”

“세존이시여, 수루나국 사람들이 비록 돌을 던지고 몽둥이질을 하지마는 그래도 착한 데가 있어 칼로 찌르지는 않는구나 라고 생각할 것입니다.”

“만약 칼로 찌른다면 어떻게 하겠느냐?”

“비록 칼로 찌르기는 하지만 그래도 착한 데가 있어 나를 죽이지는 않으니 고맙다고 생각할 것입니다.”

“부루나여, 만약 그들이 너를 죽인다면 어떻게 하겠느냐?”

“세존의 제자들 가운데는 육신을 가벼이 여겨 칼로 자살하는 사람도 있고, 약을 먹거나 목을 매거나 절벽에서 뛰어내리는 사람도 있는데 이 수루나국 사람들은 그래도 착한 데가 있어 나의 수고를 덜어 주기 위하여 나를 죽여 주는구나 라고 생각할 것입니다.”

“착하도다, 부루나야. 너는 인욕을 성취하였으니 수루나국의 난폭한 사람들 속에서도 머물 수가 있으리라. 너는 수루나국으로 가서 제도받지 못한 자를 제도하고, 근심과 걱정으로 불안을 느끼는 사람들을 평안케 하며, 열반을 얻지 못한 사람을 열반케 하라.”

부루나존자는 참으로 대단한 포교 의지를 가지고 있었던 겁니다.

만일 여러분들이 불교를 포교하기 위해 갔다고 합시다. 말도 끝내기 전에 듣기 싫다든가, 바쁘다고 냉담하는 말이 나오면 아마 스스로 자존심이 상해 포교를 하지 못할 겁니다. 이렇듯 포교는 힘든 일입니다. 그런데 부루나존자는 죽임을 당하면서까지 법을 전하고자 했습니다.

내가 머물고 있는 절은 시골에 있습니다. 그곳에서 농사를 짓고 사는 어떤 불자 한 분이 계시는데 글을 제대로 모릅니다. 그곳에 어느 날 교회가 들어섰는데, 목사가 전도사를 계속 보내도 안 나가니까 불교를 마구 욕했다는 겁니다. 비록 이 보살님은 글은 모르지만 그 소리를 듣고 불자라는 자존심이 있어 목사를 자기 집으로 오라고 했습니다. 그리고 목사에게 이렇게 말씀하였다고 합니다.

"자신의 종교만 포교하면 되지 왜 불교를 욕하는가. 너희는 원효대사가 있어, 사명대사가 있어? 그런 분도 없는 것들이 까불고 있어."

참으로 대단하지 않습니까? 적어도 불자라면 그 정도의 자존심은 있어야 합니다. 부처님의 깊은 법을 알고 있으면서도 오직 혼자만 알고 있으면 무엇합니까. 이를 널리 전파하는 것도 불자의 도리입니다.

　여러분은 『앙굴리마라경』을 읽은 적이 있을 겁니다. 그는 원래 국왕의 호위대장이었는데 국왕이 출장간 사이에 왕비가 음탕한 마음을 먹고 그를 어떻게 하려고 하다가 뜻대로 이루어지지 않으니까 왕이 돌아왔을 때 앙굴리마라가 자기를 겁탈하려고 했다고 누명을 씌웠습니다. 왕은 앙굴리마라에게 100명의 사람을 죽여 손가락으로 목걸이를 하면 해탈을 할 수 있다고 하였습니다. 그리하여 그는 희대의 살인자가 되었습니다. 그는 무려 아흔아홉 명의 사람을 죽여서 손가락을 베어 목걸이를 하고 다녔습니다. 100명을 죽이면 성불을 할 수 있다는 외도의 꼬임에 빠져 마지막으로 죽일 대상을 찾고 있던 중이었습니다. 그때 부처님이 그의 앞을 지나갔습니다. 부처님은 악인이 있다는 소리를 듣고 그 살인마를 제도하기 위해 일부로 그를 찾아갔던 겁니다.

　농부가 "부처님, 그곳에 살인마가 있으니 가시면 안 됩니다."라고 간청하였지만 아랑곳하지 않았습니다. 앙굴리마라는 칼과 방패, 화살을 들고 부처님을 보자 죽이기 위해 따라갔습니다. 그러나 부처님은 그 순간 불가사의한 힘을 발하셨기 때문에 앙굴리마라는 온 힘을 다해 쫓아갔지만 묵묵히 걸어가시는 세존을 따라잡을 수 없었습니다.

‘참으로 불가사의한 일이다. 참으로 놀라운 일이다. 나는 이전에 달리는 코끼리도 따라잡았고, 달리는 말이며 수레, 사슴까지도 따라잡았다. 그러나 지금 나는 온 힘을 다해 쫓아가지만 보통 걸음으로 걸어가고 있는 저 사문을 따라갈 수 없으니 이 얼마나 신기한 일인가!’

그는 마침내 쫓아가기를 포기한 채 그 자리에 멈추어 서서 이와 같이 말했습니다.

“멈추어라, 사문이여! 그 자리에 멈추어라, 사문이여!”

“앙굴리마라여! 그대가 멈추어라. 나는 멈추어 있다.”

앙굴리마라는 부처님의 그런 대답을 이해할 수가 없었다.

“사문이여! 그대는 앞으로 걸어가고 있으면서도 ‘나는 멈추어 있다.’고 말하며, 도리어 멈추어 있는 내게 ‘멈추어라.’고 말했다. 사문이여! 그대에게 그 이유를 묻나니, 어찌하여 그대가 멈춘 것이고 내가 멈추지 않은 것인가?”

“앙굴리마라여! 나는 항상 생명 있는 것에 대해 포악한 몽둥이를 버리고 멈추어 있다. 그러나 그대는 생명의 소중함을 잊고 있다. 그러니 나는 멈추어 있고 그대는 멈추어 있지 않았다고 하노라.”

그 순간 앙굴리마라는 칼과 무기를 낭떠러지 아래로 내던져 버렸습니다. 그는 마침내 세존의 발아래에 엎드려 출가를 하였던 겁니다. 부처님은 살인마까지도 제도하였던 겁니다. 어느 날 앙굴리마라가 법을 전하러 갔습니다. 그런데 예전 악마의 모습만 떠올렸던 피해자 유가족들은 분개했습니다. 그들은 격분을 참지 못하고 앙굴리마라에게 돌을 던졌습니다. 그는 가사 장삼이 찢기고 온몸에 멍이 든 채로 부처님께 돌아와서 조용히 삼매에 들었습니다. 부처님이 그 광경을 보시고 "앙굴리마라여, 잘 참았다. 너는 인욕의 경지를 이루었느니라."하셨습니다. 그 순간 앙굴리라마는 부처님께 이렇게 말했습니다.

"부처님, 나를 죽이려고 하는 사람의 마음을 사랑으로 바꾼다는 것이 실로 더 어렵다는 것을 느꼈습니다."

"그렇다. 나를 죽이려는 사람을 부처님으로 모시는 것, 그것이 바로 인욕이다."

참으로 감동적인 이야기입니다. 우리는 부처님의 원력을 그대로 닮아야 하며 그대로 따라해야 합니다. 그래야 성불하든지 극락세계에 가든지 이 세상에 수승한 인간으로 태어날 수 있습니다. 부처님의 원력이 우리의 원력이 되어야 하고 바로 여러분의 원력이 되어야 합니다. 그 원력의 제1실천이 바로 포교, 전도하는 일입니다. 오늘부터 포교하지 않으면 밥도 먹지 마세요, 하하. 포교를 하지 않으면 은혜에 보답하지 않는 사람이 된다는 것을 알아야 합니다. 우리가 먹는 한 톨의 쌀알에도 이 지구상의 65억 인구가 도움을 주었다는 것을 아셔야 합니다. 태양이 있고 허공이 있고 공기가 있어서 도움이 되었다는 것을 아셔야 합니다. 그런 막중한 은혜를 입고 사는 여러분들이 은혜를 갚으려면 부처님의 법을 전해야 됩니다.

시간이 없어서 결론을 말씀 드리겠습니다. 만사를 제쳐놓고 우리는 포교를 해야 합니다. 제가 오늘 부처님처럼 여러분에게 명령을 하겠습니다. 여러분들은 죽기 전까지 꼭 열 명씩 포교를 하세요.

아미타불 열 번만 불러도 극락세계에 간다고 했습니다. 그런데 여러분들이 열 명 이상 포교를 했다고 생각해 보세요. 그 공덕은 이루 말할 수 없습니다. 죽기 전에 꼭 하세요. 누구부터 포교하느냐. 먼 데 찾아갈 거 없습니다. 여러분들 자식과 아내, 남편부터 하시면 됩니다. 가계를 망가뜨리지 않으려면 자식들과 가족들이 반드시 불교를 믿도록 해야 됩니다.

어떤 사람이 "나는 절에 열심히 다니지만 종교는 자유에요. 며느리도 자유롭게 놓아두었어요." 그런데 어떻게 보면 통이 큰 것도 같고 넓은 것도 같습니다만 이는 위험천만한 일입니다. 어쩌면 가계가 단절될 수도 있습니다. 오늘날 제사가 단절되어 가고 있습니다. 요즘 여자들은 제사를 모시기 싫어서 다른 종교로 간다는 말이 있습니다. 참으로 어이가 없는 일입니다.

만일 일 년에 집안에 제사가 다섯 개가 있다고 합시다. 그런데 먹여 주고 입혀 주고 온갖 정성을 다해 키워 주신 분이 누구입니까? 바로 어머니, 아버지, 할아버지, 할머니 그리고 조상들입니다. 그 자리를 어느 나라 어느 신이 빼앗아가 버린 겁니다. 참으로 답답한 일이라 할 수 있습니다.

여러분, 군포교 정말 중요합니다. 논산훈련소는 대한민국 젊은이들이 집단적으로 모이는 곳입니다. 타종교는 엄청나게 물량공세를 합니다. 건물도 수백 억짜리 지어 놓고 있지만 불교는 너무도 열악합니다. 군포교를 위해 여러분들은 최대한의 관심을 가져 주셔야 합니다. 일 년에 10만 명 이상만 정예 불자를 만들어 내면 대한민국 불교의 판도가 달라집니다. 아시겠습니까? 이 이상 더 좋은 공덕의 장도 없으며 포교처도 없습니다.

어떤 사람이 극락세계를 올라가 봤더니 몸뚱이는 없고 귀만 와 있더랍니다. 이상하다 싶어 몸뚱이는 어디 갔는가 하고 물어 보니 지옥에 떨어졌다는 겁니다. 그래서 왜 그런가 하고 물었더니 법문을 귀로만 듣고 실천은 하지 않았으니 몸뚱이는 지옥에 떨어지고 귀만 극락에 왔더라는 겁니다. 또 다른 방은 입과 발만 왔다는 겁니다. 물론 우스개지만 오로지 극락세계에 태어나려면 여러분은 반드시 포교를 실천하셔야 합니다.

지안 스님

1947년 경남 하동 출생.

1970년 통도사에서 벽안 스님을 은사로 출가.

1974년 통도사 강원 졸업.

1978~1988년 통도사 강원 강주.

1988년 통도사 마산 포교당 주지.

2001년 조계종 종립 은해사 승가대학원장.

저서 『기신론 강해』 『학의 다리는 길고 오리 다리는 짧다』 『금강경 이야기』 『신심명 강의』 『기초경전 해설』 등.

불교는 내가 나를 묻는 공부

│ 지안 스님 │

안녕하십니까?

'집을 보고 사람을 보지 말고 사람을 보고 집을 보라.'는 말씀이 있습니다. 무상사(無相寺)는 절 이름인데 집이라 할 수 있습니다. 회주이신 성우 스님은 평소 제가 존경하는 스님이신데 1970년대 초중반부터 알고 지냈으니 인연이 거의 40년 가까이 되었습니다. 그동안 불교TV 운영과 발전을 위해 불철주야 애써 온 덕분에 새로 사옥도 옮기고 영상포교의 새 장을 열어 부처님 법을 온 천하에 전하고 있습니다. 사람의 역할이 이렇게 소중하다는 것을 다시금 느끼게 됩니다.

부처님 오신 날이 가까워 오니 각 사찰이나 불교계 전체에 봉축 분위기가 고조되고 있고 우리 무상사 신도님들도 부처님 오신 날을 기다리고 계시리라 믿습니다.

어렸을 때부터 들은 부처님 오신 날을 찬탄하는 표어가 생각납니다.

"고해 중생 건지러 이 세상에 오셨네."

고해에 빠져 있는 중생들을 건져 주기 위해서 부처님이 이 세상에 오셨다는 것입니다.

『법화경』에는 부처님이 이 세상에 오신 인연을 '일대사 인연'이라고 설해 놓았습니다. 큰일을 하시기 위해 이 세상에 오셨다는 뜻입니다. 그 큰일이 바로 중생을 교화 제도하는 일이지요.

『법화경』에서는 이를 달리 표현하여 여래의 지견을 중생들에게 열어 주고(開), 보여 주고(示), 깨닫게 해 주고(悟), 들어오게 하기(入) 위하여 이 세상에 오셨다 했습니다.

부처님을 지칭하는 열 가지 명호 가운데 제일 먼저 '여래'라는 용어가 나옵니다. 이것은 진리의 세계에서 이 세상에 왔다는 뜻입니다. 다시 말해 진리를 깨달으신 부처님 차원에서 생각하시는 어떤 견해, 즉 여래의 지견을 중생들에게 열어 주시기 위해 오신 것입니다. 일반적으로 문을 열면 안에 있는 것이 보이듯이 부처님은 그 일대사의 인연의 문을 열어 중생들에게 부처의 세계를 보여 주신 것입니다. 이것이 부처님이 이 세상에 오신 가장 중요한 뜻입니다. 그러므로 우리는 부처님 오신 날뿐만이 아니라 항상 부처님의 이 '일대사 인연'을 잘 생각해야 합니다.

집에 손님이 오면 반갑게 맞이하여 차라도 한잔 내거나 음식을 내어 대접을 합니다. 이와 같이 우리 불자들도 부처님 오신 날을 맞이해서 부처님 영접을 잘해야 합니다.

그러면 어떻게 우리는 이 위대하신 부처님을 맞이하고 대접해야 할까요? 이것은 우리가 생각해 볼 때 아주 중요한 일이라 할 수 있습니다. 다시 말하면 부처님을 맞이할 마음의 준비를 해야 하는데 어떤 마음의 준비를 해야 하느냐는 것입니다. 물론 우리는 해마다 부처님 오신 날이 가까워 오면 여러 가지 행사 준비를 하면서 등을 만들고 각종 장엄구를 만들어 부처님 오신 날을 봉축하는 풍습을 가지고 있습니다.

그러나 이러한 외형적 행사에 앞서 부처님 마음을 기쁘게 하는 것은 우리들의 마음이 부처님 마음과 같은 마음이 되려고 하는 것이 아닐까 생각됩니다. 〈보현행원품〉에 법공양이 최상의 공양이라고 설해져 있는 것처럼 부처님이 가르친 법대로 우리 마음속에 부처님 정신을 살리는 것이 부처님을 맞이하는 진정한 자세라는 말입니다. 특히 대승불교에서는 부처님 정신을 보살정신으로 나타냅니다.

대승의 보살정신을 일깨워 주는 사섭법(四攝法)이라는 법문이 있습니다. 이는 보살이 중생을 제도(濟度)할 때에 취하는 네 가지 방법을 말하는 것입니다.

첫째 보시섭(布施攝)은 베풀어 주는 마음으로 남을 교화하는 것입니다. 보시는 이타행을 실천하는 가장 구체적인 방법이라 할 수 있습니다. 원하는 것을 보시하여 중생으로 하여금 친애하는 마음이 생기게 하여 궁극적으로 부처님의 법을 바로 알게 하는 것입니다. 또한 보시는 인생의 아름다운 미덕입니다. 보시할 줄 아는 마음이 부처님을 위하는 마음입니다. 부처님을 생각하면 뭔가 바치려는 마음, 드리려는 마음이 되어 보자는 것입니다. 인생을 살면서 누구나 줄 것을 준비하라는 말이 있습니다. 다 살고 나서 내가 결국 무엇을 남길 것인가? 그것은 내가 나의 죽음에게 주는 것이 된다고 한 사람도 있습니다.

인도의 시성(詩聖) 타고르의 시에 이런 시가 있습니다.

죽음의 손님이 당신을 찾아올 때
당신은 그에게 무엇을 바칠 것입니까?
나는 내 생애에서 가장 아름답고 빛났던 것을
바구니에 차곡차곡 담아 죽음의 손님 손에 들려 보낼 것입니다.

이 세상에서 한 생을 마치고 돌아갈 때 찾아오는 죽음을 손님에 비유해 말한 이 시의 내용이 삶의 진정한 의미를 일깨워 주는 것 같지 않습니까?

불교의 윤회설에서 보면 인생은 끝나지 않는 연속극이라 할 수 있지만 모든 것이 덧없다는 무상(無常)을 말할 때 '이 세상에서 가장 확실한 것은 모든 살아 있는 것이 결국 죽는다는 사실입니다.' 생자필멸(生者必滅)의 이 법칙에 의해서 살아지고 죽어지는 현실을 우리는 가지고 있는 것입니다. 설사 내가 원하지 않는 불청객일 수밖에 없는 죽음이라도 언젠가는 찾아오고야 마는 손님이기 때문에 이 손님 대접도 잘해야 하며, 그러기 위해서 죽음에게 줄 좋은 선물을 준비해 놓으라는 것이지요. 빈손으로 돌려보내지는 않겠다는 그 마음, 뭔가 바치겠다는 그 마음, 이것이 바로 불교 신행 가운데 가장 중요한 보시하는 마음입니다.

보시도 세 가지로 구분합니다. 불교에서는 재물을 바치는 것을 재보시, 법을 바쳐 깨닫게 해 주고 알게 해 주는 걸 법보시, 마음을 편안하게 아무런 두려움이 느껴지지 않드록 하는 걸 무외시라고 합니다. 그래서 무엇이든지 바치려는 그 마음을 일으키는 것이 바로 부처님을 맞이하는 마음이라고 말하고 싶습니다.

둘째는 애어섭(愛語攝)으로써 사람들에게 항상 따뜻한 얼굴로 대하고 부드러운 말을 하는 것입니다. 우리는 항상 고운 말 사랑스러운 말로써 남을 편안하게 해 줄 때 이것이 부처님을 위하는 공덕이 되는 줄 알아야 합니다. 사람에게는 언제나 사랑스러운 말이 필요합니다. 거칠고 험악한 말은 부처님이 외면합니다. ‘말 한마디에 천 냥 빚을 갚는다.’는 속담이 있듯이 말은 사람을 감동시키기도 하고 화가 나게도 합니다. 기쁘고 불쾌한 것이 말 한마디 차이에서 갈라지는 수는 허다합니다. 말 한마디가 잘못되면 친구 사이, 부부 사이, 심지어 가족 간에도 사이가 멀어지는 수가 있게 됩니다. 말은 그 사람의 인격을 알려주고 교양을 나타내 줍니다. 타인에게 좋은 느낌이 가도록 부드럽고 사랑스러운 말을 하게 되면 그것은 상대방의 마음을 밝게 하고 친밀감을 느끼게 합니다.

셋째는 이행섭입니다. 신체의 행위(身業), 언어행위(口業), 정신행동(意業)의 삼업에 의한 선행으로 사람들에게 이익을 주는 일을 말합니다. 예를 들면 남이 무거운 물건을 들고 힘들어 할 때 같이 맞들어 주는 것도 이행섭이라 할 수 있습니다. 이와 같이 남을 도와주는 행위, 남을 위한 마음, 남의 마음을 평안하게 해 주는 부드러운 말도 여기에 속하는데 이 또한 부처님을 맞이하는 정신이라 할 수 있습니다.

넷째는 동사섭이라는 게 있습니다. 자타(自他)가 일심동체가 되어 협력하는 일을 말합니다. 불우한 환경에 처해 있는 사람을 거두어들이기 위해서는 그 불우한 사람의 처지가 되어 도와드리는 것을 뜻하는데 즉 상대방의 입장이 되어 일을 하는 것입니다. 예를 들면 도둑질하는 사람을 교화하기 위해 그 속에 뛰어들어 도둑인 척 흉내를 내면서 고치게 하는 방편도 동사섭입니다.

이 네 가지를 사섭법이라고 합니다. 우리는 부처님 오신 날을 맞아 이러한 마음으로 부처님을 맞이하여야 한다는 뜻에서 말씀드리게 되었습니다.

초기경전을 대표하는 『숫타니파타』에는 부처님이 중생들을 위하여 축원하는 내용이 수록되어 있습니다. 이 속에는 '모든 살아 있는 생명체, 중생들은 행복하여라.' 는 말이 설해져 있습니다. 그런데 이 말씀 앞에 단서가 붙는 말이 있는데 바로 '진리에 의해서 행복하여라.' 입니다.

이 말씀은 모든 살아 있는 것들이 진리를 추구할 때 비로소 행복을 느낄 수 있다는 것입니다. 우리가 세속적인 입장에서 볼 때 돈을 추구하는 사람은 그것으로 행복할 것이고 명예나 권력을 추구하는 사람은 그것으로 행복을 누리고자 할 것입니다. 그런데 돈과 권력과 명예로 과연 행복해질 수 있을까요? 그렇지 못하기 때문에 부처님은 '진리에 의해 행복하라.'고 했던 것이 아닐까요? 진리란 곧 법을 뜻합니다. 그럼 법은 무엇이냐. 『대승기신론』에서는 법을 곧 마음이라 하였습니다. 그러므로 마음에 의해서 행복하라는 부처님 말씀의 참된 의미를 깊이 음미해 보아야 할 것입니다.

우리가 행복하기 위해서는 '마음을 다스려야만 한다.'는 의미가 들어 있는 말로 이 속에 불교의 근본대의가 다 들어 있습니다. 말하자면 우리 불자들이 불교를 믿고 부처님의 법인 진리를 믿고 올바른 신행(信行)을 닦아 나간다면 반드시 행복을 얻을 수 있다는 것입니다. 재물과 명예, 권력은 일시적인 행복을 얻을 수 있지만 영원한 행복은 진리에 의해서만 구해진다는 것을 명심해야 합니다.

그러면 우리가 진리에 의해 행복해지려면 어떻게 해야 할까요? 부처님의 가르침을 있는 그대로 받아들여서 부처님의 정신이 내 마음속에 그대로 살아 있어야 됩니다. 이것은 매우 중요한 요소입니다.

『열반경』에는 다음과 같은 내용이 있습니다. 부처님이 사라쌍수나무 밑에서 열반에 드시기 전이었습니다. 목신(木神)이 부처님에게 마지막 공양을 올리기 위해 수많은 꽃을 떨어뜨립니다. 그때 옆에는 아난존자가 있었습니다. 그래서 부처님이 말씀하시기를 "아난아, 저 목신이 나에게 공양을 올리기 위해 수많은 꽃을 내게 바치는데 이것이 중요한 것이 아니다. 나의 가르침을 너희들이 그대로 실천해 주는 것이 더욱 중요하다."

이와 같이 불교는 부처님 정신으로 살자는 데에 그 대의(大義)가 있습니다. 어찌 보면 부처님의 법문은 아주 쉽습니다. 그런데 그 속에 진리가 숨겨져 있기 때문에 매우 중요합니다. 중생들은 부처님이 설하신 이 위대하면서도 평범한 진리를 업장(業障)에 막혀 놓치고 살아갑니다. 즉 자신에게 본래 갖추어져 있는 부처님 정신을 실종한 채로 살고 있는 것입니다. 우리 중생들은 부처님의 정신을 마음속에서 살려내어야 합니다. 우리가 항상 부처님 마음을 지니고 사는 것이 바른 불교입니다.

사람은 누구나가 다 일상적인 타성에 젖어서 자기를 스스로 망각하여 자기의 진실을 놓칠 때가 많습니다. 불교는 마음을 닦는 자기 수행을 통해서 바로 자기 자신을 묻는 종교입니다. '내가 나에게 묻는다.'는 유명한 일화를 하나 말씀드리겠습니다.

옛날 중국의 유명한 서암 스님은 선수행(禪修行)을 하면서 자기 자신에게 "주인공아!"하고 불렀습니다. 이것은 자기가 스스로 자신의 말을 잘 들으라는 뜻입니다. 그리고 "주인공아, 속지 말라."고 했습니다. 이 말씀은 남한테 사기를 당하거나 속지 말라는 것이 아니라 스스로 미혹한 생각에 파묻혀 자기의 참마음을 잃어버리지 말라는 뜻입니다. 강원의 학인 스님들이 처음 배우는 『자경문』이란 책에도 "주인공아!"하고 부르면서 자신을 경책하는 내용이 있습니다.

불교는 '내가 나를 묻는 공부'라고 말하기도 합니다. '내가 누구냐?' 바로 이것은 자기의 정체성을 확인하는 질문입니다. 그런데 공부를 하면서도 이게 잘 되지 않습니다. 잘 안 된다는 말은 무슨 말일까요?

대개 사람의 마음은 창을 열고 창밖의 풍경을 바라보듯이 눈이나 귀 등이 바깥 경계에만 신경을 씁니다. 객관의 경계만 따라가다 보면 자기 자신에 대한 내면적인 성찰을 잘 못하게 되고 따라서 나에게 묻는 질문을 잘 하지 않는다는 것이죠.

제가 어떤 책을 읽었는데 이런 에피소드가 하나 소개되어 있었습니다. 미국의 유명한 심리학자인 롤로 메이라는 분이 쓴 '자아를 잃어버린 현대인' 혹은 '잃어버린 자아를 찾아서'라는 책이 있습니다. 영어로는 Man's search for himself로 되어 있습니다.

미국 뉴욕에서 버스를 운전하는 기사가 있었습니다. 그는 매

일 자기에게 배당된 버스를 몰고 정해진 노선을 따라 승객들을
수송했습니다. 그런데 어느 날, 갑자기 자기 자신의 직업에 회
의를 느꼈습니다. 매일 똑같은 시간에 집에서 나와 똑같은 길로
버스를 운전하는 자신의 일과에 염증을 느꼈던 것입니다. '내
가 이것을 하기 위해 이 세상에 태어났는가?' 하고 우발적인 충
동이 일어난 그는 급기야 돌발적인 행동을 저지르고 맙니다. 버
스를 몰고 노선을 이탈해 다른 주로 넘어가 여러 날을 여행해
버립니다. 버스 회사에서는 아무개 기사가 직무이탈을 하여 행
방불명이 된 상태라 경찰에 수배를 의뢰했습니다. 이곳저곳을
다니며 구경하던 그는 마침내 경찰의 검문에 걸려 회사로 송환
되고 회사에서는 여러 날 무단직무이탈을 했다 하여 해고를 해
그만 실직을 하게 됩니다. 그는 할 수 없이 다른 데 일자리를 구
해야 했습니다. 그래서 어느 신문사에 근무하는 친구에게 해고
된 사유를 말하고 일자리를 부탁했습니다. 신문사에 근무하던
친구가 이 버스 기사의 실직사유의 해프닝을 기사화시켜 버스
기사의 이야기가 보도되었습니다.

신문에 버스 기사의 이야기가 게재된 다음날 버스 회사 앞에
이상한 일이 벌어졌습니다. 수십 명의 시민들이 버스 회사 앞에
몰려와 시위를 하는 것이었습니다. 그들은 플래카드에 "아무개
기사의 해고를 철회하라."는 구호를 적어 버스회사에 기사의

복직을 요구했던 것입니다. 어쩌면 이 세상에서 가장 아름다운 데모를 한 것입니다. 시민들은 "그 기사처럼 누구나가 다 자기 인생에 대해 순간적으로 한번쯤 회의를 느껴 어떤 충동에 사로잡힐 때가 있다. 범죄를 저지른 것이 아니다. 이 기사의 가족들의 생계를 위해서라도 해고는 너무 가혹하니 복직을 시켜야 한다."고 회사측에 요청을 했던 것입니다. 시민들은 오히려 그 버스 기사에게 수많은 꽃다발과 선물을 주기 시작했습니다. 버스 회사에서 시민들의 뜻을 받아들여 해고조치를 철회했다고 합니다.

사람은 살다 보면 누구나 자기가 하는 일에 순간적으로 회의를 느낄 때가 있습니다. 절에 사는 저도 한때 새벽 3시에 일어나 법당에서 드리는 예불이 힘들어 늙어 죽을 때까지 이것을 어찌하고 사나 하는 생각을 한 적이 있습니다. 누구나 생활이 힘들 때 스스로가 처량하게 느껴지기도 하지요. 가슴 답답한 절망감 같은 것을 느낄 때는 자신에 대한 열등의식 같은 회의가 들기도 합니다. 심지어 스님도 이런 생각이 드는 데 속세의 사람들은 오죽하겠습니까? 사람들에게는 모두 이런 게 있습니다.

그러나 이럴 때 '내가 누구인가?' 물어보며 스스로를 잘 다스리며 위안시켜 나가야 합니다. 머릿속에 이 생각을 자주 일으킬 때 비로소 나의 공부가 되어 가는 것임을 알아야 합니다.

사람은 자신이 가진 인연의 관계를 가지고 자신을 설명합니다. 예를 들면 나의 성은 무엇이며 이름은 무엇이고 어디에 살고 직업과 직위는 무엇이며 그리고 아버지와 어머니는 누구이며 가족은 몇 명이다 하는 것들입니다. 우리가 내미는 명함도 이런 인연관계를 적은 것이라 할 수 있는데 이 모든 것은 단순히 내가 맺고 있는 세속적인 환경에 맞추어 나를 설명하는 것에 지나지 않습니다. 말하자면 내 전체를 말하는 것은 아니라는 말씀입니다.

'내가 누구인가'를 생각하는 것은 불교로 말하면 하나의 화두와 같은 것입니다. 우리는 이것을 통해 부처님의 정신을 되찾을 수가 있습니다. 불교는 바로 이런 식으로 공부를 하는 것입니다.

불교는 부처님의 가르침을 바로 이해하고 실천하려는 마음에서 출발합니다. 예전 태국에는 세계적으로 유명한 아잔차라는 고승이 계셨는데 매우 훌륭한 스님이었습니다. 1992년에 입적한 스님으로 평생 무소유와 무욕(無慾)의 생활로 세계적으로 추앙을 받고 있던 분이셨습니다. 이 스님께서 살아생전 법문해 놓은 책이 바로 '마음'인데 여러분도 한번쯤 읽어 보시기를 바랍니다. 읽고 나면 마음이 평화로워질 것입니다.

여러분들은 절에 와서 매일 부처님께 복을 달라고 기도를 합니다. 오늘날 일반적인 불교 기초 신앙풍습입니다.

아잔차 스님은 "복을 달라고 기도하는 마음은 잘못된 것이 아니다. 그러나 더 중요한 것은 부처님의 가르침을 바로 알고 바로 실천하는 것이 더 중요하다."고 하셨습니다. 사실 그렇습니다. 부처님 말씀과 그 뜻을 제대로 알지 못하고 곡해를 하거나 오해를 하는 것은 바른 불자가 될 수 없다는 것입니다. 또한 '마음'에는 이런 말씀도 나와 있습니다. 불교에서 가장 중요한 것은 '부처님 말씀을 듣고 여법하게 실천해야 한다.'는 것입니다. 그러므로 부처님 오신 날을 기해 불자들은 부처님의 정신에 의해, 법에 의해, 진리를 여법하게 수행 실천해 나갈 때 부처님이 오신 뜻이 보다 널리 퍼지게 될 것입니다. 이렇게 되기를 기도해 보십시오.

清淨諸佛功德海　청정제불공덕해
普賢明燈照世間　보현명등조세간
衆生咸蒙佛救護　중생함몽불구호
消除塵垢成最勝　소제진구성최승

청정한 부처님의 공덕이 바다에
보현보살의 밝은 등불이 세상을 비추네.

 내가 나에게 묻는다

『화엄경』에 나오는 게송입니다. 우리가 사는 이 사회는 연기에 의해 모든 것이 이뤄지는데 연기하는 방향이 깨끗한 쪽으로 나가는 연기를 정연기(淨緣起)라고 합니다. 반대로 오염되고 더러워지는 방향으로 나아가는 연기를 염연기(染緣起)라고 합니다. 불교를 믿으며 수행하는 것은 자기의 마음을 깨끗이 하는 정연기이고 세속의 혼탁한 생활은 염연기입니다. 세상이 너무 염연기쪽으로 발달해 가고 있습니다. 문명이라는 것이 인간의 의식을 어지럽게 하고 혼탁하게 하면 그 문명의 이익이 나쁜 업만 짓는 결과를 가져옵니다.

우리 중생의 마음은 자칫 외부의 자극에 의해 악한 의지가 될 때가 있습니다. 악한 의지라는 건 우리 심리 상태가 나빠진 상태라고 할 수 있는데 이걸 방기해서 항상 선한 의지로 바꾸기 위해 노력하는 걸 두고 불교에서는 계정혜 삼학(三學)의 수행을 가르칩니다. 귀찮고 괴롭고 짜증나고 마음에 어떤 울화가 치밀어 내 마음이 편치 못할 때 스스로의 마음을 조복하여 불편한 마음을 편안한 마음으로 바꾸어야 합니다. 즉 고(苦)를 낙(樂)으로 바꾸는 '이고득락(離苦得樂)'을 해야 합니다. 이것이 불교의 목표입니다.

사람의 마음은 탐(貪)·진(瞋)·치(癡) 삼독 때문에 마음속에 온갖 번뇌가 무수하게 일어납니다. 이럴 때 악한 마음이 생기기도 하고 불만에 허덕이기도 하고 짜증이 나서 남에게 욕을 퍼붓고 싶은 충동이 일어나기도 합니다. 이를 절제하는 것이 마음수행이며 삼독심을 제거하는 것이 불교의 근본 공부입니다.

생각이 어리석으면 말과 행동도 어리석어집니다. 이 어리석은 마음을 지혜로운 마음으로 바꾸는 것을 자기정화라 합니다.

자기정화란 자신의 마음을 깨끗하게 한다는 이야기입니다. 자신이 정화될 때 우리가 사는 세상이 비로소 불국정토가 된다는 말씀입니다. 결국 우리가 불교를 공부하는 대의는 바로 청정해지자는 데에 있는 것입니다.

우리가 사는 세상을 오탁악세(五濁惡世)라고도 합니다. 혼탁이 만연되어 있는 세상이란 뜻이지요. 탁해지면 청정은 사라집니다. 그래서 우리가 부처님을 생각하는 것은 바로 청정한 마음을 유지하기 위함입니다.

부처님의 이미지는 청정입니다. 물론 시간적으로 영원하며 공간적으로 무한하다는 등 부처님에 대한 숱한 이미지가 있지만 결국에는 부처님은 청정 그 자체이며 공덕의 바다인 것입니다.

불교에서는 부처님의 가르침을 교해(敎海) 혹은 법해(法海)라고 합니다. 모두 바다에 비유하여 하는 말입니다. 바다는 육지의 모든 물을 받아들입니다. 물은 결국 흘러 바다로 들어갑니다. 한강도 끝내는 바다로 들어가고 낙동강, 금강도 결국에는 바다로 흘러 들어갑니다. 바다로 들어간 그 강은 자신의 본래 이름을 벗어버리게 됩니다. 한강도 아니고 낙동강도 아닙니다.

이와 같이 우리가 부처님의 교해에 들어가고 법해에 들어가게 되면 더 이상 그곳에는 신분상의 차별이 전혀 나타나지 않고 없어져 버립니다. 오직 원융한 부처님의 가르침만 남을 뿐입니다. 하나의 바다가 될 뿐입니다.

노자의 『도덕경』에 보면 '이 세상에 제일 좋은 것은 물과 같이 되는 것이다(上善若水)' 라는 말이 있습니다. 이것은 순리에 의해서 살아가라는 뜻이 담겨 있는 말입니다.

바다처럼 모든 것을 포용하는 큰 원력을 세워 살아가는 불자가 되어야 합니다. 그리고 내가 이 세상을 밝히려는 등불이 되어야 합니다. 우리 모두 보현보살 같은 행자가 되어 보현의 등불을 내 마음의 등불로 삼아야 합니다.

이 세상에서 가장 뛰어난 것은 우리 마음에 갖추어진 공덕입니다. 그래서 '마음이 부처다' 라고 하는 것입니다. 곧 마음이

법입니다. 만약 우리가 부처님의 마음으로 돌아가게 되면 이 세
상의 번뇌로부터 벗어날 수 있고 모든 경계를 초월하여 열반의
길로 갈 수 있게 됩니다. 그러므로 우리는 부처님의 법을 가까
이하는 인연을 통해 선근(善根)이 깊이 심어져 부처님의 공덕을
성취하는 참된 불자가 되어야 합니다.

영흥 스님

1947년 경북 울진군 울진면 연지리 생(生).

21세 망월사에서 춘성 선사의 벽력같은 할에 언하대오(言下大悟)하고 24세에 처음 자수용삼매에 들었다. 1974년 백양사에서 서옹 대종사를 은사 및 계사로 수계 득도. 경봉, 전강, 벽초, 혜암, 향곡, 구산, 고암, 월산, 서암, 숭산 등 당대의 선지식들을 참문하여 법거량. 45세에 서옹 대종사로부터 전법게(傳法偈)를 받음.

진천의 백곡면 불뢰산 불뢰토굴에서 주석하며 인연 있는 수좌와 재가 수행자를 지도하며 보임하고 있다. 법명은 성명(性明), 법호는 후제(後濟)이다.

나가 오로지 다함께 '나'다

| 영흥 스님 |

하!

좋다. 좋다. 좋다. 지금 이대로 꼭 맞아 온 법계를 이루고

좋다. 좋다. 좋다. 지금 이대로 꼭 맞아 온 세상을 열어서

좋다. 좋다. 좋다. 지금 이대로 꼭 맞아 온 삼라만상을 나투어

좋다. 좋다. 좋다. 지금 이대로 꼭 맞아 낙(樂) 누리니

좋다. 좋다. 좋다. 지금 이대로 꼭 맞아 무명업식(無明業識)이
진여실상(眞如實相)이요

좋다. 좋다. 좋다. 이것이 지금 이대로 꼭 맞아 번뇌 망상이
삼매해탈이요

좋다. 좋다. 좋다. 지금 이대로 꼭 맞아 생로병사가 무여열반
이요
　　좋다. 좋다. 좋다. 지금 이대로 꼭 맞아 육도윤회가 상락아정
(常樂我淨)입니다.

지금 여러분은 어떠하십니까?

붉은 것은 온 전체로 붉으니 풀잎마다 석가 미륵이요
흰 것은 낱낱이 희니 돌멩이마다 약사 아미타입니다.

하!

정녕 낙처(樂處)는 어디에 있습니까?

그대가 춘천 막국수를 먹으니 문수 보현이 해와 달이요
그대가 함흥냉면을 먹으니 지장 관음이 산과 물입니다.

하!

이제 능히 이 낙을 필히 영원히 항상 누리십니까?

아침에는 한 잔 차를 마시며 만 뜨락에 붉고 흰 꽃을 가리키고
저녁에는 한 오라기 향을 사르며 만 세상에 산호열매 계수열
매 뿌립니다.

하!

어찌해서 좋다. 좋다. 좋다. 지금 이대로 꼭 맞아 온 법계를
이루고 어찌해서 좋다. 좋다. 좋다. 지금 이대로 꼭 맞아 온 세
상을 열고 어찌해서 지금 이대로 꼭 맞아 온 삼라만상을 나투고
어찌해서 좋다. 좋다. 좋다. 지금 이대로 꼭 맞아 온갖 낙 누리
고 어찌해서 지금 좋다. 좋다. 좋다. 지금 이대로 꼭 맞아 무명
업식이 진여실상이요 어찌해서 지금 이대로 꼭 맞아 번뇌 망상
이 삼매해탈이요 어찌해서 좋다. 좋다. 좋다. 지금 이대로 꼭 맞
아 생로병사가 무여열반이고 어찌해서 좋다. 좋다. 좋다. 지금
이대로 꼭 맞아 육도윤회가 상락아정입니까?
　일체가 오로지 나, 나, 나이기 때문입니다. 내가 오로지 일체
이기 때문입니다. 그러면 어찌해서 일체가 오로지 나이고 내가
어찌해서 일체이겠습니까? 이것을 분명히 알아야만 참으로 우
리가 이 세상에 태어난 보람을 알 수 있으며 의의가 있습니다.
그래야만 우리 불교를 바로 믿고 바로 행하는 것이 분명해질 것

입니다.

우리가 삶을 제대로 사느냐 못 사느냐, 올곧게 사느냐, 행복하게 사느냐 하는 것도 오로지 나, 나를 분명히 알고 있느냐, 모르고 있느냐에 따르는 것이므로 분명한 나를 알기 위해 지금부터 하나하나 살펴보면서 공부를 해 나가겠습니다.

여러분들이 지금 여기에 앉아 있어도 나요 여기 오기 전에도 나요 또 시간이 흘러 이 법회가 끝나서 집에 돌아가도 나입니다. 어제도 나요 오늘도 나요 내일도 나요 영겁 전에도 나요 영겁 전이나 지금이나 나요 영겁 후에도 나입니다.

부처님이 여러분을 대신해서 삶을 살겠습니까? 어느 절대적인 신이나 하느님이 여러분 자신을 대신해서 밥을 먹거나 화장실을 갑니까? 직장생활도 여러분 스스로가 하지 않으면 누가 하겠습니까? 나, 그 나가 바로 모든 것을 쓰고 펼치고 누리는 것입니다.

여러분들이 살아가고 있는 갖가지 모습들은 자신이 행하는 것이 아니고서 그 누구이겠습니까. 그 행하는 이, 생각하고 행하는 삶은 모두 여러분이 만들어낸 인과(因果)요 윤회요 연기이며 이것이 또한 법(法)입니다. 그러니까 일체제법(一切諸法)이 무아(無我)가 아닙니다.

부처님께서 말씀하신 무아란 "일체제법이 '나' 아님이 없

다.”입니다. 우리는 이것부터 먼저 인식해야 되겠습니다. 이것
부터 바로 세워야 불교가 바로 설 수 있으며 본인 또한 반듯하
게 설 수가 있습니다. 여기에 본인이 세상을 살아가는 의의가
있고 살아갈 책무가 있고 본인이 자기 삶을 가꾸어 잘 쓰고 펼
쳐 누리는 그런 명분이 있게 되는 것입니다.

자기가 자기를 능히 알고 사는 것이 부처고 자기가 자기인
줄 모르고 사는 것이 중생입니다. 뿌리인 자기를 분명히 못 세
우니 자기 삶이 흔들리고 가정이 흔들리고 세상이 흔들리는 것
입니다.

만일 내가 없다면 우리가 불교를 무엇 때문에 믿으며 육바라
밀, 팔정도, 계정혜 삼학을 무엇 하려고 닦겠습니까. 내가 없는
데 그냥 살다 가면 그뿐인데……. 그러니까 분명히 일체 삶, 이
세상의 삼라만상을 만들어 낸 것은 본인 여러분 각자인 나라는
것을 아는 데서부터 자신의 삶이 시작되고 불교가 펼쳐져야 됩
니다. 이것부터 분명히 해야 합니다. 그러면 나, 나 했는데 나가
무엇인지 나란 것이 어떻게 생겼는지 나의 근원이 어떻게 생겼
는지 나의 실체가 무엇인지 나의 실상이 무엇인지 우리가 분명
히 알아야 하지 않겠습니까?

다 같이 ‘나(我)’ 한 번 해 봅시다. 나할 때 하는 그 자리에
‘나’라는 마음자리에는 무엇이 있습니까. ‘나’ 하면 그뿐이지

거기에 무슨 생사가 있고 유무(有無)가 있고 색공(色空)이 있고 생멸이니 시작이니 끝이니 있겠습니까? ‘나’라고 할 때 거기에는 인과도 윤회도 녹아진 자리입니다. 선도 없고 악도 없고 일체 사량분별(思量分別)을 벗어난 그 자리가 바로 ‘나’라는 마음자리가 아니겠습니까. ‘나’란 그뿐이지 아무것도 어떤 것도 붙일 수 없으며 절대자도 어떤 물질도 학문도 학식도 갖다붙일 수 없는 청정무구한 자리가 바로 ‘나’인 것입니다. 모든 것을 초월한 청정무구하고 순수한 에너지인 그 ‘나’가 이렇게 생각을 내면 생이 되고 이것을 거두어들이면 멸이 되는 것입니다.

그러므로 ‘나’가 생을 내면 생이 있고 ‘나’가 멸을 거두어 멸이 되어도 나는 있는 그대로입니다. 나는 변하지 않는 나입니다. ‘나’가 이 세상에 태어나 살다가 ‘나’를 거두는 것은 바로 ‘나’에 의해서 ‘나’로 왔다가 ‘나’로 돌아가는 것입니다. 이것이 바로 열반입니다. 안심입명입니다. 견성성불 본불입니다.

‘나’가 이 삶 속에서 어떤 생각을 내게 되면 이것이 유(有)가 되며 거두어들이게 되면 무(無)가 되는 것입니다. 하지만 내가 유를 나타내기 이전에도 나는 그대로요 무를 거두어들이기 전에도 나는 그대로입니다. 그러므로 나는 유도 무도 아니며 다만 내가 생각을 내니 유도 되고 무도 된다는 점을 알아야 합니다.

따라서 내가 유무를 쓰는 입장에 따라 유도 되고 무가 되어

이 세상을 만들기도 하고 거두어들이기도 하는 것입니다. 또한 이것이 자신의 인생을 만들기도 하고 거두어들이기도 합니다. 즉 나는 그대로이며 내가 생각을 내는 까닭에 색도 되고 공도 되는 것이지 그 색과 공이 나의 근원이 아니라는 점을 명심해야 합니다. 색과 공 이전에 나라는 놈이 먼저 색을 생각해서 색이 되고 이를 거두어들이니까 바로 공이 되는 것입니다. 그러나 그 색도 내가 낸 색이니 색도 나요 또한 그 색을 내가 거두어들이니까 바로 공 또한 '나' 라는 말입니다.

그런 입장에서 보면 색이 공이고 공이 색이며, 그 색도 내가 드러내서 쓰고 거두어들이는 것이므로 색이 '나' 고 공도 '나' 가 되는 것입니다. 그러므로 나는 색과 공 이전에 이미 색도 공도 아니므로 '색이 나다, 공이 나다' 라고 해서도 안 됩니다. 나의 바탕을 빼 버리거나 이전의 나와 이후의 나를 빼 버리고 색과 공을 나눈다는 것은 잘못된 색과 공을 보는 것에 지나지 않습니다.

이러한 차원에서 『금강경』과 『반야심경』과 '연기법' 을 바로 보고 바로 써야 합니다. 일체를 초월한 '나' 가 일체를 드러내서 일체에 걸리지 않고 물들지 않게 마음껏 자신의 삶을 거룩하고 훌륭하고 아름답게 만들어서 이 세상을 누리고 펼쳐야 한다는 것입니다.

그런 가운데 부처님을 스스로 이루어서 본래 부처님을 쓰고 누리고 펼쳐야 하며 관세음보살을 이루어서 관세음보살을 쓰고 펼치고 누릴 줄 알아야 합니다. 지장보살님이 필요하면 내가 지장보살이 되어서 내가 쓰고 펼치고 누릴 줄 알아야 합니다. 말하자면 쓰고 누리고 펼칠 줄 아는 데 그 의의가 있는 것이지 그대로 부처님과 관세음보살님과 지장보살님을 보고만 있으면 아무런 소용이 없다는 말씀입니다.

스님이 법문을 하는 데에 쓰고 있는 이 마이크도 여러분들이 모두 들을 수 있을 때 그 가치와 의의가 있다는 것입니다. 그러므로 중요한 것은 어떻게 나를 쓰느냐, 어떻게 만들어 가느냐에 달려 있습니다. 이 세상은 온전하게 내 마음을 어떻게 먹는가에 따라 달라지는 것이기 때문에 우리 스스로가 자신의 인생을 올곧고 제대로 만들어 펼쳐 가야만 합니다. 우리는 이를 위해 안팎으로 노력하지 않으면 안 됩니다. 사람은 자신이 가진 재물이나 지식을 잘 쓸 줄 알아야 하듯이 염불과 참선을 해도 제대로 해야 하고 이를 잘 쓸 줄 알아야 합니다. 재물은 쓸 줄 모르면 오히려 화가 되지만 잘 쓰면 이 세상을 아주 복되게 할 수 있습니다.

우리가 날마다 무소유를 입에 달고 말하는데, 사실 무소유가 유소유인 줄 알아야 되고 유소유가 무소유인 줄 알아야 합니다.

무소유만 주장하는 것은 오직 거지불법밖에 되지 않습니다. 탐진치 거짓 껍데기를 버리고 우주 삼라만상 삼천대천세계를 내 것으로 만들어 마음껏 쓰고 펼쳐야 합니다. 말하자면 마음의 무소유를 통해 가진 것을 제대로 쓰라는 말입니다. 그러니까 무소유가 곧 유소유인 것입니다. 무소유를 유소유로 실천할 때 무소유에 물들지 않고 유소유일 때 무소유를 실천하여 유소유에 물들지 않아 바로 내가 자유자재한 주인공이 되는 것입니다.

그런 입장에서 내가 주인이 되어 이 세상을 만들어 가야 되고 헤쳐 나가야 합니다. 이런 점을 분명히 알아야 합니다. 무소유만을 주장해서는 결코 안 됩니다. 이는 자기 삶이 빈털터리가 되는 거지에 다름 아닙니다. 또한 불교도 그렇게 가서는 절대로 되지 않습니다. 공부하는 분들은 이를 명심해야 합니다. 청정무구하게 무소유와 유소유를 똑같이 마음껏 크게 굴리라는 것입니다.

일상적으로 지금 이대로의 인식을 육식이라 하고 꿈속을 잠재의식이라 하고 잠 속을 무의식이라 합니다. 진정한 나라는 것은 육식과 칠식과 팔식을 초월한 나입니다. 하지만 초월했다고 해서 나를 떠나서 따로 내가 있는 것이 아닙니다. 나를 초월하여 육식과 잠재의식, 무의식을 제대로 쓰는 내가 되어야 합니다. 그러므로 비록 나를 벗어났지만 그 자리는 따로 있는 게 아니라 바로 지금 이 자리가 바로 나라는 것입니다. 그래서 지금 이대로 꼭 맞아 좋은 것입니다. 즉 나에게 꼭 맞는 이 자리가 온 법계를 만들고 온 세상을 열고 삼라만상을 만들고 온갖 것을 누리게 하는 것입니다. 또한 나에게 꼭 맞는 이 자리가 무명업식이 진여실상이요 번뇌망상이 삼매해탈이요 생로병사가 무여열반이요 육도윤회가 상락아정인 것입니다. 오늘 법문의 요지가 바로 여기에 있는 것입니다.

이와 같이 모든 것을 초월한 내가 나이며 그 내가 지금의 나이기 때문에 육식과 칠식과 팔식을 쓰는 것입니다. 비록 내가 이 세상에서 육식과 칠식과 팔식을 쓰지만 본래 나는 물들지 않고 그 자리가 쓰는 것이므로 좋고, 나쁘고, 밉고, 곱고, 달고, 쓰고 하는 이 속에서 육식과 칠식과 팔식이 깨어 있어야 한다는 것입니다.

우리는 무엇인가를 보고 싶으면 보고, 가면 가고, 하면 할 뿐입니다. 우리가 행한 대로 보고 듣고 느끼고 일하는 그 속에 바로 공부가 있는 것입니다. 배고프면 밥 먹고 목마르면 물 마시지만 거기에 물들지 않고 그대로 일상사를 쓰는 본래 나 그대로가 평상심인 것입니다. 청정무구하게 있는 그대로의 나가 이 삶을 이끌어 가는 주체적인 주인인 것입니다. 꿈이라는 것은 현실보다 더 깊은 세계입니다. 그런데 꿈을 꾸고 나면 허무하다고 하는데 이 또한 나입니다. 왜냐하면 잠을 자거나 자지 않거나 나이기 때문입니다. 꿈을 꾸는 것은 나요 꿈꾸지 않는 나도 나라는 것입니다.

그럼 왜 꿈속에서 일어나는 작용을 두고 허망하다고 할까요. 이는 바로 '나'가 현실의 세계와 꿈속의 세계를 다르게 보니까 허망하다고 느끼는 것입니다. 하지만 돌이켜보면 나는 그대로 나이며 내가 꿈을 꾸는 입장이기 때문에 생각해 보면 그 꿈도 내 삶의 일부분이며 현실 세계의 연장선에 지나지 않습니다.

그러므로 꿈속이나 현실의 나는 이러한 경계 속에서 결코 끄달려서는 안됩니다. 우리가 자유자재로 나를 쓸 줄 알아야 합니다. 즉 경계 속에서 벗어나 깨어 있어야 합니다. 그 모든 것으로부터 초월한 나이기 때문입니다.

다시 말하자면 잠이 들거나 꿈을 꾸는 것도 현실의 연장선상인 무의식과 잠재의식의 세계이지만 이것도 하나의 경계입니다. 이러한 경계에서 나를 잃어버리게 되면 결코 그러한 잠재의식의 꿈속 세계나 무의식의 세계인 잠 속에 끄달리는 삶을 살게 됩니다. 바로 꿈도 잠도 내가 쓸 줄 알아야 하며 꿈을 꾸면서도 잠을 자면서도 그대로 내가 깨어 있어야 생사에 끄달리지 않고 생사를 벗어나 생사를 자유자재하게 쓰는 본래의 나가 될 수 있는 것입니다. 그러므로 나는 현실이든 꿈속이든 항상 깨어 있어야 합니다. 그래야 생사에 끄달리지 않으며 생사에서 자유자재할 수 있는 것입니다. 즉 본래의 나가 나로서 모든 것을 쓰고 펼치고 누리는 주인공이 될 수 있습니다.

그런데 어떤 학자와 선지식들은 나를 깨치기까지는 그렇게 해야 되지만 사실 깨치고 나면 나라는 것조차 없다고 말씀하시는 분이 많습니다. 그래서 '가면 가고, 오면 오고, 자면 자고, 가면 갈 뿐이며, 하면 할 뿐' 이라고 말씀하십니다. 이를 함축하면 무심(無心)이라고 합니다. 우리의 본래 자리는 무심과 유심을 초월한 자리라 할 수 있습니다. 무심에 빠져 있으면 무기공이며 혼침이기 때문에 무심과 유심을 초월하여 함께 쓰고 누리는 입장이 되어야 합니다.

우리는 흔히 아무런 의미가 없다든지 아무 생각이 없다든지 하는 말을 합니다. 이렇게 가만히 있다 보면 이는 나무토막에 지나지 않습니다. 하지만 본래의 나는 이렇지 않습니다. 무엇을 보든지 본 대로 느낌이 있으며 생각이 일어나고, 가만히 있다가도 정신이 번쩍 들기도 하며 꼭 무엇인가를 해야 됩니다. 이렇게 나는 언제나 깨어 있습니다.

그러니까 항시 우리는 무심과 유심을 초월한 '나' 가 무심과 유심을 같이 쓰는 입장이 되어 바르게 공부를 해야 합니다. 그리고 이렇게 공부가 되어도 분명히 나를 제대로 볼 줄 알아야 올바른 견처(見處)와 견행(見行), 견성(見性)을 할 수 있으며 성품을 볼 수가 있게 됩니다. 다시 말하자면 항상 깨어 있는 모든 것을 초월하여 지금 이대로 깨어 있는 것이 본래 나의 부처이며 본래 나의 부처자리이며 성품자리이며 그 자리가 바로 불성자리, 진여자리, 실상자리가 되는 것입니다.

일체가 오로지 나라는 것이 분명히 자각되었을 때만이 올바른 견처가 되어 올바른 깨달음이 있게 되고 비로소 돈오(頓悟)가 되는 것입니다. 이렇게 되어야만 올바른 불교를 믿게 되고 수행을 하게 되고 실제 행을 이루어 부처님과 같은 삶이 되는 것입니다. 만약 이렇게 되지 않으면 제대로 깨달은 것이 아님을 알아야 합니다. 즉 올바른 돈오가 아닙니다. 이를 분명히 알고 짚고 넘어가야 합니다. 또한 본래 그 자리는 소소영영한 자리여야 하고 모든 것을 초월하여 사람조차 끊어진 소소영영한 자리여야만 됩니다.

고금(古今)의 선사들이 말씀하시기를 "우리가 보고 듣고 느끼고 하는 이 식, 알음알이 이것을 가지고 소소영영한 자리로 삼는다. 이러면 어찌 잠이 꽉 들었을 때 소소하지 않느냐. 잠이 꽉 들었을 때 우리가 보고 듣고 말하는 이놈, 식을 가지고 소소영영한 자리인 줄 안다면 잠이 꽉 들었을 때 왜 소소영영하지 않느냐. 소소영영하지 않으면 어떻게 생사를 대적할 수 있느냐.

그렇지 않다면 도둑을 자식으로 삼아서 소소영영한 것으로 착각하고 자기수행을 삼는 것이다.”라고 하셨습니다.

이에 대해 성철 큰스님은 ‘본래 초월한 소소영영한 자리, 일체 모든 것을 초월한 그 자리가 소소영영한 것’임을 말씀하셨으며, 임제 큰스님도 ‘내 목전에 아무 형상도 없고 이름도 없고 빛깔도 없는 분명하고 명백한 한 주인공인 이 한 물건이 모든 것을 초월한 지금 이대로 활발발한 본래 나의 소소영영한 자리’라고 하셨습니다. 그런데 우리는 이를 잘못 이해하여 본래 그 자리에 우리가 있게 되면 ‘그것은 허망한 것이며 그런 것은 없다.’라고 착각하여 이를 공부의 중심으로 삼는 분이 많이 있습니다. 이는 잘못된 공부입니다.

우리가 식으로 보고 듣고 느끼고 아는 이놈으로 소소영영한 본래 주인공 자리로 삼는다면 이는 마치 도둑을 자식으로 삼는 것과 같습니다. 만약 이렇게 된다면 ‘나는 아무것도 없는 무이며 공이다.’로 빠지기가 쉽습니다. 그러므로 소소영영한 것은 우리가 알고 보고 듣는 그런 차원이 아니라 이 모든 것을 초월한 그 자리입니다. 말하자면 지금 내가 여러분을 바라보듯이 여러분이 나를 바라보는 이 자리가 일체를 초월해서 일체를 드러낸 소소영영한 자리이며 항상 깨어 있는 자리인 것입니다.

그러면 우리가 보고 느끼는 소소영영한 그 자리가 따로 있으며, 우리가 식으로 보는 소소영영한 자리가 따로 있는 것으로 착각하기 쉬우나 일체를 초월한 소소영영한 본래 그 자리가 이대로 나이기 때문에 우리가 보고 듣고 느끼고 알고 하는 이것이 소소영영한 자리입니다. 그러므로 그 자리는 둘이 아니라 하나인 것입니다.

이와 같이 부처와 중생은 둘이 아닙니다. 너와 내가 둘이 아닌 가운데, 나는 나대로 오직 나면서 여러분들도 또한 여러분입니다. 그러므로 나와 여러분들의 성품자리는 항상 같기 때문에 우리는 항상 서로 열려 있는 것입니다. 곧 열려 있는 그 자리가 바로 우리인 것입니다. 오늘 나와 여러분은 모두 무상사에 있든 없든 모두 하나인 것입니다.

오로지 나는 '일체 부처도 중생도 신도 같을 수 밖에 없는 절대적인 나' 입니다. 또한 각자가 나이면서 그 나가 또 열려 있기 때문에 오늘 우리는 무상사에서 함께 같은 것을 공부하고 있는 것입니다. 이와 같이 상생(相生)으로 살아가는 것이 우리들의 삶이며 가족이며 이 세상이 아니겠습니까?

항시 본래 나는 열려 있기 때문에 우리는 항상 '자비행(慈悲行)' 을 실천해야 하며 자신의 생업(生業)에 열심히 몰두해야 합니다. 이와 같이 우리는 서로서로 나누면서 마음을 가꾸며 살고 있는 것입니다. 오로지 나이지만 각자 나이지만 마음이 서로서

로 열려 있기 때문에 우리는 서로 이해하고 공감하면서 살고 있
는 것입니다.

달마대사가 인도에서 중국으로 건너와 한무제를 만났습니
다. 한무제는 아주 불심이 지극해 수많은 절을 짓고 스님들을
공양하였습니다. 그런 그가 덕이 높고 공부를 많이 한 달마대사
를 모셔서 "달마대사여, 나는 이 세상에서 왕이 되어 수많은 절
을 짓고 수많은 스님을 공양했는데 이 공덕이 얼마나 됩니까?"
라고 하자 달마대사는 일언지하에 "무공덕."이라고 했습니다.
이렇게 달마대사가 말한 것은 바로 한무제가 모양과 이름에 끄
달려 있기 때문에 이를 타파시키기 위해서입니다. 즉 한무제가
단지 껍데기에 불과한 것에 끄달리지 않고 나라는 본래의 진면
목을 발견하라는 뜻입니다. 그래서 달마대사는 '무공덕' 이라고
했던 것입니다. 한무제는 그 순간 참으로 황당했을 것입니다.
아마 여러분들도 그러한 상황이 되면 한무제의 마음과 같을 것
입니다.

그런데 만약 저에게 물었다면 "풀잎마다 우담바라요 돌멩이
마다 만의보주(萬依寶珠)입니다." 했을 것입니다.

만약 이렇게 말씀했다면 한무제가 큰 감명을 받아 더 많은
불사를 할 수 있었으며 스님들을 더 지극하게 공양할 수 있었으
며 달마대사를 높이 공경했을 것입니다. 말하자면 본래의 '나'

자리를 그대로 드러내었으면 오늘날 우리불교가 더 크게 번창하지 않았을까 하는 아쉬움이 남습니다. 물론 달마대사의 높은 법언을 제대로 알아듣지 못한 한무제의 탓이 더 큽니다만.

한무제는 다시 달마대사에게 "당신 앞에 서 있는 나는 누구입니까?"하고 물으니 달마대사가 "모른다."라고 했습니다. 당시 최고의 권력자인 한무제가 이렇게 물었을 때 차라리 더 큰 깨달음을 주었으면 했습니다. 만약 내가 그 당시 달마대사의 입장이라면 "부처에게 절하는 자는 부처요 제왕한테 절한 자는 제왕입니다."라고 했을 것입니다. 만약 이렇게 말씀했다면 한무제는 그대로 도를 깨쳤을 지도 모릅니다. 또한 달마대사를 더욱 공경하였을 것입니다. 그렇게 되었다면 달마대사는 9년 동안 소림굴에서 면벽할 필요가 없었으며 곤욕의 세월을 보내지 않았으며 오히려 수많은 도인들에게 법을 일찍 전해 불교가 더욱 흥하지 않았을까 하는 생각이 듭니다.

부처님은 일찍이 "팔만사천법문을 설한 것은 본래 자리, 마음자리를 가리키는 손가락과 같은 것이며. 마음자리는 둥근달과 같은 것이다."라고 말씀하셨습니다. 말하자면 손가락은 둥근달을 가리키는 것에 지나지 않기 때문에 둥근달, 즉 본질적인 나를 제대로 바라보아야 한다고 하셨습니다. 만약 우리가 나의 본 자리인 둥근달을 바로 보게 되면 그 순간 우리는 손가락, 눈썹, 배꼽, 머리칼 하나도 다 부처가 되어 버립니다.

말하자면 둥근달이 되어 버립니다. 즉 둥근달이 따로 있고 손가락이 따로 있는 것이 아니라 가리키는 이 손가락이 그대로 둥근달이 되고 온몸 전체가 둥근달이 되고 삼라만상이 다 그대로 둥근달이 된다는 말입니다. 이것을 제대로 알아야만 합니다. 이와 같이 팔만사천 법문이 손가락과 같은 역할만 한 것이 아니라 말씀 하나하나가 다 둥근달이며 모두 본래의 나이고 마음자리임을 깨달아야 합니다.

그런 입장에서 보면 선이 교가 되고 교가 선이 되는 것입니다. 선이 율이 되고 율이 선이 됩니다. 선과 교와 율이 따로 있는 것이 아닙니다. 그래서 팔만사천 법문을 그대로 소중히 여기고 쓰라는 것입니다. 즉 우리가 살고 있는 삶, 그대로가 본래 나의 자리이며 둥근달이기 때문에 실로 소중한 것이 되는 것입니다. 이런 것을 분명히 제대로 알고 봐야 합니다. 그러므로 한 생각하기 전에 분명히 본래 나를 제대로 보아야 합니다. 한 생각 때문에 끄달려서는 안 되기 때문에 먼저 자신을 비우고 '나'를 보라는 말입니다. 이는 한 생각하면 틀리다는 것은 아닙니다. 왜냐하면 생각을 해도 말을 하지 않는 것도 바로 나라는 말입니다. 내가 생각한 것을 말할 수도 있고 안 할 수도 있기 때문에 말하면 틀리다는 것도 아닙니다. 사량분별을 통해 말을 해도 나라는 것입니다. 우리는 이를 반드시 알고 있어야 합니다.

또 한 가지 중요한 것이 있습니다. '좋다. 좋다. 좋다. 지금 이대로 꼭 맞아 무명업식이 진여실상이다.' 이것을 반드시 짚고 넘어가야 됩니다. 일반적으로 본래 나자리를 가리는 것은 탐진치와 오욕락에 끄달려 무명업식이 생겨서입니다. 이 때문에 우리 중생의 삶은 윤회를 하고 업보를 받으며 살아갑니다. 물론 이것도 맞습니다. 그러나 근원적으로는 본래 나자리가 탐진치를 내어 무명업식이 생긴 것이 아닙니다. 물론 생길 수도 있습니다.

그러나 실제로는 그것이 아니라 본래 나자리가 무명(無明)이기 때문에 우리가 어두울 수밖에 없다는 것입니다. 또한 나가 본래 무명이며 곧 무명이 진여이기 때문에 우리는 밝을 수밖에 없습니다. 나라고 할 때 나뿐이고 나를 초월한 자리가 바로 진여인 것입니다. 여기에는 그 어떤 것도 갖다붙일 수 없습니다. 우리는 원래부터 깜깜한 무명이며 곧 이것이 진여임을 알아야 합니다. 그래서 나는 분별할 것이 없으며 또한 걸릴 것이 하나도 없기 때문에 근본적으로 밝다는 것입니다. 이는 곧 무명이 그대로 진여이며, 진여가 그대로 무명입니다.

그렇기 때문에 우리가 중생놀음도 하고 부처놀음도 하는 것입니다. 중생도 부처도 초월해야 부처에게도 끄달리지 않고 중생에게도 끄달리지 않고 중생과 부처를 똑같이 쓰는 것입니다.

이리하여 중생이 바로 부처이기 때문에 중생을 초월해서 중생에 빠지지 않고 부처이면서 중생이기 때문에 부처에 빠지지 않고 부처와 중생에 매몰되지 않고 부처와 중생에 끄달리지 않고 내가 부처와 중생을 같이 쓰고 누리는 입장이 되는 것입니다. 절대 나는 날마다 이렇게 깨어 있어야 합니다. 이렇게 되어야만 우리가 제대로 부처임을 믿고 부처의 길을 밟으면서 신앙생활을 제대로 할 수 있는 것입니다. 또한 이렇게 되어야만 제대로 공부하고 자신을 가꾸어 펼치게 됩니다. 이것이 우리 인류의 가장 중요한 문제입니다. 우리가 잠 속에서 일상생활에서 화두와 염불이 일념이 되고 공부를 하여 본래 나를 깨쳐 견성성불이 되면 두 번 다시 미하지 않는다는 얘기가 있습니다. 이것을 그대로 실천하는 것이 매우 중요합니다.

부처님이 몸과 마음을 추슬러 6년간의 긴 고행 끝에 도를 깨치고 보니 이미 나는 팔천겁 이전에 깨친 본래 부처요 일체중생 또한 본래 부처였다는 것을 깨달았던 것입니다.

그런데 왜 우리는 본래 부처이면서 지금 중생으로 살고 있습니까? 중생으로 미(迷)하지 않고 부처로 살아야 하지 않겠습니까? 이는 바로 우리가 미해서 중생노릇을 하고 있다는 것입니다. 일체를 초월한 그 자리에 내가 깨어 있어야 하는데도 우리는 끊임없이 어느 한쪽에 집착하고 빠지면서 중생놀음 부처놀음을 번갈아 하고 있는 것입니다. 양 변을 떠나서 양 변을 똑같이 원융무애 자유자재로 쓰는 중도실상의 끊임없는 정진이 있어야 합니다.

자, 이제 저를 따라해 보세요.

하나 다음에는 몇입니까? 둘입니다. 둘 다음에는 셋, 셋 다음에는 넷입니다. 넷 다음에는 다섯입니다. 다섯 다음에는 여섯입니다. 여섯 다음에는 일곱입니다. 일곱 다음에는 여덟입니다. 여덟 다음에는 아홉입니다. 아홉 다음에는 열입니다. 열 하기 전에는 아홉입니다. 아홉 하기 전에는 여덟입니다. 여덟 하기 전에는 일곱입니다. 일곱 하기 전에는 여섯입니다. 여섯 하기 전에는 다섯입니다. 다섯 하기 전에는 넷입니다. 넷 하기 전에는 셋입니다. 셋 하기 전에는 둘입니다. 둘 하기 전에는 하나입니다. 하나 하기 전에는 0입니다. 0 하기 전에는 무엇입니까? 바로 나입니다. 훌륭합니다. 바로 이러할 때 여러분들이 견성성불을 옳게 공부하고 있으며 바로 나를 제대로 본 것입니다.

또 다시 나를 한 번 되새겨 봅시다. 어떤 것이 부처 중의 부처입니까? 달다!

제가 여러분에게 물으면 "달다."라고 대답을 하십시오. '달다' 그렇지요. 여러분이 '달다' 할 때 '달다' 하는 그 속에 무엇이 들어 있습니까. '달다' 는 그것뿐입니다. 거기에는 나고 죽는 일도 없고, 공이니 색이라는 것도 없고, 선이니 악이라는 것도 없으며, 깨달음이나 미함도 없으며 옳으니 그르니 하는 것도 없으며 모든 사량분별이 다 녹고 팔만사천 법문도 녹고 천칠백 공안도 녹고 여러분들의 염불도 다 녹아 오로지 '달다' 는 것뿐입니다.

그런데 누가 '달다' 라고 했습니까. 바로 내가 했습니다. 이와 같이 '달다' 라는 그 속은 일체 모든 걸 초월한 자리입니다. 즉 내가 '달다' 는 말입니다. 그렇지 않습니까? 우리가 '달다' 라고 생각하는 것도 바로 나입니다. 또한 이것이 바로 생각을 초월한 생각 그대로 본 나자리인 것입니다.

어떤 것이 부처님의 팔만사천 법문 중의 법문입니까? '쓰다, 쓰다' 할 때도 쓰다는 것뿐입니다. 이 또한 모든 것을 초월한 자리입니다. '쓰다' 도 내가 했잖습니까. '쓰다' 는 것도 나의 자리입니다. 우리가 믿고 있는 불교는 이와 같이 하나도 틀린 것이 없습니다. 내가 행한 만큼 이룬 만큼 되는 것이 바로 불교입니다.

모두 다 맞지만 아니다 한 것도 아니다 하는 것으로 맞아서 다 맞는 것입니다. 이렇게 보면 불교는 다 맞고 다 되는 것입니다. 따라서 하나도 안 되는 것이 없고 안 맞는 것이 없습니다.

이것이 바로 불교가 훌륭하고 위대한 종교입니다.

이러한 이치를 깨닫게 되면 그대로 모든 것을 초월하여 일체 끄달리지 않고 물들지 않으며 있는 그대로 나를 달고 쓰고 짜고 싱겁고 좋고 나쁘고 붉고 푸르고 희고 검고 자유자재하게 걸림 없이 쓰고 펼치고 누릴 수가 있는 것입니다.

이를 분명히 알아야 우리가 살고 있는 일상이 그대로 일행삼매가 되고 일행해탈이 되는 것입니다. 그렇게 되게끔 수행하는 것이 바로 수행이고 공부이며 신앙입니다.

불교는 내가 원하는 것만큼 반드시 되게 되어 있습니다. 그래서 원하면 이루어지는 것이 곧 불교이기 때문에 끊임없이 나를 닦고 수행해야 합니다.

재미있는 말씀을 하나 하겠습니다.

우리나라의 집안에는 각자 가풍(家風)이 있습니다. 저는 "하!"라는 것을 가풍으로 삼고 있습니다. 그 속에는 팔만사천 법문도 녹아 있고 구지선사의 손가락 하나 세움도 덕산선사의 방망이도 녹아 있으며 임제선사의 할도 그 속에 다 녹아 있으며 여러분의 생로병사, 번뇌망상, 무명업식, 진여실상, 오욕락, 탐진치 다 녹아 있습니다.

이것이 바로 순수 에너지인 나의 본래 자리입니다. 자식이나 남편 때문에 속상할 때, 하는 일이 제대로 되지 않거나 잘될 때,

"하!" 하는 소리를 크게 소리쳐 보세요. 그 속에 일체가 녹아지고 일체가 이루어집니다. 통쾌하게 시원하게 밝게 넉넉하게 찬란하게 나와 온 천하가 축복으로 넘칠 것입니다.

하!

하늘 위나 하늘 아래 다 함께 홀로, 홀로 다 함께 서로 열려서 똑같이 오로지 존귀하고 거룩합니다. 만고광명 만고감로 수처작주 자등명 법등명 원융무애 자유자재로 본불본락 본불직락 본불상락합니다.

하!
앉은 채로 동서남북 붉고 흰 꽃이 낭자합니다.

하!

늘 누리는 날 영흥 범향 배